苏伊士运河史

[英]阿诺德·T.威尔逊 著　　梁力乔 译

THE SUEZ CANAL

Its Past, Present, and Future

图书在版编目（CIP）数据

苏伊士运河史 /(英) 阿诺德·T.威尔逊著；梁力乔译. -- 北京：华文出版社，2021.9
（华文全球史）
ISBN 978-7-5075-5493-9

Ⅰ.①苏… Ⅱ.①阿…②梁… Ⅲ.①苏伊士运河—历史 Ⅳ.①K941.14

中国版本图书馆CIP数据核字(2021)第170007号

苏伊士运河史

作　　者：	[英]阿诺德·T.威尔逊
译　　者：	梁力乔
选题策划：	鉴世章
插图供应：	029-85504182
责任编辑：	景洋子　张磐
出版发行：	华文出版社
社　　址：	北京市西城区广外大街305号8区2号楼
邮政编码：	100055
网　　址：	http://www.hwcbs.com.cn
电　　话：	总编室010—58336239
	发行部010—58336212
经　　销：	新华书店
印　　刷：	三河市燕春印务有限公司
开　　本：	710×1000　1/16
印　　张：	24
字　　数：	285千字
版　　次：	2021年9月第1版
印　　次：	2021年9月第1次印刷
标准书号：	ISBN 978-7-5075-5493-9
定　　价：	98.00元

版权所有　侵权必究

出版前言

随着中国开放的大门越开越大,关注世界各国尤其是西方国家文明的源流、发展和未来已经成为当下世界史研究的一个热点。为了成系统地推出一套强调"史源性"且在现有世界史出版物中具有拾遗补阙价值的作品,我们经过认真论证,推出了"华文全球史"系列,首次出版约一百个品种。

"华文全球史"系列从书目选择到译者的确定,从书稿中图片的采用到人名地名的规范,都有比较严格的遴选规定、编审要求和成稿检查,目的就是要奉献给读者一套具有学术性、权威性和高质量的世界史系列图书。

书目的选择。本系列图书重视世界史学科建设,视角宽阔,层级明晰,数量均衡,有所突出。计划出版的"华文全球史"中,既有通史,也有专题史,还有回忆录,基本上是世界历史著作中的上乘之作,填补了国内同类作品出版的空白。

人名地名规范。本系列图书中人名地名,翻译规范,重视专业性。在人名翻译方面,我们坚持"姓名皆全"的原则,加大考据力度,从而实现了有姓必有名,有名必有姓,方便了读者的使用。在注释方面,书中既有原书注,完整地保留了原著中的注释;也有译者注,体现了译者的研究性成果。

书中的插图。本系列图书的一个重要特点是书中都有功能性插图,这些插图全方位、多层次、宽视角反映当时重大历史事件,或与事件的场景密切相关,涉及政治、军事、经济、社会、外交、人物、地理、民俗、生活等方面的绘画作品与摄影作品。功能性插图与文字结合，赋予文字视觉的艺术，丰富了文字的内涵。

译者的确定。本系列图书的翻译主要凭借的是一个以大学教师为主的翻译团队，团队中不乏知名教授和相关领域的资深人士。他们治学严谨，译笔优美，为确保质量奉献良多。

"华文全球史"系列作为一套具有较高学术价值的优秀的世界历史丛书，对增加读者的知识，开阔读者的视野，具有积极的意义。同时要看到，一方面很多西方历史学家的观点符合事实，另一方面不少西方历史学家的观点是错误的，对于这些，我们希望读者不要不加分析地全盘接受或全盘否定，而是要批判地吸收外国文化中有益的东西。

华文出版社

2019年8月

编者的话

全世界的洲际海运船近半都要通过苏伊士运河与巴拿马运河,而通过苏伊士运河的船大半都挂着英国的米字旗。[1] 因此,正如本杰明·迪斯雷利[2]意识到的,苏伊士运河是通往印度的关键——当然,它的作用远不止这些。

自苏伊士运河竣工之日至20世纪30年代的六十多年来,《苏伊士运河史》[3]是第一本由英国人撰写的研究专著,从英国国家利益的角度权威却不失生动地阐释了苏伊士运河从落成之初到现代的历史变迁。本书不但所载内容翔实,所述观点也十分独到。

作者意在通过本书阐释一个被已故爱德华·格雷爵士称为"非常复杂,须加以解释"的问题,并唤起公众对这个问题的注意——在这本书中,作者成功地做到了这一点。

---

① 本书于20世纪30年代付梓,请读者辩证对待书中给出的数据和观点。——译者注
② 本杰明·迪斯雷利(1804—1881),犹太人小说家、政治家,曾经两度出任英国首相,任期内大力鼓吹英帝国主义和殖民统治。——译者注
③ 本书付梓于1933年12月,书内记述内容大概也到1933年为止。原名为 *Suez Canal: Its Past, Present and Future*(直译为《苏伊士运河的昨天、今天与明天》),在当时可谓新颖,但如今来看,其中一些观点已不算"前沿",所以对书名做了如此改动。文中所叙"现代"等字眼皆指20世纪30年代,请读者阅读时注意。——译者注

名人评价

如果英国和法国对彼此秉承克制、有礼的态度,就可以促成很多事。英国和法国作为两个大国,在全球拥有财产和保护国,彼此有广泛机会接触,在利益方面固然不可能不存在矛盾与冲突。如果英国和法国彼此完全不存在利益竞争和一较高低的雄心,这两个国家也就算不得什么大国了。英国和法国之所以伟大,就是因为两国几乎在各个方面竞争,但不因对方雄心勃勃、目光深远而抱怨——国家强大的程度与其雄心壮志是成正比的。

——法国驻伦敦大使威廉·沃丁顿
1893年3月6日于官邸

第二版卷首语

《苏伊士运河史》初版于1933年12月面世。当时,人们能比现在更加冷静地研究国际局势。1936年8月26日签署的《英埃同盟条约》[①]中,用"永久性军事防御联盟"取代了英国对埃及的"军事占领"。从此,埃及成为一个主权独立的国家,并宣布打算加入国际联盟——确实这么做了[②]。

下面节选的一段文字是《英埃同盟条约》中关于运河区域的条款:

"第八条:鉴于苏伊士运河既是埃及的一部分,也是大英帝国各部分间常使用的一条交通路径,埃及国王陛下会在各缔约方同意埃及军队自己确保运河的自由和全程航运安全后,允许英国国王陛下在埃及境内靠近运河的地区驻军。确保在本条附件规定的区域内与埃及军队合作保护运河。英军的存在不构成任何占领,也不会损害埃及主权。"

《英埃同盟条约》附件规定,在不影响条约第七条执行的前提下,限制英国在苏伊士运河附近驻军的规模:其中陆军不得超过一万人,空军不得超过四百人。行政、技术等辅助人员被算入"军队"人数限制的范围。但这一限制不

[①] 英国与埃及签订的不平等条约,意在通过这一条约使驻埃英军合法化,从而达到让英国实际控制苏伊士运河的目的。该条约期限为二十年。——原注
[②] 在第十六条规定的"二十年"期满之时,由于埃及军队自己有能力保障运河及船航行安全,英国派兵保护就没有必要了。缔约双方届时如果无法达成一致,可将此事呈交国际联盟理事会,依本条约签署时现行的公约做出最终决定,或根据缔约双方可能达成一致的其他程序,将决定权交给其他个人或者集体。——原注

包括劳工、文职等非战斗人员。英军在埃及的驻扎区域被特别划定。埃及政府将为英军提供必要的土地、可供长期居住的营房及包括紧急供水和必要生活福利设施在内的驻扎服务。英国政府也会为驻军提供一些援助。

根据奥匈帝国、英国、法国、德国、荷兰、意大利、俄罗斯帝国、西班牙和奥斯曼帝国于1888年签署的《君士坦丁堡公约》,我们可以很好地理解《英埃同盟条约》的上述条款。《君士坦丁堡公约》在序言中提出了缔约国的愿望,即建立"一个能绝对保障所有缔约国享受穆罕默德·赛义德帕夏①的第一和第二特权法案(1854—1856)及奥斯曼土耳其苏丹陛下在1866年2月御赐的运河通航使用权的组织"。

《君士坦丁堡公约》的第一条内容为:"无论是战时还是和平时期,苏伊士海上运河都应对所有不管挂哪国国旗的商船或军舰自由开放。因此,缔约国同意,无论是战时还是和平时期都绝不干涉苏伊士运河的自由使用,也绝不封锁苏伊士运河。"

《君士坦丁堡公约》第九条规定,埃及对苏伊士运河的防务负责。如果埃及政府力量不足,则由奥斯曼帝国负责。第十条则说,埃及和奥斯曼帝国的政府可以采取各种措施保卫埃及。

自1915年埃及独立以来,《君士坦丁堡公约》的条款就已过时。根据1936年签署的《英埃同盟条约》,英国则顺理成章地承担了奥斯曼帝国以前承担的责任。虽然国际环境有变,但《君士坦丁堡公约》在国际法中仍然有效,缔约国也没认为它"过时",仍承认其约束力。不管是和平时期还是战争时期,苏伊士运河都被要求向所有国家的船,包括军舰和军事物资运输船开放。这实际上不是"中立化",而是"普遍化"——只有遵照《君士坦丁堡公约》制定"不许在苏伊士运河搞敌对行动"的规定才是保持中立。

要协调《君士坦丁堡公约》与《英埃同盟条约》绝非易事。毫无疑问,在

---

① 穆罕默德·赛义德帕夏(1822—1863),穆罕默德·阿里帕夏的第四个儿子,1854年成为埃及总督。——译者注

某些方面，《君士坦丁堡公约》已经过时，而《英埃同盟条约》符合20世纪30年代世界的现实与缔约国的利益和需要。苏伊士运河对英国至关重要。而《英埃同盟条约》承认，苏伊士运河是"一条普遍使用的交通路径"，也是法国、荷兰和意大利连接各自海外领地的交通线上的重要通道。对在苏伊士运河以东拥有领地的欧洲国家来说，不管是战争时期还是和平时期，《英埃同盟条约》都至关重要。因此，本质上，意大利人的"苏伊士运河防务是一个国际关注的问题"的说法也有道理，并值得作为总解决方案的一部分，由包括法国与荷兰在内须通过苏伊士运河通往自己海外领地的国家一同商议。

以上是一些关于苏伊士运河战略和司法方面的论述，下面有必要提供一些关于运河商业、经济方面的发展资料，以供读者参考。

如下表所示，1932年到1938年，苏伊士运河的交通日益繁忙（详见本书第八章相关表格）：

年份	1932	1933	1934	1935	1936	1937	1938
净吨位（千吨）	28 340	30 677	31 750	32 800	32 378	36 941	34 400

1939年5月底的吨位数字较1938年同期下降了百分之十。

19世纪末期到20世纪30年代，各国通过苏伊士运河的船的吨位数据（详见本书第八章相关表格）如下所示（净吨位·千吨）[①]：

时间/国别	英国及殖民地	意大利	法国	德国	荷兰	其他国家
1870—1880	761	27	83	12	41	76
1901—1910	623	14	60	156	47	100

[①] 根据国际苏伊士运河公司公布的信息计算了1935年到1937年中使用运河的主要船旗国（英、意、德、荷、法）船按吨位缴纳的吨税比，分别占比百分之四十六点九、百分之十七点五、百分之九点三、百分之七点五及百分之五点五。悬挂英、荷两国国旗的油轮由于是空载通过运河的，它们按吨位支付的过河费用比其他船少一些。——原注

时间/国别	英国及殖民地	意大利	法国	德国	荷兰	其他国家
1919	709	20	30	……	47	194
1929	571	46	65	103	106	109
1935	480	185	54	82	71	128
1936	465	202	51	89	70	123
1937	473	161	50	91	77	148
1938	504	134	50	91	88	133

1932年到1937年，苏伊士运河开支费用稳中见升（详见本书第八章相关表格），如下表所示（单位：百万法郎[①]）：

年份	1932	1933	1934	1935	1936	1937
金额	344	339	348	342	358	595

1932年到1937年，苏伊士运河营收增速远超开支增速（详见本书第八章相关表格），如下表所示（单位：百万法郎）：

年份	1932	1933	1934	1935	1936	1937
金额	849	886	895	927	986	1448

1932年到1937年，苏伊士运河的盈余利润（详见本书第八章相关表格）也在稳步增长，如下表所示（单位：百万法郎）：[②]

年份	1932	1933	1934	1935	1936	1937
金额	505.2	522.1	522.1	552.8	625.7	852.2

[①] 这里的法郎是1928年后发行的法郎，比1928年前的金法郎价低，一金法郎等于四点九二五法郎新币（请参见本书第八章）。——译者注

[②] 此表中的盈余利润并不是简单地将1932年到1937年的营收减去开支，其数据所得还受其他因素的影响。——译者注

还有一点需要补充：自1932年以来，苏伊士运河拥有的本就数额巨大的储备资金更是大大增加了。

因此，国际苏伊士运河公司从1936年5月起必须每年向埃及政府支付三十万英镑的特惠津贴也就不奇怪了[1]。苏伊士运河这么赚钱，埃及政府的胃口肯定会随之增大。

国际苏伊士运河公司承诺，在不取代现有英国董事的前提下，将在董事会增加两名埃及董事，并逐步将其雇员中的埃及人比例提高百分之三十三；它还承诺，将在苏伊士运河地区修建一条耗资不超过三十万英镑的军用道路。

20世纪30年代，英国政府在苏伊士运河全部八十万份股份中持三十五万三千五百零四股[2]，投票权保持不变——十票，是国际苏伊士运河公司章程允许的最高票数。1935年到1938年，英国政府所持股份股息收益如下：

年份	金额（单位：英镑）	相当于成本的百分比（%）
1935	2 449 073	60.1
1936	2 448 457	55.2
1937	1 975 658	48.5
1938	1 699 269	41.0

1933年到1938的六年中，公司支付给三十二名董事的平均薪资——净利润的百分之二——达到了十二万五千英镑。

然而，与当时公众对苏伊士运河吨税征收额度的意见相比，以上数据所反映的问题只能算"影响甚微"（详见本书第八章）。1913年到1938年12月，苏伊士运河吨税单价波动情况如下表所示：

---

[1] 这是根据特许权条款应支付给埃及政府的净利润的百分之十五之外另给的。然而，1880年，这项权利（详见第八章）以两千二百万法郎的价格被卖给一家法国银行；已经可以带来一点五亿法郎的年收入了。——原注

[2] 数据来源：1938年5月12日，英国下议院辩论。——原注

年份	金额（金法郎／每苏伊士运河吨①）
1913	6.25
1920	8.50
1929	6.90
1938（12月）	4.08（英镑五先令九便士）

1929年，每苏伊士运河吨要缴纳吨税五先令三点六便士；1930年，吨税变为五先令二点六便士；1931年是五先令三点五便士，而1932年是六先令二点四便士。目前②，吨税价格是五先令九便士——比之前十年的均价都要高。

如果一艘船开到远东，长途航行所需缴纳吨税占总成本的比例比短途航行需缴纳吨税占总成本的比例小。东方蒸汽航运公司董事长表示（见1938年11月14日《泰晤士报》），通过苏伊士运河所需的税费已占该公司年度旅客总收入的百分之十三，换句话说，相当于一次六星期航行带来总收入的百分之四十七。对驶往东非港口的短途航行船舶而言，经济负担更是成比例增加。因此，高昂的税费给往返埃塞俄比亚的意大利船带来了不小的负担。

下表是1938年通过苏伊士运河船的主要目的地：

交通地区	吨位（单位：净千吨）
印度、缅甸、锡兰及暹罗	8 993
中国、日本、菲律宾群岛及印支那地区	8 346
波斯湾	5 733
马来亚	3 743
红海及亚丁	2 632

---

① 一苏伊士运河吨比英国标准的一吨重。某些类型的船的苏伊士运河的吨位可能会重三分之一（但平均只重百分之十到百分之二十），每运载英国标准的一吨，货物实际交的税费比应缴纳的费用高了近百分之二十。——原注
② 指1938年12月。——译者注

续表

交通地区	吨位（单位：净千吨）
东非	2 359
澳亚①	2 268
其他地区	344

某些大国就因为这些数据才总希望重新审视苏伊士运河的国际地位和商业管理。这样的需求早就存在，却从未被这些大国摆上台面。相关学者在研究这些要求之前都应牢记一些重要事实：首先是法国人在与运河相关的事务方面有其"armour propre（自尊心）"。苏伊士运河由法国人和埃及劳工共同建造，是法国伟人斐迪南·德·雷赛布——他后来还在巴拿马地峡做过类似工作，但不幸失败——的杰作。如果没有穆罕默德·赛义德帕夏高贵、慷慨的支持，国际苏伊士运河公司是不可能走到后来配股分红那一步的。苏伊士运河是在与英国优秀的工程师的建议相悖的情况下开始建造，并顶着英国政治家的强烈反对完工的。本杰明·迪斯雷利从穆罕默德·赛义德帕夏的继任者手中购买的股份有百分之四十六归英国财政部，其余股份几乎全部由法国公民持有。英国持有的股份几乎没有投票权，因为《国际苏伊士运河公司章程》规定，每持有二十五股股票就拥有一票表决权，但每个股东最多只能投十票。运河几乎完全由法国人而不是埃及人管理。这一点尽管遭人批评，但并非完全没有道理，因为法国人的高管理成本和其服务效率是成正比的。

学者们同样不宜轻看埃及人的"自尊心"。再过不到三十年，苏伊士运河将为埃及政府和人民所有。埃及人明白，苏伊士运河是自己出力建成的。为了建成运河，埃及不仅常常强征劳动力，还出了一大笔钱。埃及人永远不会接受自己丧失领土上这一几乎偶然造成的、身处两块大陆之间的巨大地峡带来的

---

① 澳亚，以澳大利亚大陆为中心，主要包括新西兰等在内的地区。——译者注

利益果实。虽然巴拿马运河区脱离了哥伦比亚，但埃及人可不愿意考虑将运河区与国家分开。也许这就是为什么时任埃及司法部部长萨阿德·扎格卢勒帕夏于1910年3月6日在埃及国民议会上表示，在特许权到期后，埃及可能不得不放弃本能获得的直接利润，允许船自由通过苏伊士运河——美国就是这样振振有词地对巴拿马运河采取措施的[①]。

怎样才能找到一个使人满意的长久解决办法呢？在1968年特许权[②]到期之前寻求维持现状不可取，通过少量重新分配股份或在董事会增加虚职也不是解决办法。我们不希望用模糊的方案来粉饰太平并以拖待变，那样肯定会使问题更难解决。

意大利大概希望苏伊士运河还像过去一样，将来成为所有交战方的自由走廊。这样的战略目标由其政治态度决定。

解决苏伊士运河问题的关键掌握在埃及人手中，但他们首先必须与英国和法国达成共识。埃及政府现在可能会按照《国际联盟盟约》第十九条的规定做很久以前就该做的事，即像1873年的吨税价格问题一样召开一次国际会议，买断股东，在熟练的法国员工与埃及员工的协助下接管运河，并在一个国际咨询委员会的控制下，将苏伊士运河变成公共交通设施。

这要追溯到托马斯·法勒五十年前在英国贸易委员会上一项提议。当时，托马斯·法勒提出将苏伊士运河交由一个欧洲委员会管理，并说："要是苏伊士运河这条国际'大公路'还在一家私人公司手里，就会产生无穷无尽的麻烦。"然而，"高门"[③]和英国首相威廉·尤尔特·格拉德斯通阻碍了苏伊士运河问题的解决。

另外，还可由一家埃及政府控制的新公司取代国际苏伊士运河公司，但要

---

① 1903年，美军登陆巴拿马，策动巴拿马独立，之后取得了修建和经营运河的永久垄断权和运河区的永久使用、占领和控制权。——译者注
② 1956年，苏伊士运河危机爆发。英国和法国虽然赢得了军事胜利，但迫于美国压力不得不让步。埃及自此赢回了苏伊士运河的主权。——译者注
③ 1923年以前奥斯曼帝国政府的正式名称。——译者注

服从一条关于利益的忘我条例①，其行政责任将被移交给一个代表运河主要用户的国际董事会。这将导致埃及财政损失，由股票的实际价值与其面值之间的差额，减去国际苏伊士运河公司的储备金（名目非常广泛）和埃及政府根据《英埃同盟条约》第十五条向国际苏伊士运河公司提出的、关于可移动设备的款项后加以弥补。埃及政府的损失，是对促进国际正义做出的廉价贡献。不管怎么说，一家商业公司无论多么有效率，它在国际"公路"上征收通行费，而不顾其带来的商业后果和政治影响的时代已经过去。在欧洲东部水域，贸易中最大的障碍就是高额的吨税。然而，高额吨税也是最容易避免的障碍。

未来应该根据提供的服务，即根据船吃水或所载货物标准中的任一或二者兼而有之来计算吨税。在计算客船和空载船舶的通行费用方面，现行计算系统过于复杂。吨税问题比较棘手，必须讨论，而在讨论过程中，各方必然会暴露出主张矛盾和利益冲突。这也更体现出我们应该及时解决苏伊士运河问题，不要把问题拖到有关方面无法承担祸患，也采取不了补救措施的程度。

1883年7月23日，威廉·尤尔特·格拉德斯通在下议院演讲时说："我们不会利用自己在埃及的临时和独特的地位施加影响，以确保我国合法享有的权利不被削弱……我们不能做出任何与承认运河是为所有国家的利益而建及与运河有关的权利是欧洲共同利益相矛盾的事。"

在长达五十五年的时间，英国一直保持这种态度。而《英埃同盟条约》虽然对苏伊士运河有一定影响，也不过是将威廉·尤尔特·格拉德斯通的原则重申一遍。

与突尼斯问题一样，苏伊士运河问题是多方面的又是公认难解决的，因为当今世界环境并非与1854年到1890年确立的司法立场完全对应。《英埃同盟条约》已经做了很多补充工作，但还不够，需要人们付出更多努力。

要解决苏伊士运河问题，正确的做法莫过于效仿1873年和1888年的方

---

① 忘我条例，法律术语，指限制先前的法律或规则创建者在稍后的执法机构中续存，以维护法律规则在执行过程中的独立性与公正性。——译者注

式，由埃及政府征得其盟友和法国的同意，召开一次运河主要使用者参与的会议。现存的旧制度都要被改变，任何失去环境适应能力的制度都要消失。拒绝承认事情已经改变是不会有收获的。英国宣布将不对武力威胁做出任何让步。这是正确的，也暗示着只要能和平谈判，英国政府愿意做出较大让步。

1876年2月9日，在下议院会议中，本杰明·迪斯雷利就当时对国际苏伊士运河公司的抱怨做了回应："世界的治理不止在于抽象的权利与压倒性的国力，更在于采取怀柔政策、相互妥协、施加影响、各类利益、对他国权利的承认、对自己权利的主张，以及各国基于良好沟通与理解形成的共识，只有这样，才能和平地达成兼顾各方利益的解决问题的办法。"

这是在普法战争之后六年，也就是1878年柏林会议召开两年前说的。无疑，与当时对本杰明·迪斯雷利的听众产生的效果一样，这番话现在听起来也很乐观。但后来发生的事证明这番话是有局限性的。柏林会议也不过为欧洲大陆带来了三十六年的和平而已[①]。

斐迪南·德·雷赛布比他那一代法国人高明的地方在于寻求达成一项协议。对他来说，苏伊士运河的意义远大于带来的利润。斐迪南·德·雷赛布不是慈善家，他一心为同胞做事。如果他活在今天，我相信他一定会把我提出的目标作为首要事务，我也相信他会成功。

阿诺德·威尔逊

---

① 三十六年后，也就是1914年，欧洲大陆爆发了第一次世界大战，长达三十六年的和平被打破了。——译者注

第一版卷首语

在19世纪的工程杰作中,苏伊士运河是最有价值、为经营者带来利益最多的一项工程。苏伊士运河是法国工程师高超施工技巧、埃及劳工耐心施工及埃及统治者雄心壮志结合的丰碑。然而,对苏伊士运河建设起最重要作用的人莫过于斐迪南·德·雷赛布。他凭借非凡的眼光和惊人的外交天赋,几乎只靠自己就克服了巨大的政治困难。与政治困难相比,沙漠中隐藏的岩石和流沙造成的施工困难都微不足道。

从1840年开始的近四十年里,苏伊士运河问题都是大国外交会谈中的重点话题。直到苏伊士运河真正完工前,斐迪南·德·雷赛布才使全世界相信苏伊士运河工程的可行性,并让英国政府相信苏伊士运河对英国有利。接着,他花费七年时间证明苏伊士运河在经济上也是成功的。1904年时,人们仍在就建造运河产生的国际法问题争论不休,直到20世纪30年代,都未达成一致。

对20世纪30年代的英国来说,苏伊士运河有两个方面的问题:首先,一家一心只想尽可能多支付股息的商业公司对苏伊士运河这条"国际航路"的控制符合20世纪30年代的理念和需要吗?这个问题的答案取决于对第二个问题采取何种解决方法。第二个问题即是否延长国际苏伊士运河公司将于1968年到期的特权?如果延长,该以什么样的形式和条件去执行?

研究运河方面文献的价值各不相同:古代和中世纪的史书只是偶然提到

海上运河，所述内容还经常相互矛盾。J.查尔斯·鲁的两部主要参考英国、法国的资料的作品充分讨论了18世纪海上运河问题的发展，但他从1855年开始对这一问题的诠释就不太令人满意。他几乎完全从斐迪南·德·雷赛布出版的作品中汲取信息，很少使用英国的文献资料，采取了对英国政府敌视的态度，但对英国的民意或其对政府政策的影响了解甚少。可能由于J.查尔斯·鲁写作时很多档案尚未解密，历史在他笔下变成了一连串偶然事件形成的组合。

另一位法国作家瓦赞根据斐迪南·德·雷赛布的作品而写的第一本书主要与政治历史相关，但他的作品以研究运河的工程问题为主。后来的英国、美国、德国、法国作家直到最近才愿意在自己的作品中引用这些作品及短篇新闻研究和技术专著中的内容。

穆罕默德·卡西姆是一位在伦敦大学求学的埃及学生，他在1924年4月写了题为《关于1854年到1866年苏伊士运河问题的历史》的论文，被伦敦、巴黎、阿姆斯特丹和维也纳的公共档案局收藏。这篇论文清晰明了，令人敬佩，既具有出版价值（英语、法语均可），也让穆罕默德·卡西姆争取到博士学位。1928年，美国马萨诸塞州塔夫茨学院的哈尔福德·兰开斯特·霍斯金斯博士的讨论将苏伊士运河问题作为一个更大问题的一部分的作品《英国通往印度》出版。1930年，锡拉丘兹大学的查尔斯·W.霍伯格博士出版的《苏伊士运河》也广泛利用一手资料，对涉及主题做了准确可靠的研究。笔者能进行研究，全要感谢上述学者做出的贡献。

20世纪30年代，除1876年发表了两本书的菲茨杰拉德之外，似乎没有英国人综合研究过苏伊士运河。20世纪30年代，英国出版的相关作品几乎都是月刊或季刊中的专题文章，内容也不是评论性的，只是相关的时事报道。《泰晤士报》和最新版《不列颠百科全书》的内容总是竭力避免提到国际苏伊士运河公司运营财务方面的内容，像是来自英国政府高官伊恩·马尔科姆爵士的手笔。

在1930年1月的《评论季刊》中，伊恩·马尔科姆爵士的一篇文章指出："对那些每年都到苏伊士运河的外国人来说，他们会注意到公司各级雇员之间十分幸福，亲如一家：人们很满意现状……所有人都强烈希望自己的子侄辈也能来运河工作。我们可以欣然和所有人分享这一美好的现状，因为友谊、慷慨、感激和愉快的合作同样重要。为了所有相关人员的利益，希望这一盛况可以长久持续下去[①]。"

坦率的言辞后，伊恩·马尔科姆爵士还有一段这样的陈述："然而，苏伊士运河的问题不久将再次出现，虽然现在并非所有方面[②]都承认讨论这一问题的时机已经成熟。"

伊恩·马尔科姆爵士说这番话时，国际苏伊士运河公司利润达到历史最高水平。然而，当时，英国航运业，甚至全世界的航运业，都很难支付任何股息。这启发笔者想到一系列的调查，也正是这些调查的结果促成了本书的出版。

借此机会，我要感谢前贸易部首席统计官，皇家统计学会名誉秘书长、官佐勋章获得者H.W.麦克罗斯蒂先生提供的宝贵帮助。本书第八章和第十章的统计表和比较表都由H.W.麦克罗斯蒂先生制作，数据也是全新的。表格的制作完全基于官方数据，而这些数据并不容易获得，大部分数据并未在其他地方公布过。

国际苏伊士运河公司的特许权的延期本设想在1883年进行。1910年，埃及政府受到相关压力。1921年，延期事宜由英国在其与埃及的谈判中再次提出。1921年8月17日和1921年10月13日，英国外交部希望按照埃尔登·戈斯特爵士1910年倡导的，将《英埃同盟条约》中苏伊士运河特许权再延长四十年，但英国和埃及未达成协议。1922年2月28日，英国和埃及就相关事宜发表了一项宣言，内容如下：

鉴于英国国王陛下政府按照所宣布的意图，希望立即承认埃及

[①] 1929年11月15日，《泰晤士报》刊登了庆祝苏伊士运河周年纪念日的特别文章和以"两海钻石婚"为题的插图。——原注
[②] 主要是埃及、国际苏伊士运河公司及大英帝国。——原注

为独立的主权国家，而英国国王陛下政府与埃及政府之间的关系对大英帝国至关重要。

以下宣布几条原则：

1. 埃及不再是英国的被保护国，埃及为独立的主权国家……

2. 就以下事项，英国国王陛下政府保留绝对斟酌权，直至有可能通过双方自由讨论、友好协商，并达成双边协议时为止。

（1）大英帝国在埃及的交通安全。

（2）埃及对所有外国直接或间接的侵略或干涉的防御。

（3）保护在埃及的外国利益和少数民族。

（4）奥斯曼土耳其苏丹。

达成相关协议之前，上述一切事项现状都应保持不变。

乍一看，该宣言似乎对为延续国际苏伊士运河公司特许权而进行的特别谈判避而不谈。但有人在1910年指出，批准特许权延续似乎并不一定要征得埃及国民议会的同意，更不用说要经过英国下议院的事先批准。此后，各国宪法的发展使议会控制政府的能力加强。此外，尽管埃及人普遍认为延长特许权期限仍是英国政府政策的一个要点，但笔者通过大量研究得出结论，即以现在的形势延长特许权不仅会损害苏伊士以东的领土和属地及英国的利益，并且对欧亚贸易有害。

斐迪南·德·雷赛布一直认为，苏伊士运河的建设的主要目的不是建立一个赚钱的企业，而是要建立一个为世界商业提供服务的企业——一个服务公共事业的、并非只由一个国家主导管理的国际企业。斐迪南·德·雷赛布向法国投资者的爱国精神和创造力求助，而不是向他们的贪婪：不是"布尔乔亚"，而是"布尔斯"①向自己施加要支付巨额股息的压力。斐迪南·德·雷赛布于

---

① 布尔乔亚是bourgeoisie，即资产阶级，布尔斯是Bourse，即交易所。都是音译。——译者注

1894年去世前，都一直认为百分之二十五为最合理的分红比例。苏伊士运河的管理不再是国际性的：要求由"主要利益相关国家"做出指示的规约被忽略了。除了英国和法国，在国际苏伊士运河公司中唯一还有代表的国家是荷兰；而荷兰代表也只能照顾到航运方面的利益，对荷兰其他商业利益的维护无能为力。

国际苏伊士运河公司的命运很大程度上不受价格、市场或潮流变化的影响。虽然巴拿马运河建设、穿越阿拉伯沙漠的管道建设、不断增长的航空运输及各国对自给自足政策热情的提高确实在某些方面威胁国际苏伊士运河公司的垄断地位，但威胁程度尚不严重。1929年，英国首相斯坦利·鲍德温在下议院讲道："一个高效、自由运作的行业才能为公众提供最好的服务。然而，在单个企业垄断的情况下，就会产生特殊考虑……在这种情况下，企业的职责是以合理的条件提供服务；而公众有权判断什么样的条件才是合理的。"

现在，是时候把斯坦利·鲍德温的这番话应用于苏伊士运河问题的解决上了。这项任务越早执行，苏伊士运河问题就越容易得到公正解决。有一句拉丁语名言说道："生命降临，生命也逝去，万事万物更新迭代，犹如健儿接力传递生命的火炬。"英国船舶使用苏伊士运河运输的比例正在缓慢下降，而法国运输所占比例没有增加。苏伊士运河问题只能与英国与埃及关系联系在一起解决，或者先解决英国与埃及关系问题，这个问题的解决自然会"水到渠成"。但这个问题不仅与英国和埃及两国政府及国际苏伊士运河公司有关，还要听印度、澳大利亚、新西兰和南非、德国、意大利、荷兰和法国、中国、日本、暹罗，以及英国在非洲和亚洲的属地和保护国政府的意见。

早在1906年，澳大利亚政府就进行过抗议活动、并引起人们的关注，相关文件被本书附录收入在内。

苏伊士运河问题是棘手的，对这个问题的讨论，定能揭示许多不同的主张和利益，但这不是要以长期维持目前不令人满意的状况为代价而搁置或避免讨论的理由。

1876年2月9日，本杰明·迪斯雷利在下议院就当时国际苏伊士运河公司遭受的埋怨如是说："世界的治理不止在于抽象的权利与压倒性的国力，更在于采取怀柔政策、相互妥协、施加影响、各类利益、对他国权利的承认、对自己权利的主张，以及各国基于良好沟通与理解形成的共识，只有这样，才能和平地达成兼顾各方利益的解决问题的办法。"

确保苏伊士运河问题通过协议得到解决，是我们这一代人能向斐迪南·德·雷赛布这位杰出的法国人致以的最崇高的敬意。他做出的贡献无论是在法国还是所有文明国家，都值得受到称赞。

阿诺德·威尔逊

目 录

001 **第 1 章**
苏伊士运河的最初发展

029 **第 2 章**
苏伊士运河动工的早期谈判（1854 年到 1865 年）

059 **第 3 章**
苏伊士运河的完工与通航（1866 年到 1873 年）

081 **第 4 章**
英国政府收购赫迪夫的股份

113 **第 5 章**
苏伊士运河吨税之争（1870 年到 1884 年）

159 **第 6 章**
苏伊士运河的中立化

171	**第 7 章** 1889 年到 1914 年苏伊士运河情况及 1910 年关于延长特许权的尝试
193	**第 8 章** 国际苏伊士运河公司的财政状况
237	**第 9 章** 世界大战中的苏伊士运河
249	**第 10 章** 竞争对手：巴拿马运河
263	**第 11 章** 议论、批评与回应
287	**第 12 章** 结　语

293 **附录 1**
埃及总督授予修建和运营苏伊士运河及
地中海到红海之间的附属设施的特许权

296 **附录 2**
埃及总督授予修建苏伊士运河及其
附属设施的特许权及施工作业规范

302 **附录 3**
国际苏伊士运河公司章程

313 **附录 4**
埃及总督与国际苏伊士运河公司间的公约（节选）
1866 年 2 月 22 日于开罗签署

315 **附录 5**
苏伊士运河航行规则（1933 年 1 月）

336	**附录 6**
	关于苏伊士运河吨税的信

343	**附录 7**
	苏伊士运河对海洋动物迁移影响的笔记

344	**译名对照表**

第 1 章

苏伊士运河的最初发展

精彩看点

地峡的地理概况——希罗多德、斯特拉波、狄奥多罗斯和普林尼设想中的跨地峡运河——尼罗河地理状况的改变——早期连接尼罗河与红海的运河——美索不达米亚的大运河——拿破仑·波拿巴的计划——F.R.切斯尼上校的报告——穆罕默德·阿里帕夏建造苏伊士——开罗运河的计划——开罗铁路修筑计划故事要先从远古说起。当时,现在叫"埃及"和"西奈"的地方地表是花岗岩,上面沉积有努比亚砂岩。在这片土地沉入海底后,原来的地表沉积了白垩纪和始新世的石灰石。在始新世末期,地层折叠,并再次升高到海平面以上——苏伊士湾和红海的海沟就是在这个过程中形成的。

海沟在中新世时期被地中海水域入侵,但尚未与印度洋水域连接。海沟动物群落直到上新世中期才变成纯地中海群落。当时,地中海南部海域的海水流入海沟后,两片海域的海洋生物开始共同生活。

我们不知道苏伊士湾是什么时候以什么方式与地中海相隔的。但我们知道,过去三千年,位于苦湖和苏伊士之间的土层厚度增加了三米。这一过程可能始于上新世晚期,并且可能仍在持续。可以肯定的是,在更新世时期,地峡上存在着一个淡水湖,湖泊的淡水可能由尼罗河补充。

淡水湖的边界延伸到哪里还尚不清楚,但我们知道苦湖在远古时期与苏伊士湾相连,实际上是苏伊士湾的延伸。埃及法老辛努塞尔特三世或尼科二世挖出一条运河——也有两位法老共同修建的说法,将尼罗河最东端普鲁西亚支流与红海北端相连。

希罗多德首次在《历史》第二章《欧忒耳佩》第一百五十八段向世人描绘了这一情况:

普萨美提克一世有个儿子叫尼科，后来也成了埃及的法老。尼科是第一个着手修建至红海的运河的法老，但完成这一工程的是波斯人大流士一世①。这条运河的长度是四天的旅程，宽度足以让两

大流士一世

① 大流士一世（前550—前486），著名政治家，波斯阿契美尼德王朝的第三位君主，被尊为"大流士大帝"。——译者注

艘三桅帆船并排行进。运河的水是从尼罗河引来的。起点在布巴斯提斯上方一个叫"帕托莫斯"的阿拉伯城镇附近，一直流入红海。运河开始挖掘的地方是在埃及平原离阿拉伯最近的一部分；向孟菲斯方向延展的——也就是有采石场的那座山脉，距离平原很近。河渠就沿着山脉低低的山坡自西向东走很长一段，进入一个峡谷，接着折向南流出山区而流向阿拉伯湾①。修筑运河征用了大量劳动力，最少十万名埃及人因此而死。最后，尼科因神谕"所有的劳动都将变成野蛮人的果实"的告诫而放弃了修筑运河的事业。

斯特拉波也做了这样的记录：

在阿耳西诺厄城，另一条终止于阿拉伯湾的运河有时被称为克利奥帕特里斯（也作"苏伊士"）。运河穿越苦湖。过去湖水的味道真是苦的，但自运河开凿、与尼罗河水交融后就变得甜美了。如今，尼罗河盛产肥美的鱼和水禽。这条运河是辛努塞尔特三世在特洛伊战争前修建的。有人说，普萨美提克一世的儿子尼科首先开始挖掘运河，在挖掘过程中去世了。之后，大流士一世继续这项事业，但因"红海比埃及海拔高，将红海与埃及之间的地峡切断势必没埃及于水下"的错误观点结束了挖掘工作。托勒密王朝的工匠反驳了这个错误，并通过修堰或水闸的方法使运河畅通无阻地通向大海。靠近阿耳西诺厄城的是海洛姆和克利奥帕特里斯两座城市，后者位于阿拉伯湾的凹处。这里拥有港口、住宅区及几条与湖泊相邻的运河。通往红海的运河始于法库萨——菲隆村与之相邻。

---

① 阿拉伯湾指红海。——译者注

狄奥多罗斯留下的记录是这样的：

> 从培琉喜阿姆①到阿拉伯海修建了一条运河，普萨美提克一世的儿子尼科首先开始这项工程。尼科死后，波斯人大流士一世继续修筑工作，但未完成。因为大流士一世被告知，由于红海比埃及高，埃及将因切开地峡而被淹没。修筑运河的最后一次尝试是埃及法老托勒密二世进行的。他建了一条带有闸门（可以方便地依据需求开

托勒密二世

---

① 据斯特拉波所说，"Pelusium（培琉喜阿姆）"（pelos这个词缀是"泥"的意思）是一座周长二又三分之一英里的城池，拥有坚固的防御工事。原址坐落在现在阿拉伯村落蒂内附近。《出埃及记16-1》的"罪（Sin）"和《以西结书30-15》把这个地方称为"埃及的力量"。直到罗马时代，人们还这么认为（亚述国王辛那赫里布在此一夜之间被"死亡天使"夺走了一万八千五百条生命，冈比西斯二世在此打败了埃及军队，庞培在这里被暗杀的）。古培琉喜阿姆的遗迹面积仍十分广大，包括高地上的罗马时代建造的城堡。——原注

关）的新运河。托勒密二世开通的运河以他的名字而得名，最终汇入阿耳西诺厄城附近的海中。

老普林尼这样说：

> 埃及法老辛努塞尔特三世是第一个计划通过建设长达六万两千步的运河连接红海与尼罗河的人——两地之间距离差不多就是这么长。之后是波斯国王大流士一世及修建了一条宽一百英尺①、深三十英尺、长三万六千步直通苦湖的运河的埃及法老托勒密二世。运河修到苦湖后，修筑工作却因人们发现红海的海拔比埃及的土地高三肘②，担心洪水泛滥而中断。然而，有些人认为运河停工真正的原因是，如果让红海进入尼罗河，居民的饮用水就会被破坏。

可以看出，尽管希罗多德和狄奥多罗斯都将运河的原始设计和初期建设归功于尼科，但斯特拉波和老普林尼将这一成绩归于辛努塞尔特三世。然而，所有人都同意是大流士一世接过前代人的任务继续施工的观点。希罗多德认为，大流士一世完成了运河建设，而狄奥多罗斯和斯特拉波认为托勒密二世才是真正完成修筑工作的人；老普林尼则不承认运河完工。

为了更好阐释这些古运河的状况，我们必须首先了解尼罗河两千年来的地理变化。从地图上看，巴比伦③下方不远处（现代开罗），古代尼罗河被分为三个大支流，其中两条仍然存在，即西部罗塞塔河口的一条（从罗塞塔河口汇

---

① 英制单位，一英尺约等于零点三米。——译者注
② 肘：也称腕尺，古时一种度量单位，每肘大约相当于今天的四十五厘米到四十六厘米。——译者注
③ 此处并不是两河流域的文明古国"古巴比伦王国"，而是位于开罗附近的巴比伦要塞城（一作"巴比伦堡"）。640年到641年，这里曾爆发著名的"巴比伦堡之战"，为阿拉伯穆斯林军队最后征服埃及打下基础。——译者注

辛努塞尔特三世

老普林尼

希罗多德

入地中海),中部支流也叫达米埃塔河,第三条东部支流,普鲁西亚河则消失了。我们接下来要讨论的,正是这条普鲁西亚河。这条河流从位于巴比伦(或者用现在的名称,开罗)下方的主河道流出,向东北方向流动,并在培琉喜阿姆附近流入地中海。普鲁西亚河途经一个大的淡水湖,与古城布巴斯提斯相连。尼科修筑的运河正是以这个湖为起点。运河原本计划修往阿耳西诺厄城(现在叫苏伊士)[①],但修到位于红海北部西北方的苦湖就停止了。托勒密二世修建的运河从这些苦湖延伸到红海,穿过赫罗奥波里斯,到达阿耳西诺厄城。据推测,赫罗奥波里斯位于苦湖东南约五至六英里处,距苏伊士西北约十五英里。许多学者认为,古代的红海往北延伸到更远的位置——即使没到苦湖那么远,也肯定到了赫罗奥波里斯。各个地方都体现出红海明显的南退迹象,这清晰地表明,地中海和红海一度汇合在一起。

据观察,尼科修筑的运河在布巴斯提斯的渠首到地中海的距离与距红海的距离大致相同。这可能是要确保水从尼罗河一直流向红海,并防止海水回流内陆。根据现在已知水位,过去肯定发生过海水倒灌现象。希罗多德也证实确有此事,他说:"水从尼罗河汇入运河,最后注入阿拉伯湾。"

希罗多德称,尼科和大流士一世把这条运河修得足以使两艘三桅帆船并排航行。斯特拉波说,托勒密二世修筑的运河宽一百肘,水深足以容纳最大的商船。然而,老普林尼则认为运河只有一百英尺宽度、三十英尺深。这显然不对,这样一来,运河规模就太小了,是无法维持长久通行的。

无须怀疑,当时的人肯定可以修出高水平的运河。早在公元前两千年,埃及和美索不达米亚为灌溉而修建的大运河就已经高度完善了。从地图上看,宏伟的纳赫拉万运河位于巴格达上方的底格里斯河,它的三个渠首在20世纪初仍完好无损。纳赫拉万运河宽四百英尺,深十七英尺。宁录[②]因造坝并使河流

[①] 苏伊士以西是陡峭的阿塔卡悬崖,计划航向俄斐的腓尼基水手们在高高的悬崖上点起篝火向北风之神巴尔-齐芬献祭。——原注
[②] 宁录,基督教神话人物,相传是挪亚的后代。——译者注

改道而闻名。大坝已经存在了三千多年,最后被毁于古埃及末期的几个庸碌的哈里发手中。古代巴比伦人通过强力泄水口,把河水引入两个足纳六百万吨水的洼地来控制幼发拉底河;枯水期时,其中约四分之一的水以每秒四万立方英尺的速度在六十天的时间内补充幼发拉底河。古巴比伦人在幼发拉底河三角洲建立的国家非常富有。要是亚历山大大帝没有英年早逝,肯定能统治世界,并让巴比伦成为全世界的首都。据称,在巴比伦的荣耀消弭很长时间后,哈伦·拉希德的儿子阿明在登上可俯瞰开罗的默卡塔姆山时对天长啸:"我诅咒那些骄傲地自称'难道我不是埃及法老吗?'的人。他们如果能看到巴比伦王国,会谦逊很多。"

亚历山大大帝

埃及人有修筑运河的传统，也有如此宏伟的工程范例；修建横跨苏伊士地峡的运河看似是"难题"，其实只是历代埃及统治者都在实际着手做的工作。不过，埃及古代每个时期都有修建运河的要求，实际完成目标的程度也各异。数百年来，古埃及人修运河的目的主要是在红海和尼罗河之间驾驶帆船，以促进埃及和阿拉伯之间的贸易——在远古时期，这一点很重要。公元前5世纪时，当苦湖和现在我们叫苏伊士湾的地方之间的自然通道出现淤塞时，大流士一世和薛西斯一世修建了一条运河，方便苦湖和苏伊士湾之间的船航行。在

薛西斯一世

公元前3世纪的托勒密二世时期,运河的修建工作已经完成,并将尼罗河与苏伊士湾连接起来。只要当时的大型船可以通过尼罗河,就不需要其他解决方案。这些古代运河的兴衰由历代埃及法老的政治及战略需求决定。古罗马统治下的埃及商业需求与过去几乎无二。然而,此时,普鲁西亚支流正逐渐消失。河流的消失,加之船吃水增加,公元2世纪时的布巴斯提斯(现代的扎加齐格)与红海之间的航道状况越发糟糕。图拉真加深了运河,并在现在开罗附近的三角洲北方的河流干流处增设一个新的运河渠首。运河从那里向东延伸,直到在布巴斯提斯到苦湖之间的中点、现在比勒拜斯附近与尼科修建的运河相遇。

新修的运河似乎并没有长期保持通航能力:虽然地理学家托勒密生活在长达五十年之久的图拉真时期,但并未提过这条运河。639年,当阿拉伯人入侵埃及时,哈里发奥马尔[①]手下的军官阿姆鲁·伊本·阿斯利用一条从苏伊士出发,连接开罗附近尼罗河流域的运河,贯通了地中海与红海之间的交通,方便食物通过水路运输到阿拉伯港口。然而,奥马尔哈里发担心埃及将因向基督教教徒的船开辟通往阿拉伯的道路而无法进入欧洲进行贸易[②]。767年,他的继任者阿布·贾法尔·阿卜杜拉·曼苏尔哈里发在位于法老运河与苦湖之间的交界处将运河堵塞,目的是切断依靠外界运粮的麦地那叛乱分子的交通线,让他们挨饿。风沙卷来沙土堆积,形成了可能覆盖着赫罗奥波里斯遗址的萨拉皮雍的隆起。

15世纪的威尼斯人非常希望修一条海洋运河,以抵消因贸易转移到葡萄牙手中而造成的损失。然而,威尼斯人没有这么多钱进行这项冒险。马穆鲁克的苏丹们也认为"无利可图"。

虽然埃及在16世纪到19世纪中期的东方贸易中起的作用并不重要,但人

[①] 哈里发奥马尔(584—644),伊斯兰教历史上四大哈里发中的第二代,历史上最有影响力的哈里发之一。——译者注
[②] 据说,奥马尔哈里发还考虑过建造一条从蒂姆萨湖向北延伸至地中海的支渠,后来却不准这一工程继续进行了。——原注

戈特弗里德·威廉·莱布尼茨

们从未完全忘记在埃及修建连通海洋运河的计划——法国方面尤其如此。戈特弗里德·威廉·莱布尼茨①向法兰西国王路易十四推荐了这一计划。让-巴蒂斯特·科尔贝②和路易十五及路易十六的大臣们则着手执行。

然而，人们对可供船往返于地中海和印度洋之间的人工设施的需求，以及对这种设施在政治、经济上的期望直到19世纪初才出现。

---

① 戈特弗里德·威廉·莱布尼茨（1646—1716），17世纪德意志著名学者，在政治学、法学、伦理学、神学、哲学、历史学、语言学诸多方向都留下了著作，被誉为"17世纪的亚里士多德"。——译者注
② 让-巴蒂斯特·科尔贝（1619—1683），法兰西政治家，路易十四时期的财政大臣。——译者注

法国征服了埃及，长期处于"休眠"状态的、能供最大的海船航行的运河项目也"苏醒"了。对拿破仑·波拿巴来说，这个项目十分具有吸引力，因为它可以作为避开英国人、促进法国商业利益的手段。1798年，拿破仑·波拿巴来到埃及，陪同的科学家中就有几位是负责测量海平面线的测量员。

1798年12月，在路易-亚历山大·贝尔捷、路易-马里-约瑟夫·马克西米利安·卡法雷利·迪法尔加及几位科学家的陪同下，拿破仑·波拿巴在苏伊士待了十天。拿破仑·波拿巴抱怨埃及是一个邋遢不堪的地方，到处是一片疏于管理的凋敝景象：港口被沙子淤积堵塞，造船厂被荒废。在长达三百年的时间里，由于马穆鲁克王朝和奥斯曼帝国疏于治理，当地的边境贸易遭到破坏。拿破仑·波拿巴设想，要是能穿过地峡，就可以摧毁英国的商业垄断地位，如果做到了，将是一个了不起的成就。1799年4月12日，拿破仑·波拿巴下达的一项秘密法令规定了埃及探险队的目标，其中包括：占领埃及，并将英国人赶出"他们在东方的所有领地"。拿破仑·波拿巴还做出指示，必须穿越苏伊士地峡，并确保"法兰西共和国拥有在红海的自由，并且控制红海"。也许这就是英国半个多世纪以来坚决反对斐迪南·德·雷赛布计划的关键原因。拿破仑·波拿巴的探险队深入沙漠，发现了阿姆鲁运河的故址，并决定重新开挖这一古老的航道，等更有利的时机到来后，再执行一个更加宏大的计划。

然而，命运多舛，拿破仑·波拿巴并没有在任何修建运河的功绩中留名。拿破仑·波拿巴的那群在让-巴蒂斯特·勒佩尔先生领导下的工程师对苏伊士地峡的考察并不成功。相关考察工作始于1799年1月，1799年2月中断，1799年9月又恢复，并最终在1799年12月完成。后来，法国人更换了测量员，并在不同的位置使用了不同的仪器。由于阿拉伯人的敌视，考察结果没有得到检验。后来，测量员报告说，红海涨潮时的水位比地中海退潮时高了三十二英尺又六英寸[①]。拿破仑·波拿巴的埃及探险队留下的《埃及概况》中的惊人统计数据

---

① 英制单位，一英寸约合二点五厘米。——译者注

路易十四

让－巴蒂斯特·科尔贝

路易十五

路易十六

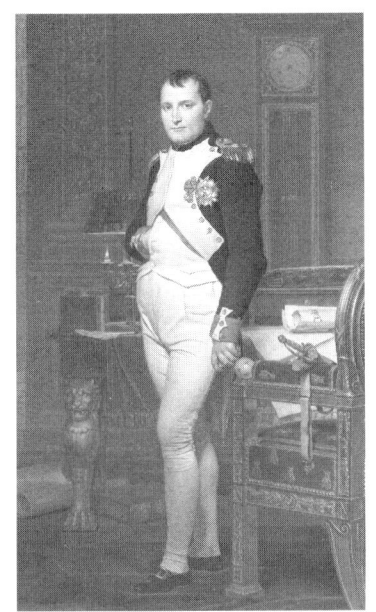

拿破仑·波拿巴

路易-亚历山大·贝尔捷

路易-马里-约瑟夫·马克西
米利安·卡法雷利·迪法尔加

让-巴蒂斯特·勒佩尔

被当时的世界普遍接受了。然而,法国记录的"水位差异"与阿姆鲁运河的实际情况并不相符,但据古代记载表明,咸水被红海的潮汐冲入了尼罗河一条古老的运河,深入二十英里。这反驳了皮埃尔-西蒙·拉普拉斯和约瑟夫·傅立叶在理论基础上提出的反对观点。《埃及概况》面世之后的近三十年里,几乎所有对在埃及修建运河做进一步论证的项目都认为需要给运河配备船闸、水闸之类的装置,并且采用法国标准。这类项目数量很多,提出者包括英国工程师R.H.加洛韦、上校J.B.西利及伟大的旅行家J.S.白金汉等。

1830年,奉勘察地峡、起草一份执行修筑大运河工程可行性报告的命令,F.R.切斯尼上校来到埃及。F.R.切斯尼上校报告说,红海和地中海的水平面本质上不存在高低差异。但英国下议院特别委员会充分研究了该报告,认为这份报告作用不大。[①]

皮埃尔-西蒙·拉普拉斯　　　　　　　　　　　　　　　　约瑟夫·傅立叶

---

① 当时,帕默斯顿子爵亨利·约翰·坦普尔可能已经意识到法国测量员的计算是错误的。——译者注

由于埃及局势发生了一些新变化，在当地修建跨地峡运河又面临新的重大阻碍。1831年，埃及总督穆罕默德·阿里帕夏考虑修建一条苏伊士到开罗的新运河，并在1834年得到了英国印度委员会和外交部的支持。然而，运河项目因埃及方面和英国军政界大力支持的开罗-苏伊士铁路项目而被搁置。后来，一个受雇于穆罕默德·阿里帕夏，叫路易·李南特·莫里斯·阿道夫·利南·德贝勒丰的法国工程师重新验证，证明F.R.切斯尼上校的结论是正确的。

　　1833年，一位很有手段、家世显赫的法国人，成为一群有远见的圣西蒙主义①者的领袖。为了进行新一轮勘测，巴泰勒米·普罗斯珀·昂方坦和一支由二十名技术人员组成的团队来到埃及，并为苏伊士运河和尼罗河拦河坝这两大项目注入了新的活力。巴泰勒米·普罗斯珀·昂方坦会见了斐迪南·德·雷赛布和法国总领事馆的副领事让-弗朗索瓦·米莫。让-弗朗索瓦·米莫又把巴泰勒米·普罗斯珀·昂方坦介绍给赫迪夫②穆罕默德·阿里帕夏，而巴泰勒米·普罗斯珀·昂方坦的计划也被提交给穆罕默德·阿里帕夏的议会。议会批准了修建拦河坝的计划，但并未批准运河的修筑计划。在修建拦河坝的工作中，巴泰勒米·普罗斯珀·昂方坦一直干到1837年，然后就回法国了。此时，修建苏伊士运河的时机尚未成熟。后来，路易·李南特·莫里斯·阿道夫·利南·德贝勒丰和F.R.切斯尼上校关于修建跨地峡运河的合理报告引起了读了让-巴蒂斯特·勒佩尔那失败的探险回忆录的斐迪南·德·雷赛布的注意——斐迪南·德·雷赛布可能是被巴泰勒米·普罗斯珀·昂方坦的满腔热情激起了兴趣。然而，修建跨地峡运河的宏图大志要等到很多年后才能最终实现。

　　又过了几年，修建跨地峡运河或铁路的实质工作还是毫无进展。从1841年开始，运河工程被人们置于最优先地位，持续了好几年。东印度公司偏爱修建一条运河；大英轮船公司也赞成运河方案，其常务董事阿瑟·安德森在1841年

---

① 圣西蒙主义，是19世纪上半叶，受法兰西哲学家圣西蒙伯爵亨利·德·圣西蒙思想启发，出现于法兰西的一场政治、宗教和社会运动。——译者注
② 赫迪夫，奥斯曼帝国在埃及和苏丹的最高行政长官。——译者注

认真研究了整个问题后,写信给帕默斯顿子爵亨利·约翰·坦普尔,并认为运河将耗费约二十五万英镑。不过,阿瑟·安德森认为,可以从中赚回十倍的钱。他说:"因为有了运河,我们与东方广大地域的全部政治和商业往来就必然通过英吉利海峡,这就会比采取其他航线减少几千英里的航程。"阿瑟·安德森坚信,除俄罗斯帝国外,欧洲所有国家都将从中受益;他还认为穆罕默德·阿里帕夏会为提供运河特许权,如果不会,就可以从奥斯曼帝国苏丹那里获得通行权(因为奥斯曼帝国苏丹必须给予批准)。两年后,阿瑟·安德森的观点以小册子的形式出版,对英国的舆论产生了重大影响。但此后,由于轮船吨位越来越大,人们一致同意放弃连接尼罗河和红海的运河工程计划。

穆罕默德·阿里帕夏

帕默斯顿子爵亨利·约翰·坦普尔

此后，人们又进行了各种非官方测量行动，结果一致表明，地中海与红海间几乎没有水位差异。[①] 专家的意见倾向于加强运河工程项目的实用性。因此，英国政府只得对运河工程项目进行审查，基于国家利益角度尽可能选择好的施工路线。不久，帕默斯顿子爵亨利·约翰·坦普尔就得出了无论商业优势有多大，这个"博斯普鲁斯海峡第二"都可能会造成严重尴尬的局面。1834年，英国政府拒绝为从亚历山大港经开罗通往苏伊士的埃及铁路提供任何经

---

① 常规状况下，苏伊士高水位和低水位之间的高度差为三英尺九英寸。塞得港的高差则是九英寸。在苏伊士观察到的由逆风引起的水位极端差异为八英尺六英寸，在塞得港则为四英尺六英寸。如此大的高差，运河水的流动是不会停滞的。——原注

济担保；而帕默斯顿子爵亨利·约翰·坦普尔更强烈地反对为苏伊士运河提供担保。法国政府为该计划提供赞助的意愿及克莱门斯·冯·梅特涅经常表示的东方贸易将很大程度上转移到奥地利的信念更是为帕默斯顿子爵亨利·约翰·坦普尔的反对烈火添了一把干柴。

时间到了1843年，很明显，此时英国要么反对修建运河，要么必须支持。如果支持，就可能会导致一部分埃及被武力吞并，而奥斯曼帝国更可能会被肢解。这时期的奥斯曼帝国苏丹在北非比土耳其在更广阔的亚洲领土都有实际控制力。长期存在的土耳其问题使帕默斯顿子爵亨利·约翰·坦普尔不希望在此时又多处理一个埃及问题。看着帕默斯顿子爵亨利·约翰·坦普尔如此犹豫，他的同事就更不敢擅自做决定了。

法国政府支持修建运河，并且急于进行这项被竞争对手英国拒绝的项目。英国政府则发现自己不得不从对运河采取冷漠态度变成绝对反对，反过来还要支持开罗-苏伊士铁路的建设。欧洲其他地区，甚至连穆罕默德·阿里帕夏也支持运河修建项目。在埃及和"高门"，英国的意见都不受欢迎，但英国的实力令人望而生畏。不管是占领亚丁、鏖战叙利亚还是海上威慑意大利，人们脑海中英军的雄姿还历历在目。英国正因为有一支强大的军队，才能长期承受敌对势力的重压。英国的对手慑于英国皇家海军的霸权，不敢和英国政府公开叫板。时间久了，英国在君士坦丁堡的影响力就增加了。

1846年，由伦敦的罗伯特·史蒂文森和爱德华·斯塔巴克，维也纳人阿洛伊斯·内格雷利及代表德国利益的莱比锡人佛伦斯和泽利尔、弗朗索瓦·巴泰勒米·阿尔勒-迪富尔、巴泰勒米·普罗斯珀·昂方坦、儒勒、里昂和保兰·塔拉博在巴黎成立国际苏伊士运河公司。初始资本为十五万法郎，总部设在巴泰勒米·普罗斯珀·昂方坦家中。国际苏伊士运河公司实际上是一个半官方的委员会，在运作方面得到穆罕默德·阿里帕夏及其手下官员与能干的路易·李南特·莫里斯·阿道夫·利南·德贝勒丰等人各种方式的帮助。穆罕默德·阿里帕

克莱门斯·冯·梅特涅

阿洛伊斯·内格雷利

弗朗索瓦·巴泰勒米·阿尔勒-迪富尔

保兰·塔拉博

夏也赞助了很大一部分钱（约四千英镑①）。罗伯特·史蒂芬森为什么会加入国际苏伊士运河公司至今仍是个谜，毕竟他在1846年前后都公开反对修建运河。托马斯·弗莱彻·韦格霍恩②劝他不要插手这件事，而罗伯特·史蒂芬森选择了既不辞职，也不积极参与的折中方式。国际苏伊士运河公司一致认为红海和地

托马斯·弗莱彻·韦格霍恩

---

① 19世纪末期，一英镑约等于七点三二克黄金，而一法郎约等于零点二九克黄金。——译者注
② 托马斯·弗莱彻·韦格霍恩，是一名罗切斯特商人和胡格利河领航员的儿子，也是跨红海进行邮件通信的先驱。托马斯·弗莱彻·韦格霍恩与开罗和苏伊士一带的阿拉伯人交往，靠和阿拉伯人同居一帐赢得对方信任，并建立了定期商队服务。他在开罗和苏伊士之间建了八座分站点（20世纪30年代时仍然可以从空中看到），将一条劫匪拦道的险路变成了配备马匹、货车和英国邮政车的坦途。1869年，为了纪念托马斯·弗莱彻·韦格霍恩，斐迪南·德·雷赛布在塞得港为其竖起了一座胸像。这显示了斐迪南·德·雷赛布的大度。（为什么霍雷肖·纳尔逊不能拥有一座俯瞰阿布基尔湾的雕像？）威廉·梅克皮斯·撒克里在《从康希尔到开罗的旅程》中提到托马斯·弗莱彻·韦格霍恩留给同时代人的印象："钟声响个不停，而托马斯·弗莱彻·韦格霍恩船长在院子里进进出出。昨天早上，他才刚离开孟买，星期二就到了红海，而今天午在英国的摄政公园订婚。要是世界上有能同时分身两地的人，那准是托马斯·弗莱彻·韦格霍恩。"——原注

中海海平面的高度本质上没有区别。阿洛伊斯·内格雷利率领的奥地利工程师认为，修建一条水位与海面齐平的运河是可行的，但运河终点段的修筑会很困难。法国人则主张修建带船闸的运河。罗伯特·史蒂芬森宣布，只要三十多英尺的水位差是真实存在的，就可以修建一条水位与海面齐平的运河，他认为，在地峡松软的沙土上，如果要保持水道畅通，水速就必须保持在每小时三四英里。如果一条深得足以容纳最大型船航行的长运河水道竟无水流通，那它就只是两片无潮大海间的一条死水沟渠——修建它耗资巨大，却完全无利可图。这样一来，一条铁路就可以充分满足英国对运输方面的需求。罗伯特·史蒂芬森的信念与他对拟议中埃及铁路的兴趣及英国政府出了名的感情用事密切相关。邮政系统已正式就"以蒸汽船航行作为邮件的一种运输方式"一事提出了反对意见。尽管罗伯特·史蒂芬森的观点早就被证明是错误的，帕默斯顿子爵亨利·约翰·坦普尔仍然以此为基础，反对修建苏伊士运河。

1849年，运河修建计划遭遇了新挫折。穆罕默德·阿里帕夏去世了，而继任者阿拔斯一世帕夏更偏向英国。在阿拔斯一世帕夏执政的六年时间里，运河修建工作鲜有动静。英国顾问代替了希望阿拔斯一世帕夏垮台的法国顾问。作为穆罕默德·阿里帕夏的孙子，阿拔斯一世帕夏的地位因无法得到英国政府的积极支持而岌岌可危。铁路修建计划再次被提上日程。1851年，亚历山大港—苏伊士铁路的亚历山大港—开罗段开工，并于1853年完工。铁路全长一百四十英里，每英里的成本达一万一千英镑（部分单轨、部分双轨，含机车）。罗伯特·史蒂芬森从中获得了五万五千英镑的报酬。阿拔斯一世帕夏的短命统治于1854年结束时，这一部分铁路还没有完工，继任的穆罕默德·赛义德帕夏重新开始听被阿拔斯一世帕夏拒绝的法国顾问的意见。然而，开罗—苏伊士铁路的修建工作并未停止，并在1858年完工。英国的军事顾问在开罗不再受重视，但他们在君士坦丁堡反倒被更敬重，因为随着克里米亚战争的爆发，奥斯曼帝国苏丹不能无视英国军事顾问。现在，英国内阁比以往任何时候都处于守势。然而，正如我们稍后谈到的，英国议会反对派采取了不同的观点。

此时，一切都表明，法国如果在埃及长期站稳脚跟将与真正的中立性背道而驰，并可能带来严峻的政治难题。法国报纸和公众人物竞相披露运河的修建将在多大程度上损害英国的利益。看来，事件并未遵循运河反对者预期的方向发展，也没有完全背离帕默斯顿子爵亨利·约翰·坦普尔的预期。

穆罕默德·赛义德帕夏继位使法国修建运河计划的首倡者斐迪南·德·雷赛布备受关注。他的父亲马蒂厄·德·雷赛布曾在拿破仑·波拿巴崛起时担任埃及的法国政治代理人，并为穆罕默德·阿里帕夏竞争总督提供物质支持。斐

斐迪南·德·雷赛布

迪南·德·雷赛布早年与穆罕默德·赛义德帕夏及穆罕默德·阿里帕夏的其他家人一起生活过。斐迪南·德·雷赛布曾当过驻开罗法国领事和驻亚历山大港的副领事，也对F.R.切斯尼上校和托马斯·弗莱彻·韦格霍恩早年的业绩有所了解。斐迪南·德·雷赛布一直和与铁路和运河项目有关的主要人物保持着联系。斐迪南·德·雷赛布尽管在刚成年时在法国和阿尔及利亚生活，但一直对如何将东西方的大洋连接起来感兴趣。斐迪南·德·雷赛布在快五十岁时退休了，因为他觉得自己作为法国驻罗马大使，无法赞同亚历克西斯·德·托克维尔1849年制定的派遣法国军队迎教皇复位政策。事情的发展证明斐迪南·德·雷赛布的担心是有道理的。斐迪南·德·雷赛布本来会很快去埃及，但只要穆罕默德·阿里帕夏还活着就什么也做不了。他只能留在自己在阿尔及利亚的领地，直到穆罕默德·赛义德帕夏继位的消息传来。斐迪南·德·雷赛布是一个行动派，也是一位训练有素、敏锐的外交官。斐迪南·德·雷赛布首先写信给年轻的新总督朋友以恢复双方友谊，并约定拜访他以示祝贺。接着，斐迪南·德·雷赛布火速赶赴埃及，并很快被安置在一幢大宅中，得到了新总督朋友的信任，还在三个月内成功将自己与总督的亲密个人友谊转变为商业合作关系。斐迪南·德·雷赛布有高超的骑术，赢得了高超骑手们的心。一天，他和穆罕默德·赛义德帕夏在沙漠里。他的帐篷搭在一片地势隆起的地方，上面都是松动的石头，只有一处护栏，十分危险。细心的斐迪南·德·雷赛布纵马向前，将乱石清理掉。坚强的斐迪南·德·雷赛布赢得了所有人的钦佩，而其中最佩服他的就是穆罕默德·赛义德帕夏。1854年11月15日，斐迪南·德·雷赛布首次满怀自信、热情洋溢地提出自己修建运河的宏图大计。穆罕默德·赛义德帕夏说："我接受……这事好办，包在我身上吧。"1854年11月25日，在得到奥斯曼帝国的同意后，穆罕默德·赛义德帕夏批准了特权法案的初步版本，并在1854年11月30日正式签署。在各大国的同意下，修建运河的项目终于落地。据说，穆罕默德·赛义德帕夏看都没看便签署了这份文件，他的专业司法顾问和财务顾问当然更不会审查这份文件。

这是苏伊士运河发展史上的一座里程碑。回顾苏伊士运河19世纪中期至20世纪30年代之间七十年的历史,令人震惊的是,发生的一连串事件中最重要的一件就是穆罕默德·赛义德帕夏和斐迪南·德·雷赛布两个年轻人建立了友谊。如果斐迪南·德·雷赛布不是因机缘巧合和穆罕默德·赛义德帕夏私交甚笃,他或其他人可能要去接近奥斯曼帝国的"苏丹",而不是埃及的"赫迪夫"了。这样一来,奥斯曼帝国苏丹可能会让穆罕默德·赛义德帕夏下台,而一系列的意外事件可能最终导致奥斯曼帝国拥有第二个"博斯普鲁斯海峡"。这些推测都没有意义,但体现出穆罕默德·赛义德帕夏虽然有种种缺点,但应该在埃及和欧洲得到比如今历史学家给予的更多的认可。尽管所处的时代和奢侈的生活给他带来了不好的影响,但他在很多方面还是了不起的。穆罕默德·赛义德帕夏生于1822年,是穆罕默德·阿里帕夏的儿子。十九岁时,他就被派往君士坦丁堡,就埃及的贡品问题与"高门"谈判。穆罕默德·赛义德帕夏的前任阿拔斯一世帕夏阴谋改变继承法,以利自己的后代。要不是他早死,穆罕默德·赛义德帕夏很可能就当不上总督了。穆罕默德·赛义德帕夏继位后不久就成立了一个议会。1858年,穆罕默德·赛义德帕夏授予全体臣民拥有和处置土地财产的自由,他是第一个尝试废除奴隶贸易的帕夏。继位后不久,穆罕默德·赛义德帕夏宣布打算访问巴黎,但正如斯特拉特福德·坎宁①在1855年10月5日的一份公文中所观察的那样,他此时忙于整顿自己的军队,只想"有追随穆罕默德·阿里帕夏脚步的机会"。作为苏伊士运河"威严的主人",斐迪南·德·雷赛布最受埃及人民感激的,就是他巧妙地利用自己的影响力,集中精力取得重大成绩的本领。

---

① 斯特拉特福德·坎宁(1786—1880),英国外交官,英国驻奥斯曼帝国大使。——译者注

第 2 章

苏伊士运河动工的早期谈判
(1854年到1865年)

精彩看点

特权法案草案——拿破仑三世对运河的兴趣——斯特拉特福德·坎宁反对运河计划——考查运河项目的国际科学委员会成立——幼发拉底河谷铁路——达尼尔·朗爵士——国际苏伊士运河公司在法国注册资本——运河建设开工——土耳其抗议——拿破仑三世的干涉——奥地利的帮助——亨利·布尔沃爵士——奥斯曼帝国苏丹的许可令——拿破仑三世的仲裁——帕默斯顿子爵亨利·约翰·坦普尔之死

> 行高于策,策追随之;行下于策,策校习之;行较于策,策摧毁之。
>
> ——拿破仑三世,1841年写在哈姆监狱

《埃及总督授予修建和运营苏伊士运河及地中海到红海之间的附属设施的特许权》基于法国修建铁路特许权文本而定。权利法案规定不能只组建一家"法国"公司,而要组建一家发起地设在埃及的、严格意义上的国际企业,即国际苏伊士运河公司。特许权的有效期长达九十九年。国际苏伊士运河公司的董事长始终由埃及政府任命,并应尽可能从最适合企业的股东中选出[①]。运河工程的开销由国际苏伊士运河公司支出,但所有防御工事由埃及总督负责设置。苏伊士运河的修建不局限于某条特定航线,也禁止搞关税歧视。净利润的分配方式参见下表:

分配人员	分配比例(%)
发起人	10
埃及政府	15
各股东	75

---

① 国际苏伊士运河公司规定,董事会应由主要参与国的三十二名代表组成。——原注

穆罕默德·赛义德帕夏

出于职责所在,穆罕默德·赛义德帕夏立即写信给奥斯曼帝国苏丹阿卜杜勒-迈吉德一世,征求他对运河和开罗—苏伊士铁路的同意,并让铁路与运河彼此互补。斐迪南·德·雷赛布不愿看到这些问题再次被抛给欧洲外交巨头,但他无力对抗事实。穆罕默德·赛义德帕夏刚向"高门"提出申请,就被代表拿破仑三世的法国总领事授予荣誉骑士团勋章——法国皇帝就这样向世界表明他对运河工程的特殊兴趣。授勋时,法国总领事向穆罕默德·赛义德帕夏保证,他在埃及光荣而艰巨的改革中可以依靠拿破仑三世的鼓励及必要支持。

早期阶段，"欧洲皇帝"拿破仑三世在这种仪式性的场合中将自己的赞赏之情毫无保留地展现出来。正如考利伯爵亨利·韦尔斯利所说："拿破仑三世的泛爱远远超出了他对条约的尊重。"在1856年的巴黎会议上，当全体全权代表参加的告别晚宴即将结束时，拿破仑三世对一项自认为对大家都有好处的计划很感兴趣。他说，自己研究了计划的各个方面，熟读了所有关于这一计划的文件，并热切希望此计划能成功。然而，这一计划尽管各方面都令人钦佩，但遭到了一些反对和阻碍，尤其是遭到英国的反对。拿破仑三世认为这些反对意见没有根据，并希望能消除这些意见，同时不希望操之过急。拿破仑三世选择寄希望于建立将法国和埃及人民团结起来的幸福联盟，在不久的将来就解决问题达成最终协议[①]。有这种想法的拿破仑三世正处于自己最得意的时刻，他怀着一个政治家应有的成熟心态，支持修筑运河这一长远而大有裨益的计划，为达目的采取正确的方法，并耐心地坚持执行。当1859年从英国传来反对声音时，拿破仑三世告诉斐迪南·德·雷赛布不要担心，"你可以依靠我的支持和保护"，但拿破仑三世还加了一句，"现在风浪很大，我们要赶快上岸"。愿拿破仑三世能一直这样追求自己的梦想！其实，当他的皇后欧仁妮·德·蒙蒂霍为他宣布苏伊士运河开通时，他那起起伏伏的统治生涯迎来的，已经是最后的胜利。不过，这样的胜利还是很有价值的。

在此期间，苏伊士运河取代了拿破仑三世心中尼加拉瓜运河的位置[②]。他曾写过关于建造尼加拉瓜运河的计划的小册子，这些计划与巴拿马运河相抵触。小册子叫《拿破仑的尼加拉瓜运河》，大部分都是在哈姆监狱当囚犯时写的。在拿破仑三世看来，鉴于1848年发生的事件，修建尼加拉瓜运河的计划

---

① 考利伯爵亨利·韦尔斯利在1856年4月3日的公文中指出，目前法国政府没有对苏伊士运河的修建施加任何压力，但斐迪南·德·雷赛布施加了很大压力。为了确保埃及的完全独立，穆罕默德·赛义德帕夏就想对法国实行怀柔政策。此时，穆罕默德·赛义德帕夏忙于"以最大的暴力和压迫"组建军队。1841年，靠强制命令，穆罕默德·赛义德帕夏征兵一万八千人，比之前的征兵人数多了一倍。——原注
② 摘自拿破仑三世所著《恺撒传》。这本书展示了拿破仑三世如何以一颗慈善之心通过斐迪南·德·雷赛布的计划成功推动东方走向繁荣。——原注

阿卜杜勒-迈吉德一世

拿破仑三世

考利伯爵亨利·韦尔斯利

欧仁妮·德·蒙蒂霍

应该不会再成功了。现在,如果拿破仑三世想用自己的名字给一个伟大工程冠名,那么这条连接地中海和红海的运河恐怕是他的唯一机会。然而,这个想法被帕默斯顿子爵亨利·约翰·坦普尔阻止了。因此,运河的名字就成了"苏伊士",是那个位于苏伊士运河南端不起眼的小村庄的名字。

斯特拉特福德·坎宁手握大权,在君士坦丁堡,他将英国政府在埃及的代理人对运河修筑事务的反对表露无遗。斯特拉特福德·坎宁精力充沛、敢作敢为,深谙东方外交家的权谋之术,既受同僚敬畏,也得"高门"的尊敬。亚历山大·威廉·金莱克在自己的作品《入侵克里米亚》中这样描述斯特拉特福德·坎宁:"他天赋异禀,这让研究他的公文、听他讲话的人,抑或只是被他吸

亚历山大·威廉·金莱克

引的旁观者,几乎都会认为这个人更具有匡扶英国国运、带领英国与其他国家保持和平或宣战的资格……他性如烈火、坚持己见,在争论时会全力坚持自己的看法。"1855年2月,斐迪南·德·雷赛布访问君士坦丁堡,发现大维齐尔穆斯塔法·雷希德帕夏对苏伊士运河项目很感兴趣。但穆斯塔法·雷希德帕夏因忌惮斯特拉特福德·坎宁而拒绝认可苏伊士运河项目。只有奥地利首相给予斐迪南·德·雷赛布官方支持[①],其余工作只能全靠斐迪南·德·雷赛布的个人影响力推进。斐迪南·德·雷赛布十分努力,这让斯特拉特福德·坎宁在1855年2月月底的报告中说,除非英国政府授权自己提出反对,否则土耳其政府将很快确认运河的特许权。当时,斯特拉特福德·坎宁还没有提出反对,只是在待命,因为他没有收到英国政府的指示。过去交通缓慢,"反对"与"不置可否地待命"有明显区别。斯特拉特福德·坎宁选择无视斐迪南·德·雷赛布的陈述,而向"高门"论述道:"埃及将有从土耳其被分割出去的危险。'高门'掌控的亚非领地间的运河上将会出现一个法国殖民地。最后,埃及将成为法国的保护国。"英国政治家不会忘记"印度帝国[②]"就是由逐渐掌握贸易特权、地权及财权,最终掌握主权的商人们奠定的,因此,他们当然不愿意法国在埃及干同样的事。在与斯特拉特福德·坎宁的较量中,斐迪南·德·雷赛布暂时输了,气恼却不气馁地回到了开罗。

  各方意见愈加倾向于支持斐迪南·德·雷赛布。斯特拉特福德·坎宁意识到,英国政府要是不干预,自己就不可能无限期推迟奥斯曼帝国对特许权的确认。经过进一步辩论,时任外交大臣的克拉伦登伯爵乔治·维利尔斯在致法国大使亚历山大·科隆纳-瓦莱夫斯基伯爵的照会中总结了英国政府深思熟虑的观点,概括如下:

[①] 1857年12月10日,克拉伦登伯爵乔治·维利尔斯写信给斯特拉特福德·坎宁,说奥地利政府很钟情于运河修建计划。不过,在所有对运河的感兴趣的欧洲国家就此达成协议前,奥地利不会给斐迪南·德·雷赛布半点援助。当时,土耳其政府的态度也如此。——原注
[②] 即英属印度。最初,东印度公司代管印度殖民地,自1858年起才开始向英国维多利亚女王移交权力。1876年,英属印度正式更名为"印度帝国",一直延续到1947年。——译者注

大维齐尔穆斯塔法·雷希德帕夏

斯特拉特福德·坎宁

克拉伦登伯爵乔治·维利尔斯

亚历山大·科隆纳－瓦莱夫斯基伯爵

第一,苏伊士运河的建造成本巨大,任何势力如果愿意付出这笔巨款,一定是出于政治目的。

第二,开罗—苏伊士铁路的建设势必会延误苏伊士运河的建筑工期,英国对此求之不得[①]。

第三,修建运河的方案之所以提出,是因为英国对法国在埃及的存在采取敌对态度;如今英国已经放弃了敌对态度,所以运河建造方案也该被放弃。

此时,克里米亚战争爆发了。解决战争问题显然更紧迫,这使"苏伊士运河问题"的重要性暂时被削弱。斐迪南·德·雷赛布利用英国与法国的停战协议,发动了一场公众宣传运动。斐迪南·德·雷赛布相信自己的计划是有内在合理性的,开始积极地向英国政府和英国人宣扬自己的计划。1855年6月月底,斐迪南·德·雷赛布抵达伦敦,开始忙于拜会伦敦的各大官商。时任首相帕默斯顿子爵亨利·约翰·坦普尔与克拉伦登伯爵乔治·维利尔斯对斐迪南·德·雷赛布的访问既感到怀疑也不支持,但重商主义的声音占了优势。斐迪南·德·雷赛布编写的小册子《苏伊士地峡问题》受到好评,东印度公司表达了对建造运河一事的支持态度;而半岛和东方蒸汽航运公司更是无视英国外交代表的意见,"绝对拥护"运河计划。印度的一些非官方声音也支持修建苏伊士运河。1856年1月5日,埃及总督穆罕默德·赛义德帕夏签字同意了第二部特权法案。第二部特权法案是第一部特权法案的完善补充版本。特权法案附带的《章程》,也可说是《公司条文》与法案本身共同构成了《国际苏伊士运河公司章程》。特权法案获得了通过,但英国政府的政策没有改变。斐迪南·德·雷赛布尽管很大程度上成功地转变了英国商界和舆论界的立场,但没能消除英国政府对苏伊士运河项目的敌意。在英国待了三个月后,斐迪南·德·雷赛布从容地回到巴

---

① 这是个伪命题。因为穆罕默德·赛义德帕夏下了"无论运河最终如何都要修建铁路"的命令。亚历山大·科隆纳-瓦莱夫斯基伯爵向考利伯爵亨利·韦尔斯利保证,自己已警告斐迪南·德·雷赛布,只要英国政府反对该计划,法国政府就会认为英国政府才是君士坦丁堡之主,无意在此类事务上与英国政府起纠纷。——原注

黎，召集了一批来自各大国的顶尖工程师组成国际科学委员会，由他们对自己的计划做出最终判定。他们中有来自英国的三位知名工程师J.M.伦德尔先生、J.R.麦克林先生和C.曼比先生，以及一位东印度公司的代表。1856年1月，对斐迪南·德·雷赛布计划的调查完成了，但最终结果直到十二个月后才公布。调查结果对斐迪南·德·雷赛布的设计非常有利，并且总结道：

"我们并非妄测何种动机可能阻碍运河修筑工作，但相信自己只是在回应一种普遍的意见，即一旦在苏伊士修筑运河的方案成熟，就不应再拖延。我们的目标一直是希望对世界各国政府有所启示。现在，我们满怀信心地提交最终调查结果。愿我们的调查结果能加快工程进度，消除一切现实中并不存在的阻碍，让苏伊士的'人造博斯普鲁斯海峡'向世界所有国家的舰船开放。"

国际科学委员会公布的调查结果对舆论产生了深刻影响，但英国政府不为所动。他们甚至在该调查结果公布前就在开罗和君士坦丁堡再次提出了反对意见。英国仍然"反对用蒸汽船运送邮件"，因此，英国政府还是不喜欢这个修建一条穿越苏伊士地峡的运河的想法。这导致印度叛乱[①]时，英国陆军一直沿开普敦航线运送援兵，直到迫于舆论压力，才征求"高门"和赫迪夫的同意，并很容易获得了许可，通过苏伊士运河运送援军。

斐迪南·德·雷赛布的努力没有白费。在利用自己对维持英国本土与埃及以东领地电报通讯自由方面的影响力以维护个人尊严和外交气度方面，他还没有失败过。用斐迪南·德·雷赛布的话说，帕默斯顿子爵亨利·约翰·坦普尔是一个"喜欢挑衅和带偏见"的人，而穆罕默德·赛义德帕夏疲于应付反对声音，几乎准备为求"耳根清净"而放弃运河事业。支撑帕默斯顿子爵亨利·约翰·坦普尔的轻蔑和斯特拉特福德·坎宁决心的，是针对计划中幼发拉底河河谷铁路各方勘察表明的可行性。虽然正式勘察尚未开始，但承建公司的股票已经开始溢价了。此时，欧洲比以往任何时候都强烈支持修筑运河，但拟议的

[①] 即著名的印度民族大起义（一作"土兵暴乱"）。著名的章西女王是这次起义的主要领导人之一。——译者注

从塞琉西亚到波斯湾的捷径，即从安条克和阿勒颇连接幼发拉底河，进而再到巴格达和巴士拉的捷径能将通向印度的路程缩短一千英里，并且只花费近一千六百万英镑。对此，帕默斯顿子爵亨利·约翰·坦普尔非常满意，克拉伦登伯爵乔治·维利尔斯也表示支持，"高门"也倾向于采用这种方案。然而，这种方案需要相应的政府担保——这样的担保却没有兑现，因此，最终失败了（即使在今天还是会失败）。在《英国通往印度》中，哈尔福德·兰开斯特·霍斯金斯以通俗易懂的方式讲述了整个事件。在此，我们可以说，铁路项目本质上具有政治性质而非商业性质。尽管对旅客来说，在陆地上坐火车和在运河中乘船都是一样的，但二者实际上不可能共存。

　　由于1857年年初英国与波斯的短暂战争及1857年5月印度叛乱的爆发，英国民众关注的话题发生了转移。战场上急需部队；而部队都要从开普敦开赴战场。斐迪南·德·雷赛布抓住机会再访英国。在老朋友英国人丹尼尔·朗（后来受封爵士）的协助下，斐迪南·德·雷赛布在英国的主要商业中心召开的会议上致辞。虽然斐迪南·德·雷赛布的演说很成功，但英国政府因此更激烈地反对。帕默斯顿子爵亨利·约翰·坦普尔在下议院宣称：修建运河对法国有利无害，对英国却是有害无益。这一声明引起了很大轰动，甚至在帮助斐迪南·德·雷赛布筹集本国（法国）资本方面，比法国政府提供了更有力的支持。几个月后，进入下议院的罗伯特·史蒂文森支持帕默斯顿子爵亨利·约翰·坦普尔在下议院的声明。斐迪南·德·雷赛布的一位代表给罗伯特·史蒂文森带了一封信，要求他说出两个朋友的名字，并向"完全听命于罗伯特·史蒂文森先生"的斐迪南·德·雷赛布就此事做出书面解释。随后，罗伯特·史蒂文森做了解释，斐迪南·德·雷赛布则撤回了对他的质问。

　　1857年12月，担任驻奥斯曼帝国大使的斯特拉特福德·坎宁马上就要离开奥斯曼帝国，但英国政府一直在努力向"高门"保证，其关于运河的政策不会变。1858年1月1日，克拉伦登伯爵乔治·维利尔斯向大维齐尔穆斯塔法·雷希德帕夏宣布，如果奥斯曼帝国苏丹阿卜杜勒-迈吉德一世同意苏伊士运河计划这一"明显又直接地将埃及从土耳其分离的计划,就不能指望维持奥斯曼帝国政权和领土完整从此成为欧洲大国政策的指导原则之一——阿卜杜勒-迈吉德一世的同意修建运河的行为就是置这一指导原则于不顾的表现"。最终,"高门"让步了,承诺在未得到英国政府的同意下不会批准苏伊士运河计划。不久,穆斯塔法·雷希德帕夏在喝了杯咖啡后抽搐不止,很快就去世了。斐迪南·德·雷赛布为穆斯塔法·雷希德帕夏致哀,在他看来①,自己可以"完全摆脱英国的影响力了"。穆斯塔法·雷希德帕夏死后,正直但寡断的穆罕默德·埃明·阿里帕夏接替了他的位置。

穆罕默德·埃明·阿里帕夏

---

① 穆斯塔法·雷希德帕夏与穆罕默德·赛义德帕夏无疑在1854年时(以后几年也是)存在金钱交易。穆斯塔法·雷希德帕夏去世后,发现他欠政府八万三千英镑的债务。——原注

1858年2月,帕默斯顿子爵亨利·约翰·坦普尔下台,但英国政府的态度没有任何改变。本杰明·迪斯雷利在下议院将苏伊士运河的修建描述为"最徒劳的尝试,完全不可能成功"的工程。

1858年6月,下议院再次讨论修建运河的相关事宜,而斐迪南·德·雷赛布的见解此时得到了很多议员的拥护。帕默斯顿子爵亨利·约翰·坦普尔摆出了老一套——修建运河等于奥斯曼帝国和大英帝国在向解体迈步。投资者的愚蠢和盲从是靠不住的,铁路永远比运河能更加经济地满足英国人的需要。帕默斯顿子爵亨利·约翰·坦普尔绝不会与牺牲英国利益者为伍[①]。

随后,威廉·尤尔特·格拉德斯通发表观点,他以充分的理由驳斥了"修建运河必意味着将埃及从奥斯曼帝国的掌控中割离"的观点。至于一种反对观点认为,苏伊士运河如果在建成之后被欧洲的海洋强国控制,就会对英国不利。然而,英国本身就是全欧洲最强大的海洋大国——除了我们自己,还有谁能掌控苏伊士运河呢?法国固然是英国的对手,但他们计划建造的苏伊士运河是献给全世界、全人类的。更何况,即使苏伊士运河最终完工,也不会对英国造成威胁。此时贸然反对,是非常不明智的。威廉·尤尔特·格拉德斯通说:"您参与了一个必败无疑的竞赛……欧洲所有政治家都会谴责这种毫无根据又自私的反对政策。我们不如把苏伊士运河看作一个商业项目,顺其自然。"当时,他的观点并不是很能服众——当时的人与十六年后本杰明·迪斯雷利的听众一样,反对苏伊士运河的建造。然而,威廉·尤尔特·格拉德斯通的话还是对国内舆论产生了一些影响。

帕默斯顿子爵亨利·约翰·坦普尔暴风骤雨般的言辞在国外产生了与预期截然不同的效果。法国开始在君士坦丁堡有所行动,其他欧洲国家在君士坦丁

[①] 1859年10月13日,帕默斯顿子爵亨利·约翰·坦普尔在考利伯爵亨利·韦尔斯利的公文中夹了亲笔写的便条,对自己的观点做了以下总结:"反对运河修筑计划的共有三方,分别是英国和奥斯曼帝国政府及大自然。英国和土耳其政府不太可能改变自己的看法,大自然则更不会。"这张便条表明,曾向帕默斯顿子爵亨利·约翰·坦普尔提供建议的英国工程师要对子爵的态度负有重大责任!——原注

威廉·尤尔特·格拉德斯通

堡的代表都从各自的政府收到了支持国际苏伊士运河公司的指示。然而,"高门"无法立即做出决定。斐迪南·德·雷赛布发现,自己又快要失败了。他只剩一个选择,就是回巴黎,自己成立公司。斐迪南·德·雷赛布不顾金融专家的建议,直接向法国人筹措资金。他没有选择类似罗斯柴尔德家族的银行这样的大银行——它们的借款门槛太高了。

国际苏伊士运河公司的资本固定为两亿法郎,分为四十万股,每股值五百法郎。1858年11月5日开始接受认购,11月30日结束,但未竟全功——分配给法国人的份额全部售出,但没有英国人、美国人、奥地利人或俄罗斯人前来认购。此时,挥霍成性但具有远见卓识的埃及总督穆罕默德·赛义德帕夏前来当了救兵,为苏伊士运河项目提供了六千万法郎的资金。要是没有穆罕默德·赛义德帕夏,国际苏伊士运河公司的股份几乎全落入法国人手里,但历史及受益人埃及人常常忘记穆罕默德·赛义德帕夏的贡献,这对他很不公平。除为英国、美国、奥地利、俄罗斯保留的约八万五千股之外,其余股份已被认购完毕。这些股份大都是小笔小笔出售的。这样一来,国际苏伊士运河公司从一开始就真正实现了国际化。

在《四十年回忆集》中,斐迪南·德·雷赛布提到了此事(1859年1月1日):"帕夏(穆罕默德·赛义德帕夏)希望法国投资占比不超过总投资的一半,以使该公司尽可能保持国际性。于是,我们将总股数的分配份额做了规定。"规定后的总股数分配份额如下:

国家 / 地区	份额
法国	207 111
奥斯曼帝国(除埃及总督个人投资外)	96 517
西班牙	4 016
荷兰	2 615
突尼斯	1 714
皮埃蒙特	1 353

续表

国家/地区	份额
瑞士	460
比利时	324
托斯卡纳	176
那不勒斯	97
罗马	54
普鲁士	15
丹麦	7
葡萄牙	5
为英国、美国、奥地利、俄罗斯保留的股份（埃及总督说，如果这些国家不买，他会全部买下）	85 506
	合计：40 000（股）

现在，斐迪南·德·雷赛布名义上是一个强大组织的负责人。这个组织在大多数欧洲国家设有行政理事会，并且得到大量来自这些国家民间和政府的支持。为了宣扬和记录运河施工进程，斐迪南·德·雷赛布在巴黎韦尔努伊尔街五十二号的出版社创办了双周刊《两海联盟杂志》。然而，斐迪南·德·雷赛布不再只对埃及总督负责，他要对所有股东负责。现在，斐迪南·德·雷赛布作为一家由法国控制的公司的负责人，正是对手攻击的目标。阿卜杜勒-迈吉德一世收到了要求注意国际苏伊士运河公司将在埃及形成分离主义运动危险的提醒。而穆罕默德·赛义德帕夏更是收到了这样的警告：自己未经"高门"同意就主持成立了一家几乎拥有主权的公司——这很危险。

当时，斐迪南·德·雷赛布五十五岁，能力足以应付当前局势。他利用自己丰富的法律知识，对苏伊士运河工程项目的建设与一条国际航路的建设做出了区分。根据特权法案及"高门"不时做出的"空头支票"式的允许，斐迪南·德·雷赛布发现自己不仅有足够的授权建一条可供船航行的运河水道，还可以真的建设一条"国际航路"。于是,斐迪南·德·雷赛布宣布,苏伊士运河完工后,将由国际会议最终决定其政治地位。斐迪南·德·雷赛布不再是外交官了,摇身一变成了商人,以及负责修建工程的商业公司的总裁。

1859年4月20日,工程在塞得港正式开始。头两年的挖掘工作很少,主要是搞勘测,造仓库和车间,组织工人,购买挖泥船、机器、工具等设备与木材、铁、石灰、水泥等原料。1859年6月1日,在奥地利的大力支持下,英国在君士坦丁堡进行新一轮抗议活动。然而,穆罕默德·赛义德帕夏并没有遣散劳工。运河工程仍在继续。面对英国代理人的强烈抗议,穆罕默德·赛义德帕夏回应道,自己无法遣散在运河上工作的欧洲人,只有他们各自的政府有权力这么做——当然,这几乎不会发生。这也许是埃及历史上最有价值的一次"投降"了。君士坦丁堡的新一轮抗议引起了大维齐尔穆罕默德·埃明·阿里帕夏的注意。穆罕默德·埃明·阿里帕夏指示穆罕默德·赛义德帕夏停止所有运河工程,因为这项工程完全未经奥斯曼帝国苏丹的授权。因此,穆罕默德·赛义德帕夏宣布,打算执行自己威严主人的命令。看起来,斐迪南·德·雷赛布已经无牌可打,并且还输了。

正在修建苏伊士运河的工人

斐迪南·德·雷赛布只剩最后一个机会，就是争取拿破仑三世的公开支持。穆罕默德·赛义德帕夏刚成为埃及总督时，拿破仑三世就把好友斐迪南·德·雷赛布和苏伊士运河计划介绍给穆罕默德·赛义德帕夏，而当时欧洲的政治形势也有利于运河修建事宜。1859年7月，斐迪南·德·雷赛布返回巴黎，成功让自己的声音"上达天听"。拿破仑三世不仅承诺保护斐迪南·德·雷赛布的运河事业，还指示法国外交使团积极提供协助。身处英国圣詹姆斯宫的法国大使亚历山大·科隆纳-瓦莱夫斯基则被指示向英国内阁传达拿破仑三世的建议，希望英国政府"不要再反对修建运河"。英国内阁不为所动，仍坚持反对意见。而塞得港的运河开凿工作仍继续进行。

这时，有人给"高门"提出建议[①]，劝"高门"将苏伊士运河问题以通函的方式完全移交给欧洲大国。当时，"欧洲大国"相当于"海洋大国"。欧洲大国将聚集起来开会，它们在会上的钩心斗角将成为土耳其的"保护伞"："高门"在各大国间左右逢源，好过跟某一个大国产生矛盾。这样的策略，年代几乎和所罗门王一样古老。《圣经·箴言》说得好："无智谋，民就败落；谋士多，人便安居。"看来，我们在1968年前也需要这样的"良谋"。

拿破仑三世采取了积极措施。为遵守与法国的和约，奥地利政府承诺将再次支持运河修筑事宜；俄罗斯帝国也表示支持[②]。由于发现君士坦丁堡无能

[①] 亨利·布尔沃爵士1859年12月28日的公文。——原注
[②] 回顾苏伊士运河的历史，在其建造阶段，拿破仑三世不顾一切支持斐迪南·德·雷赛布起到了突出作用，其重要性相比某些评论家认为的更大。1859年11月14日，从维也纳外交部寄给奥地利驻伦敦大使奥波尼伯爵的公文很好地体现了当时欧洲政坛各国相互影响的程度："我国与英国内阁之间曾就欧洲政策的最重要问题达成协议。当然，协议要求我们在一定程度上支持一项基于对奥地利贸易有利的事务。然而，如果这种协议不能继续，如果英国内阁背信弃义，一定要干涉我国事务，那么约翰·罗素勋爵就不应对我国在君士坦丁堡公开反对英国感到惊讶，就像英国在意大利对我国表现出的敌意一样。如果英国政府重视我们在苏伊士运河问题上的中立地位，那英国政府就该知道，自己在即将召开的大会的态度将决定我国会有什么动作。"英国和奥地利争论的焦点在于是否恢复帕尔马和摩德纳的大公，而奥地利在君士坦丁堡支持斐迪南·德·雷赛布，其实是为了确保法国在大公问题上支持意大利。——原注

为力,英国政府将工作重心转移到开罗。苏伊士运河的建造需要"科尔威"①。而从几年前开始,英国驻开罗总领事就一直敦促埃及总督投入"科尔威"来建设苏伊士铁路。不过,这样的敦促并不能阻碍埃及总督的继任者利用"科尔威"制度对英国和法国搞区别对待。

1860年6月,亨利·布尔沃爵士以"埃及总督没有将埃及资金用于运河项目企业的合法权利"为由向"高门"提起上诉。由于已经放弃了掌管埃及政府的条件,穆罕默德·赛义德帕夏很可能会被奥斯曼帝国苏丹废黜。然而,穆罕默德·赛义德帕夏的决心没有动摇。一次,他对英国领事说:"我不知道修建运河是否有利于商业发展,但如果我的权力与提供的帮助能最后促成运河完工,我就必定名垂青史。""高门"派一位官员向穆罕默德·赛义德帕夏施压,但他对此不屑一顾。穆罕默德·赛义德帕夏说,自己除非被武力打败,否则,不会让步。穆罕默德·赛义德帕夏对目前各国就运河工程博弈力量之间达成的平衡状态感到满意。

在近两年的时间里,外交形势没有发生实质性变化。英国仍反对修建运河,但工程还是缓慢进行。1862年11月,亨利·布尔沃爵士从君士坦丁堡前往埃及,看到了施工现场,并对施工进展惊讶不已。

1862年11月18日,斐迪南·德·雷赛布效仿《出埃及记》中摩西"玛撒和米利巴"的典故,在伊斯梅利亚宣布:"以埃及总督殿下及上帝恩典的名义,现在我可以让地中海与蒂姆萨湖相连了。"斐迪南·德·雷赛布和摩西一样,把"流动的水"与象征"试探"的"玛撒"和代表"争闹"的"米利巴"联系在一起。

1863年1月,穆罕默德·赛义德帕夏过世。斐迪南·德·雷赛布失去了一位好友,也失去了事业上的"保护伞"。穆罕默德·赛义德帕夏的侄子伊斯梅尔帕夏接过了叔叔的位置,也接过了叔叔许诺对苏伊士运河承担的义务。虽然埃及人很支持苏伊士运河的修建,但伊斯梅尔帕夏可不像穆罕默德·赛义德帕夏

---

① 科尔威,法语"corvée",指强制劳动力,也可以说是奴隶制的一种,在英国直到20世纪都是一种流行用语。——译者注

亨利·布尔沃爵士

那样,做好了付出更大牺牲的准备。亨利·布尔沃爵士眼中的伊斯梅尔帕夏是一个"骄傲、害羞、聪明,一定程度上又有些胆小"的人。然而,运河修建工作的庞大规模点燃了伊斯梅尔帕夏的雄心壮志,运河本身的吸引力也激发了伊斯梅尔帕夏的想象力。然而,伊斯梅尔帕夏希望收回叔叔穆罕默德·赛义德帕夏"让渡"给国际苏伊士运河公司的大部分运河区土地。对英国大使来说,新的机会出现了:他们毫不迟疑,立刻向"高门"进言,建议"高门"告知伊斯梅尔帕夏,前任穆罕默德·赛义德帕夏的特权法案是未被"高门"批准的,国际苏伊士运河公司在埃及没有合法地位及施工权限。1863年7月,"高门"向伊斯梅尔

伊斯梅尔帕夏

帕夏发出最后通牒。现在,伊斯梅尔帕夏已无权征集强制劳动力[1],还要把已经转让的土地买回来。苏伊士运河挖掘的深度则被限制在只许商船而不允许战舰通过的范围内。如果这些条件在六个月之内不被接受,国际苏伊士运河公司将面临解散,股东将获得赔偿,埃及将接手主持运河的修筑工作。

不过,斐迪南·德·雷赛布是不会让外交上遭遇的困境阻碍运河项目进展

---

[1] 美国南北战争带来的其中一个直接结果,就是埃及生产的棉花的价格上升到每磅二先令六便士。"靠地吃饭"的棉农挣得比以前更多。埃及总督由此发现,用现金赔偿国际苏伊士运河公司实际上比继续为他们提供劳动力更划算。——原注

的。国际苏伊士运河公司最初决定委托哈登先生负责工程的实施。运河投入运营后,国际苏伊士运河公司计划根据国际科学委员会原先估计的价格,保留以这个数据计算可获得利润的百分之六十,自己只负责总体上的监督、计划拟订及设备供应工作。

后来,国际苏伊士运河公司发现这种方法效果不佳,便取消了与哈登的协议。哈登得到了七万两千英镑的赔偿金。

根据拉比诺的记录,国际苏伊士运河公司随即开始自行承担运河修建工程,但最终还是与四家法国承包商签订了协议——一系列合同总金额约达四百六十万英镑。

这些涉及几百万英镑的大合同都是在苏伊士运河的外交命运岌岌可危的关头签订的。法国起了很大的政治作用。斐迪南·德·雷赛布从一开始就得到了法国民众的支持,肯定也会得到法国政府的支持[①]。面对最后通牒中隐含的威胁,斐迪南·德·雷赛布再次向拿破仑三世求助,并征得"高门"的同意,以法国投资者的名义从奥斯曼帝国苏丹那里争取到了更好的条件。1864年3月,一个任期至1864年7月的仲裁委员会受拿破仑三世之命组建。拿破仑三世这么做是为了确保国际苏伊士运河公司在埃及的地位,并且不让"高门"再有任何不承认国际苏伊士运河公司地位的根据。国际苏伊士运河公司将放弃对免费劳动力的要求。埃及政府则做出八千四百万法郎的赔偿。苏伊士地峡的所有土地(计六万公顷)、当地的淡水资源,以及附属的运河及航行权利也以类似方式以四千六百万法郎的价格出让,按年偿还。这笔赔偿金折合超过三百二十五万英镑。这并不算多,国际苏伊士运河公司急需此笔资金来支持当前的修建工作。国际苏伊士运河公司把耕地还给埃及无疑是鉴于当时政治局势迈出的明智一步。这样一来,国际苏伊士运河公司在运河水道附近就不会有太大的政治权力或地区影响力。国际苏伊士运河公司遇到的主要阻力是来自英国政府

---

① 其实,从整体而言,法国政府对埃及的看法无疑对斐迪南·德·雷赛布十分不利。(亨利·布尔沃爵士给约翰·罗素勋爵的信,1863年3月3日)。——原注

的反对——英国政府这么做是合法的。这么做就很可能抓住机会扭转英国的敌对态度，并让英国体面地接受既成事实。但英国还是在君士坦丁堡继续实行自己的阻挠政策。最后，奥斯曼帝国和国际苏伊士运河公司达成了协议，并于1864年12月交换了文件，但"高门"的命令仍然没有下达。1865年2月，斐迪南·德·雷赛布再次向拿破仑三世求助。一年后，即1866年3月19日，奥斯曼帝国苏丹阿卜杜勒-阿齐兹颁布了最终命令，漫长的外交冲突到此结束。在此摘录部分命令条文，内容如下：

> 通过修筑连接地中海和红海的运河，新建的伟大工程将为商业和航海提供新的航道，这是我们这个时代最令人向往的事件之一。为此，我们与很久以前就开始要求获得执行这项工程授权的国际苏伊士运河公司召开了会议。会议结果不管是在现在还是以后，都与"高门"及埃及政府的利益相符。
>
> 至于协议，已由埃及政府同国际苏伊士运河公司代表共同起草并签署，并且已提交上来，申请皇家许可，我们阅毕表示同意。

斐迪南·德·雷赛布和英国政府间的决斗终于落下帷幕。如威廉·尤尔特·格拉德斯通所料，斐迪南·德·雷赛布赢得了胜利。此外，运河的建设程度可观，这使欧洲（甚至在英国）的舆论已经在准备庆祝这项伟大工程完工。实际上，英国海洋军事部早就预见到苏伊士运河必定完工，并于1863年5月增加了马耳他港码头的设施、扩展了防御工事等设施。马耳他政府向英国要钱的事因斐迪南·德·雷赛布跨海峡修建运河而受益。大英轮船公司认为苏伊士运河最终会完工，并打算尽早将其航线往苏伊士运河航路转移。亚丁和孟买已经在进行类似的准备工作。这样一来，国际苏伊士运河公司胜局已定。

拉比诺将1862年到1866年苏伊士运河的施工进展记录如下：

1862年到1863年

塞得港共有四艘挖泥船和一部吊机在施工。

运河海上部分——概况：第二次因施工进行截海水工作（从塞得港到法尔达内），施工作业面宽五十英尺。1862年3月，苏伊士地峡沿岸建筑面积达到五万六千五百平方码[①]，1863年4月达到九万六千五百码。

蒂姆萨湖北：从1862年11月起，参与施工劳动力达一万八千人，挖掘了长达五十英尺，深四至六英尺的壕沟，用以连接地中海及蒂姆萨湖；开挖土方四百三十五万立方米，合一千三百五十六万立方英尺，每立方米成本为零点六八法郎。

蒂姆萨湖南：运河的蒂姆萨湖—图索姆平原段宽一百九十英尺，海拔高度比地中海低六英尺，开挖土方两千一百二十万立方英尺。现场有二十一艘挖泥船正在施工，另外三艘即将做好准备，投入使用后每月可以多挖三十五万三千立方英尺。此外，还有二十艘没到货的挖泥船，这些船每个月能贡献一百零五万平方英尺的挖掘量。

运河淡水部分及水源：尼非赫—苏伊士段运河开工，已建成二十四英里。设计参数：吃水线宽六十四英尺，底部二十六英尺，吃水六英尺；容积约五千万立方英尺。

1863年到1864年

塞得港方圆十四万两千码的大片土地被开垦出来，用于建设法国地中海铁工及造船厂和巴黎E.古安的工厂。国际苏伊士运河

[①] 一码约合九十一点四四厘米。——译者注

公司获得了二十艘配备驳船和其他配件的新挖泥船。码头区延长了三百三十英尺,已有约六百英尺完工。长两千英尺(随后长达三千三百英尺)的谢赫卡普蒂运河将塞得港与蒂姆萨湖湖岸和达米埃塔的海岸相连,确保运河水位稳定。

运河海上部分——概况:总建筑面积十二万八千平方码。

蒂姆萨湖北:塞得港—法尔达内段已经挖掘土方四千三百万立方英尺,沿着巴拉湖挖石膏石,开挖四百五十万立方英尺。

蒂姆萨湖南:运河的海上部分延展了四英里。在蒂姆萨湖至萨拉皮雍共开挖七百六十万立方英尺。为修建运河开辟了两条狭窄通道:一条通往伊斯梅利亚的运河南段,另一条通往蒂姆萨湖以东的一个采石场。

运河淡水部分及水源:连接尼非赫与大海,长达五十五英里的运河经过十三个月的施工总算完工,总共开挖土方一点一八亿立方英尺。

1864年

塞得港:从梅克斯(亚历山大港)的采石场开采了五十三万立方英尺用于建设塞得港码头和堤防的石料;迪索兄弟建立了自己的工厂,制造和沉降用于防波堤的人造石料。1864年1月至7月,入港船一百二十四艘,总吨位三万五千二百二十吨。

运河海上部分——概况:电报系统完工了,施工前三个月仅有一万三千人在工作。后来,保罗·博雷尔和亚历山大·拉瓦莱受雇为工程做计划,并参与了大规模建设工作。

蒂姆萨湖北:运河塞得港—蒂姆萨湖段全由当地劳工挖掘,累计开挖两千三百万立方英尺。在塞得港方面,艾顿公司共挖掘地面部分——含国际苏伊士运河公司建筑——一百零五万立方英尺、挖掘用于运河河道建设土方八百一十万立方英尺。库夫勒公司调用两台挖掘机,修建四英里铁路,调动四台火车头及三十辆卡车,共计开挖土方二百二十万立方英尺。

蒂姆萨湖南:查卢夫南部的挖掘工作全由当地劳工负责,挖掘了土方四千八百万立方英尺,并挖掘了两条横向运河,一条通往萨拉皮雍,开挖土方三百二十万立方英尺;另一条通往查卢夫,挖掘土方四十二万五千立方英尺。

运河淡水部分及水源:伊斯梅利亚连接点共开挖土方一百三十万立方英尺,从1864年4月10日起为塞得港供应淡水;吉斯尔高原水库能提供十一万加仑[①]淡水;塞得港水库能供应十五万四千加仑淡水。

1864年到1866年

塞得港——港口建造计划有修改:不再修建两个平行的、彼此相距一千三百英尺的防波堤,而改建一东一西两座防波堤:东部防波堤起点所在海滩离西部防波堤四千五百英尺,两条防波堤相距一千三百英尺的位置留出一个狭口,形成良港;塞得港通道宽二百英里至三百英尺,深十六英尺;运河港的入口宽六百英尺,深十六至二十英尺深。1865年7月15日到1866年6月15日,入港的船有五百九十五艘,共计十万八千五百三十九吨。1865年6月,因霍乱暴发,当时一度有四千名工人逃走,施工进度受到严重影响。

运河海上部分——概况:博雷尔和拉瓦莱;三十二艘长槽

---

① 加仑,容(体)积单位,一加仑约合四点五升。——译者注

挖泥船沿着三十五英里的运河河道施工；由当地人组成的劳工队伍被解散。1864年5月，劳工被换掉一批；1866年，运河劳工有七千九百五十四名来自欧洲，另有一万零八百零六人来自亚洲、非洲各地，如阿拉伯、叙利亚等地。

蒂姆萨湖北：塞得港—蒂姆萨段的运河被拓宽至三百二十五英尺，从而形成了保护河岸免受航行的船影响的河段，并节省了修筑石堤所需的费用；根据国际苏伊士运河公司记录，库夫勒公司将吉斯尔岭壕沟延伸并加深了六英里，一直延伸到焦亚附近。

蒂姆萨湖南：起初，修筑蒂姆萨湖—苏伊士段靠手工挖掘，随后在蒂姆萨湖至图索姆南部都用挖泥船；从图索姆往苦湖挖了五英里壕沟；从查卢夫移走了长一千一百英尺的石头[①]，挖土三百二十万立方英尺，挖石料一百万立方英尺。

运河淡水部分以及水源：埃及总督安排了八万名劳工负责开罗—绿洲段的施工。截至1865年10月5日，挖掘土方七千万立方英尺，随后达到了一点零五亿立方英尺，剩余七千万立方英尺。从此，尼罗河水四季都不会断流。国际苏伊士运河公司凭借帝国的支持，完成了三千零七十五万立方英尺土方的挖掘工作。

英国政府意识到苏伊士运河即将完工，随即开始考虑应如何使这条新水道满足自己的需求。1865年10月18日，帕默斯顿子爵亨利·约翰·坦普尔在位于赫特福德郡的布罗克堂逝世。从此，斐迪南·德·雷赛布最强大的反对者永远消失了。

---

① 查卢夫出产的"塞伊"是一种坚硬的石壁，厚约两英尺，分布在低于海平面六至十六英尺，宽四英里的河床。河床土层中混有碳酸镁土层，土层中有大象和狗鱼的遗骸化石。移走这层石壁的工作几乎全部是由来自皮埃蒙特的一千五百名特聘工人徒手完成的。——原注

第 3 章

苏伊士运河的完工与通航

（1866年到1873年）

精彩看点

修筑工作的继续——工程师查尔斯·奥古斯塔斯·哈特利考查苏伊士运河——挖掘机器的引入——约翰·霍克肖受邀评估运河工程——对估计的修改——劳工移民——查尔斯·道蒂——塞得港——伊斯梅利亚——陶菲克港——最后关头的小插曲——开幕仪式——欧仁妮·德·蒙蒂霍皇后——威尔士亲王爱德华——邮政合同——苏伊士运河对好望角航线的影响

> 在法国，要是一个人对公众宣称他做的事是为了自己，那么没有人会听他的。在英国就不同了，这类人总有听众。
>
> ——斐迪南·德·雷赛布《访谈录》（1864年）

奥斯曼帝国苏丹御赐的特权法案使斐迪南·德·雷赛布在保证自己与有关政府及个人友谊毫发无损的前提下，在修建运河一事上获得了无可争议的政治地位。修建运河工作进展迅速：斐迪南·德·雷赛布自1859年8月起就正式启动了将让好友穆罕默德·赛义德帕夏名留青史的地中海港口建设工作——这项工作此前已经进行一段时间。此时，大量前期准备工作已经完成，在法国进行设计的、施工所需的机器已被运到施工现场，并竖立就位。机器架设完毕、维修站和工人宿舍都已落成。伙食供应、人员招募和卫生保洁等工作也都做好了安排。在塞得港建的第一批建筑是临时的，随着项目的进行逐渐被永备建筑取代。埃及政府根据特许权条款提供的"费拉"[1]的日薪是六至八个皮亚斯特[2]，折合一先令到一先令四便士。当然，熟练工人收入更高。工地供水需要

---

[1] 写作"Fellahin"，指征发的农民劳工。——原注
[2] 皮亚斯特，一系列货币的名称，该词最早来源于意大利语，意为"薄的金属盘子"。——译者注

依靠骆驼从远处扛回,偶尔要是断供,工人就会渴死。但这种"偶尔"成了一些权威作家指控苏伊士运河建设"渴死"大量工人的"罪状"。他们觉得国际苏伊士运河公司首席医疗官公布的统计数据——所谓的"千人死亡率"——绝不能代表运河上的劳动者实际的死亡率,见下表:

年份	千人死亡率(‰)	年平均劳工人数(人)
1863	1.40	—
1864	1.36	—
1866	2.49	18 605
1867	1.85	25 770
1868	1.52	34 258

斐迪南·德·雷赛布积极保障手下劳工的宗教权利。他为穆斯林及罗马天主教和希腊东正教的基督教教徒分别提供了礼拜场所,还主动提供供奉。

1861年3月上旬,一位叫查尔斯·奥古斯塔斯·哈特利(后受封为爵士)的、经验丰富的英国工程师应斐迪南·德·雷赛布邀请参观了修建中的苏伊士运河工程。查尔斯·奥古斯塔斯·哈特利认为该方案只要投入足够时间和金钱完全能成功,还可以通过用高效的机械设备代替人工来减少投入。

查尔斯·奥古斯塔斯·哈特利访问期间,运河工程的土方挖掘工作尚未完成五十分之一。这是资金和劳动力缺乏、供水困难及挖掘设备效率低下共同造成的。在码头建成之前,塞得港新疏浚的入口无法开放。为了建好伊斯梅利亚—开罗—苏伊士的淡水运河,施工方在伊斯梅利亚至塞得港段铺设了多条铁制水管,确保在运河施工地带全程为工人提供稳定又充足的饮水。总体而言,查尔斯·奥古斯塔斯·哈特利提供的报告非常有利,但因为没有发表,所以没有起很大作用。

1862年年初,这些工作都已完成,苏伊士运河的常备雇员人数已达两万五千名。第一任总工程师弗朗索瓦·菲利普·瓦赞高超的技术和高明的解决

挖泥船

办法及其助手拉罗什、拉鲁斯和焦亚的共同努力创造了奇迹。法国承包商亚历山大·拉瓦莱设计并制造了一支强大的槽式挖泥船队——后来的蒸汽挖掘机原型。它们不需要驳船,在与运河两岸一定距离的地方用长杆挖泥。驳船和其他机械设备动力达一万马力,每月能挖掘两百万立方米,从而使所需劳工的数量减少了四分之三。而1863年建成淡水运河后,国际苏伊士运河公司再不需要斥巨资靠骆驼从尼罗河运输淡水。施工方还设计了一种用于萨拉皮雍——约翰·霍克肖预测的开挖地点也是这里——礁灰岩地质条件下加深运河的碎石机。

一开始,挖掘工作是自北向南,但在奥斯曼帝国苏丹许可令下达后改为同时在各个地点进行。1861年,塞得港只是沙丘带上的几座小棚屋,与大海间隔着一条宽六百英尺的狭地——曼扎莱大盆地所在,疏浚工作开始后不久,港口就建好了。古代,塞得港一带是埃及最肥沃的地区之一。往水下看,可见古城的废墟：有一座神殿的底座，有红色的花岗岩柱，还有一堆堆的砖块。塞得港西南是琐安西部的图纳市（在《诗篇第78篇》《以赛亚书》《以西结书》都有提到）和后来圣路易①在1251年的"十字军东征"中被俘虏的曼苏拉，向东是蒂内。在塞得港修筑的运河长约二十五英里。由于施工区域泥层深浅不一，直到合适的挖泥机被引入前，施工都难以进行。习惯了日晒泥浆、充满活力的渔民徒手掏出泥土，在胸前搓成球状，然后把土球背在背上。在第一台挖泥船投入逐段挖泥施工前，劳工们就是这样徒手挖出了约四十万立方米土方。随后，劳工们又进行了二十次挖掘。泥中的硫黄蒸发了出来，味道刺鼻难忍，但劳工们几乎没有因此生病。在泥泞中工作一整天的劳工们只能睡在木筏上。劳工们的报酬是当天结算的，他们还有免费的大米、小米、枣和洋葱配给。这些默默无名的劳工的后代欠下了自己父辈一笔债务，这笔债务如此高昂，幸亏没被镌刻在什么大理石或艾斯佩斯（铜表）上。

接下来，就要把蒂姆萨湖和地中海连接起来。穆罕默德·赛义德帕夏去世（1863年1月17日）前，运河的整条线路轮廓逐渐清晰起来。穆罕默德·赛义德帕夏的侄子伊斯梅尔帕夏成为埃及总督后，两万名劳动力突然全部撤出。两年里，工程几乎毫无进展，但在1862年年末，从地中海运送补给的船到达蒂姆萨湖。这绝对是一项成就。人们开始憧憬运河未来的前景，招募劳工，哪怕是抓壮丁都变得更加容易。

1862年7月，伊斯梅尔帕夏②访问英国时会见了著名工程师、时任土木工程

---

① 圣路易即路易九世（1214—1270），法兰西卡佩王朝第九任国王，曾两次发动"十字军东征"，并在1250年的作战中被埃及人俘房，缴纳大笔赎金后获释。1270年，路易九世在战场上感染瘟疫驾崩。死后，路易九世被封为圣徒，并被树立为全欧洲君主的楷模。——译者注
② 伊斯梅尔帕夏是易卜拉欣帕夏的儿子，1830年出生，在巴黎接受过教育。穆罕默德·赛义德帕夏曾派他执行过各种外交任务。1861年，伊斯梅尔帕夏还镇压了发生在苏丹的一次起义。伊斯梅尔帕夏是穆罕默德·阿里帕夏后代中最年长的，于1867年从奥斯曼帝国苏丹那里获得了"赫迪夫"的头衔（代价是将贡品的价值从三十七万六千英镑提高到七十二万英镑），并且为支持自己的直系后代继承而反对修改继承法。1873年，奥斯曼帝国苏丹通过帝国命令赋予伊斯梅尔帕夏极大的自主权。伊斯梅尔帕夏是一个有远见卓识的人，但生活奢靡。1879年，伊斯梅尔帕夏被废黜。1895年，伊斯梅尔帕夏在君士坦丁堡去世。——原注

约翰·霍克肖

学院院长的约翰·霍克肖（后来受封为爵士），邀请约翰·霍克肖对苏伊士运河工程进行一次全方位检查。1862年11月，约翰·霍克肖到了埃及，在1863年2月公布了一份报告。报告表明，国际苏伊士运河公司已经以两万八千到七万法郎的成本建造了从拉斯阿瓦迪到蒂姆萨的淡水运河（约一百万立方米）。国际苏伊士运河公司一边在曼扎莱湖上挖泥，一边在曼扎莱湖与蒂姆萨湖间施工，还在地中海和蒂姆萨湖间挖了一条供轻型平底船使用的通道。人们在塞得港开辟了海上码头，并在塞得港及其他地区大量建造房屋，并且准备了大量机械。截至1862年12月1日，修建运河的成本开销为一百二十二万英镑，折合三千零五十万法郎。

苏伊士运河的施工进度如下：蒂姆萨—苏伊士段延展了五十英里，从拉斯阿瓦迪靠徒手开挖延展了五十六英里[①]。每段工程到完工估计都需要十四万英镑。塞德港和蒂姆萨湖间的船渠总共要挖出三千二百万立方米土方,此时已挖了六百万立方米。

明细	金额(英镑)
根据国际科学委员会关于计划付诸实施的计划的报告,修建苏伊士运河及其附属工程的总成本	5 750 000
外加:	
百分之二点五的管理费	150 000
百分之十应急费用	580 000
	小计:6 480 000
施工期间期间支付资产的百分之五及组建旨在增加公司利润的附属设施费用	1 520 000
	共计:8 000 000

约翰·霍克肖订正了苏伊士运河工程成本预算,估计成本总额为九百一十万英镑,但为了谨慎起见,他建议为某些特定工程额外提供经费。因此,约翰·霍克肖认为,实际总支出可能达到二点五亿法郎,折合一千万英镑。约翰·霍克肖总结说,他坚信不会存在或遇到严重的施工困难,而估计六万两千八百英镑的维护成本应该也不会有问题。

该报告给世人,尤其是给伊斯梅尔帕夏留下了深刻的印象。斐迪南·德·雷赛布并没有夸大其词,也没有误导前任埃及总督穆罕默德·赛义德帕夏。现在著名的、谨慎又享有盛誉的英国工程师约翰·霍克肖为工程提供证明,这说明关于修筑运河之事,穆罕默德·赛义德帕夏的托付是明智的。

"约翰·霍克肖是一个可靠又判断准确的工程师,相比以前的其他工程师,埃及人对他印象更深刻。"

[①] 本段运河经过基内佛采石场附近。与通过梅克斯的采石场从海上运石头相比,从基内佛运送大宗石料到塞得港的码头和其他工地要更便宜。——原注

英国内阁开始意识到，苏伊士运河最终会完工已是不争的事实，但总有一些不愿接受的人还在对媒体表示质疑。

1865年年初开始，运河建造工程继续进行，进展很快。斐迪南·德·雷赛布没有回避任何困难，并且成功战胜了这些困难。外交家不再烦恼了，苏伊士运河工程的资金因埃及政府支付了拿破仑三世在仲裁中判给国际苏伊士运河公司的赔偿金而得以维持。斐迪南·德·雷赛布和在法国非常有影响力的圈子保持友好关系，并获得了皇后欧仁妮·德·蒙蒂霍的热情支持。在法国，拥有国际苏伊士运河公司的股份成为一种时尚，有人甚至称：斐迪南·德·雷赛布欠法国妇女的钱比欠男人的钱多[①]。

埃及舆论喜欢斐迪南·德·雷赛布的程度并不亚于欧洲，工资账单是最有力的论据。"我们的父辈从没做过这样的好梦。"一个叫谢赫的人边看着自己村子里拿着周薪现金、吃饱了的小伙子边说。埃及人的生活水平正在迅速提高。大运河的修建不仅为提高埃及人的生活水平提供了资金上的帮助，并且随着建设的发展，促使当地身体健全的穷人出售自己最大、也是唯一的资产——劳动力。

各地的人都来了，希望在苏伊士运河建设工地上谋一份差事。查尔斯·道蒂发现，在某处工地上，竟能有多达两百名来自内志东部盖西姆省的劳工。

"可以说，易卜拉欣帕夏见到了'那扎拉[②]'的盛况，他以为眼前的人说的是同一种语言，可他们其实来自法国、意大利、希腊三个国家。运河的一些地段已交给小规模的承包商施工。易卜拉欣帕夏描述了一个法兰西妇女的形象：她的腰间别着手枪，用严肃的表情守望着工作中的同事，很有男子汉气概。埃及仿佛在由万国修建通天塔，各种各样命运多舛的人聚集在这里——冒险精

---

① 很久以前，运河工程就深深地吸引着女性。有这么一个故事，一位法老王修筑了第一条连接尼罗河和苏伊士之间的运河来取悦亚伯拉罕的妻子撒拉（撒拉在宫廷里有影响力）。尽管埃及女王克里奥帕特拉七世的运河设计因尼罗河缺水而失败，但运河仍是阿克提姆海战后克里奥帕特拉七世依赖的最后资源。——原注
② 原文the peoples from Nazara，习语，寓意"世界各地人民"。——译者注

神在滩涂上沸腾了! 穆斯林和基督教教徒及狂热的东方希腊人混在一起,爱好和平的人紧紧跟着自己的伙伴,生怕与他们走散。

"易卜拉欣帕夏把这些天生有仇劳工间的矛盾看作一场宗教战争。易卜拉欣帕夏说:'东方希腊人,他们有最多的武装,都用来打穆斯林。'骚乱都被埃及军队镇压了。很多个夜晚,易卜拉欣帕夏和同行的人都靠偷木柴来做饭和煮咖啡。我叫道:'有贼!'他回答说:'木柴价格很高,但不是个人独有,是大家共享的!'经过十二个月的劳作,易卜拉欣帕夏走出了物质上越富有、心灵上就越贫穷的道德泥潭。虽然易卜拉欣帕夏不穷,但为了到苏伊士挖沟竟徒步走了七百英里!然而,这也是绿洲阿拉伯穷人生活状态的体现。我发现这些人想起苏伊士运河就激动不已,其中一些人对我说:'可以在内志修一条运河吗?'这些埃及人认为,修运河对自己的国家有利。"

塞得港呈现一派蓬勃发展、人口渐稠的景象。过去,这里到处是用脏草席围成的小屋。斐迪南·德·雷赛布和手下的工程师借大型挖泥船挖出土方堆成的小山已经可以遮蔽正午的阳光。现在,破败小屋被能迎接海风的大楼替代,当地人口已经突破十万。

当地的城镇规划还有改进空间,人们还能更充分地利用滨海地区,城镇中心地带还可开辟出更多开放空间。为在遮阳的同时能吹到海风,对街道和建筑的设计有待细化。起初,苏伊士运河东岸并未得到充分利用,但这在很大程度上不是国际苏伊士运河公司(而是埃及政府或某些个人)的直接责任。当时,埃及大部分行政部门都混乱不堪,仿佛塞缪尔·约翰逊[①]形容的"表演犬"那样:运河施工做得不好并不奇怪,但在这样的情况下能做到全面推进施工,令人称奇。

在运河淡水部分与主河道的交汇处建好后,以埃及总督名字命名的城镇"伊斯梅利亚"诞生了。在运河通航前,国际苏伊士运河公司的工程师接过了

---

① 塞缪尔·约翰逊(1709—1784),英国作家、诗人、词典编纂者,常被称为"约翰逊博士"。——译者注

过去穆斯林城镇规划者的班,将当地改造成一个有六千居民的宜人小镇。与过去相比,伊斯梅利亚的人口几乎增加了十倍。在伊斯梅利亚,有两旁排列行道树的街道,被打理得很好的花园,有宽敞的大教堂、医院和大型火车站的广场。运河淡水部分延伸到苏伊士——就是七十年前拿破仑·波拿巴访问过的肮脏村庄。如今,苏伊士已被改造成拥有约两万五千名勤劳的居民的"陶菲克港"。与塞得港或者伊斯梅利亚相比,埃及人更喜欢陶菲克港。以下是拉比诺对运河建造最后两年所做的工作总结。

1867年到1868年

塞得港:西部防波堤建成二千三百五十码,距离水边还有一百码。东部防波堤建成一千三百八十码,其中二百八十码是用来自"鬣狗"高原的石头建成的。迪索兄弟还需要沉降五万七千八百零二块石砖——三万三千零三十一块还没做好。保罗·博雷尔和亚历山大·拉瓦莱需要在盆地和河口挖掘一点六五亿立方英尺的土方,目前已挖掘一点二三亿立方英尺。

1867年4月15日,运河海上部分还要挖掘十二亿立方英尺土方。

挖泥单位	月挖掘量(单位·立方英尺)
八艘抬升式挖泥船	4 300 000
十艘挖泥船(含驳船)	21 000 000
二十二艘长槽挖泥船	31 000 000
	小计:56 300 000
二十二处放坡挖土	4 700 000
七千五百名劳工	13 500 000
	总计:74 500 000

蒂姆萨湖北：库夫勒公司承包——塞得港到蒂姆萨需要挖掘五点五英里，土方一点五六亿立方英尺；在合同到期前六个月，法尔达内（三点七五英里，土方三千四百万立方英尺）提前竣工；保罗·博雷尔和亚历山大·拉瓦莱应挖土方九点一一亿立方英尺，实际挖掘三点零六亿立方英尺；1867年1月，每月能挖一百七十万立方英尺，1867年4月提速至二百四十万立方英尺；现场有十六艘长槽挖泥船、六艘抬升式挖泥船和九艘带驳船的挖泥船参与施工。

蒂姆萨湖南：蒂姆萨湖—苦湖段应挖三亿立方英尺，已掘一点六亿立方英尺；共有十一艘挖泥船投入施工，每月能挖掘八十八万两千五百立方英尺；劳工应挖掘四千五百六十万立方英尺，仅靠双手开掘，已经挖掘两千四百五十万立方英尺；苦湖—查卢夫段已经靠手工挖掘挖了二十一英里多，还有二点四八亿立方英尺土方待挖掘。

苏伊士：保罗·博雷尔和亚历山大·拉瓦莱；截至1867年4月15日，耗费二百三十万立方英尺石料修筑的锚地堤防有一百六十万立方英尺的石料被水淹没。

1868年到1869年

1869年年初，防波堤建造完毕，从原来的二十一至二十三英尺增高到二十九至三十英尺。

运河海上部分：运河塞得港—苦湖段全线按设计标准开放；挖泥船正在进行深挖作业。

蒂姆萨湖北：无。

蒂姆萨湖南：1869年3月，开始向苦湖注水。红海距苦湖二十五英里，其中二十二英里靠徒手开掘，其余三英里用挖泥船开挖。

苏伊士：苏伊士河口完工，修建了长达一千六百多码的防波堤。

修建苏伊士运河开掘了七千五百万立方米的土方，合二十六亿五千万立方英尺。

1869年3月19日，伊斯梅尔帕夏陪同威尔士亲王爱德华[①]与王妃亚历山德拉，以及一群埃及名流和外国访客出席运河开放仪式。打开运河水闸，来自低于海平面数英尺的地中海水便可汇入苦湖，即古老的赫罗奥波里斯湾。运河需要利用水闸加注一千五百亿立方米的水，直到1869年10月24日才达到标准。河水一旦装满，查卢夫外的一个水坝便让水无法进一步流动。现在，苏伊士运河终于竣工。正如前文所述，斐迪南·德·雷赛布天才的组织能力终于被人理

威尔士亲王爱德华

王妃亚历山德拉

① 即后来的爱德华七世。——译者注

解，大规模的宣传已引起人们的注意。① 1869年11月17日，苏伊士运河将正式开放。船被获准免费通行四天，之后再按照出台的收费标准缴费通过。伊斯梅尔帕夏访问欧洲，向欧洲大部分主权国家发请帖。斐迪南·德·雷赛布一生中做的最大胆的事就是早早宣布运河通航。直到通航前的最后一刻，运河工程依然面临着意想不到的困难，但斐迪南·德·雷赛布的远见卓识和勇气及全体管理人员的高超技能和全体劳工的辛勤工作将困难都一一克服了。

1869年11月2日，在两个相距一百三十米的测深点之间，人们通过一个装有十二人的方竖井发现了一块坚硬的岩石，这块岩石撞碎了挖泥船的吊桶。② 从运河底部量起，这块岩石高达五米。"大伙儿都这样，"斐迪南·德·雷赛布说，"最开始个个都说拿这块石头没办法。于是，我说到开罗多弄点炸药来。如果我们不炸掉那块石头，我们就完蛋了。工人们的智慧和精力救了我们。整个运河工程从开始到现在，哪怕是守帐篷的人都觉得自己是人类文明的代理人——我们的成功就是这么来的。③"

1869年11月15日晚，塞德港准备要在宴会上使用的烟花失火了——烟花被放在镇中心的一个木料场。幸亏两千名士兵及时赶到，努力把火药等易燃物埋进沙土里，才救了镇子。

1869年11月16日，一股异常高的潮汐淹没了准备举行开幕式的场地，为参观者搭建干燥的地台成了难题。1869年11月16日晚，埃及护卫舰"拉蒂夫"号在离塞得港三十公里的运河搁浅。人们用尽一切办法，想把护卫舰拉出来，但失败了。伊斯梅尔帕夏带一千名士兵赶到现场解决问题。斐迪南·德·雷赛布说："我们一致认为有三种方法可行，要么让船浮起来，要么拖到河岸上，

---

① 1857年，为确保欧洲国家能以苏伊士运河为主题做持续、有利的讨论，伊斯梅尔帕夏出了约两万英镑的钱。此外，每月为类似目的支付给斐迪南·德·雷赛布约三万九千法郎。——原注
② 约翰·霍克肖曾警告要注意这种危险，他认为这种间隔的探测并不能保证完全没有岩石。——原注
③ 关于后来发生的类似事件的有趣叙述参见爱德华·塞西尔的《埃及官员闲记》第189页。——原注

苏伊士运河通航

或者……""炸掉它!"威尔士亲王爱德华高声叫道。"对,好主意。"斐迪南·德·雷赛布应和道。"1869年11月17日,我登上了'艾格勒'号,对发生的意外只字不提。我不想为了这个意外就改变开业计划。从逻辑上讲,我是错的,结果却证明我做对了。我们一定不能成为教条主义者,因为教条解决不了任何商业和政治问题。我在赶到现场前五分钟得知被堵住的运河通了,并且'拉蒂夫'号完好无损。

"船舱里还坐着欧仁妮皇后,她难受极了。欧仁妮皇后多次以为'艾格勒'号停下了——如果真是这样,那么法国的荣誉就会受损,我们的劳动成果也会贬值。由于情绪过于难过,欧仁妮皇后暂离我们。我们听到她在低声啜泣——那是欧仁妮皇后胸中爱国主义情绪的涌动。"此时正冒着的风险,就是日后衡量斐迪南·德·雷赛布成功的标准。1870年4月,斐迪南·德·雷赛布在一次讲座中说道:"1869年11月17日,在人们糟糕的心绪中,苏伊士运河就这样通航了。虽然我们最后成功了,但这次让我最真切地感受到了近在咫尺的失败。不过，我们还是满怀对上帝和人类的信心继续前进——胜利属于这样的人。"苏伊士运河通航，船舶免费通航四天，多国政府派出军舰前来"捧场"。缓慢通过的船队宛如花车，庆贺地中海与红海的"联姻"。

伊恩•马尔科姆爵士这样描述斐迪南•德•雷赛布获得的成功："小小的塞得港满是各国的船，船上的乘客都是艺术界、科学界、工商业界及皇室和大使中最杰出的代表。他们享受伊斯梅尔帕夏的款待，并亲眼见证了眼前这座宏伟的苏伊士运河正式通航。早在1869年11月13日，在停泊于塞得港的'马赫鲁萨'号游艇上，伊斯梅尔帕夏接待了航行三天三夜赶赴埃及的来宾。他们有奥地利皇帝、普鲁士王储、各国王室成员[1]及'艾格勒'上的欧仁妮皇后。"在埃及这座"沙漠大门"，这可谓是一个"星光熠熠"的场景。五十艘军舰高挂所有欧洲国家的旗帜，鸣礼炮致敬并有军乐队演奏。而沙滩上到处是搭着帐篷的、来自远方的阿拉伯人和贝都因人，他们与家人带着自己的马、骆驼一起参加了埃及自托勒密时代以来最盛大的节日。前方竖立了三个大亭子（被围起来的露台），中央则聚集着伊斯梅尔帕夏的贵客。亭子右边有穆斯林，左边则是供基督教教徒礼拜和感恩的圣坛。等祈祷仪式结束，运河得到祈福，就正式开始通航。1869年11月16日晚，苏伊士运河上空绽放了绚烂的烟火，庆祝活动一直举行到深夜。

"1869年11月17日6时，所有进入运河的船都被编组，并参加巡游。1869年11月17日8时，法国欧仁妮皇后和斐迪南•德•雷赛布乘坐的'艾格勒'号率领船队前进，并从地中海优雅地驶入苏伊士运河水域……沙漠里热得似火烧，人们还是挤在干旱的河岸上一直等着船开到位于蒂姆萨湖的运河核心区伊斯梅利亚。然后'艾格勒'号在那里下了锚……

---

[1] 被邀请的六千名嘉宾还有俄罗斯大公米哈伊尔•尼古拉耶维奇、荷兰的王子和公主等。英国派驻君士坦丁堡大使亨利•埃利奥特作为代表，并另调几艘军舰以壮声威。美国是唯一没有派代表的西方大国，也许是1869年"亚拉巴马州问题"的缘故。宗教界（指基督教）来的主要代表有耶路撒冷大主教。在乌理玛（伊斯兰教神职人员）为所有出席人士及国际苏伊士运河公司祈福后，欧仁妮皇后的告诫神父鲍尔先生站上讲坛，发表了得体的赞美词。——原注

"1869年11月19日,船队再次启程。'艾格勒'号载着客人到了苦湖并在这里过夜,在1869年11月20日早晨继续前往苏伊士,在那里顺利完成了全长十六小时的旅程。'艾格勒'号在十五小时内返回了塞得港。

"英国船队中有艘叫'鹰'的轮船,装载了英属印度电报公司的电缆开往苏伊士。"

运河区以外也有庆祝活动。在短短的六个星期内,人们就修建了从开罗到金字塔的道路,两旁种植行道树。这是为给伊斯梅尔帕夏的王室贵客提供方便强征劳动力修建的。意大利伟大的歌剧作曲家朱塞佩·威尔第特别为此创

朱塞佩·威尔第

作了一部歌剧《阿依达》，并在开罗隆重上演①。演员在舞台上佩戴的所有珠宝都是真的，总价值达数百万美元。

英国虽然几乎是唯一反对修建苏伊士运河的大国，但在为运河竣工做赞美方面从未落后过。维多利亚女王为斐迪南·德·雷赛布颁发了印度之星大十字勋章。伦敦市长在正式宴会上祝酒时宣布："苏伊士运河鲜明地证明了我们

维多利亚女王

---

① 然而，根据本书编者事后勘误，1871年12月24日，《阿依达》才在埃及开罗首映。——原注

水晶宫

的优秀工程师错了,而斐迪南·德·雷赛布先生对了。"斐迪南·德·雷赛布获颁伦敦荣誉市民称号。威尔士亲王爱德华在水晶宫向他颁发金牌说:"您是苏伊士运河这一伟大成果的完成者,这一点我们英国永远不会忘记。我希望您来英国后,能感受到英国人对您的杰作为我国带来好处的赞赏,并希望苏伊士运河在以后继续为我国带来好处。"

《泰晤士报》在一篇为过去的敌意道歉的头版文章中声明道:"斐迪南·德·雷赛布来了,他来到英国这个在苏伊士运河建造过程中什么都没做,建好后派的船又比谁都多的国家。不过,英国船通行带来的收入将成为股东拿到的股息,希望这笔钱足以弥补我们犯的错。"

然而,当时的《泰晤士报》编辑万万不会想到,这篇文章的读者的曾孙子辈竟然还在为苏伊士运河支付那么大一笔钱。受益的其实不止股东,还有一些"最不活跃"的合作伙伴,例如:信贷银行和筹得"创始者股份"的那些"创始者"的后代。斐迪南·德·雷赛布不仅以一己之力获得了成功,也保住了自己的尊严及顽强和慷慨的品质。直到苏伊士运河最终完工后,斐迪南·德·雷赛布才承认托马斯·弗莱彻·韦格霍恩对自己有恩(参见第一章),并在塞得港塑造了一座由M.维达尔-迪布雷创作的大型胸像来纪念他。

全长超过九十二英里的苏伊士运河在任一端都建有港口设施和通道。水深最浅不低于二十六英尺,运河底部宽度不窄于七十二英尺。苏伊士运河中设置了很多允许船临时靠岸、让其他船先通过的地点,它们整体上由一个信号系统连接起来。运河两端都提供靠泊设施、燃料,并设置了水的供电点及灯塔。

1869年,埃及政府以一千万法郎的价格回购了运河内陆部分经过的绿洲河谷,并且以三千万法郎的价格回购了在苏伊士运河上设置海关、邮局等的权利。回购设置海关等设施权利的这笔钱是埃及政府以放弃持有的十七万七千六百四十二股的盈余利润为代价担保和贷款筹措来的。总金额如下所示:

年份	明细	金额(金额·千法郎)
1864	股本	200 000
	劳工保障金	38 000
	埃及政府征购运河内陆部分及吨税	16 000
	耕地	30 000
1869	埃及政府买下绿洲河谷	7 648
	放弃海关权利	29 745
	投资获益	20 103
	医疗等部门获得收入	6 871
	贷款	100 000
	其他收入	2 807
	总计	451 174

1869年年底，债权人的债权总额为七百零六万五千法郎，利率为百分之五，一开始就以股本支付了。

虽然英国议会特别委员会提过建议，但苏伊士运河的通航并没有使英国女王的邮件运送更省时间。1870年，每月仍只有两封邮件送到孟买，四封邮件送到马德拉斯和加尔各答，和之前没有区别。当时，邮件通过英国所有的亚历山大港—苏伊士铁路从陆上过境。直到1874年，所有蒸汽邮船都停在这些港口卸载或装载邮件，而船上的乘客比起一味在甲板上看风景，更希望可以下船感受埃及风光。1874年后，英国才开始通过苏伊士运河送发往布林迪西的加急邮件。1888年，所有邮件都经苏伊士运河运送了。

苏伊士运河通航一时并未导致好望角航线被放弃。由于考虑到技术、成本和安全，当时主流的航运公司没有也不能立即对设备和组织进行相应的必要更改。苏伊士运河航道水深多年来都不均匀，航道非常狭窄，经常发生搁浅事故。船通行时速度很慢，并且随着交通流量的增加会更慢。为此，苏伊士地峡的东西两侧分别组建了两支独立船队，东侧船队航速高，并且必须在相邻港口间快速行驶；西侧船队则需要低航速、更多燃料和"拉斯卡尔[①]"船员。

同时，新型高效的船用发动机正在研发，并且进展迅速。很快，早期轮船就过时了，人们需要大量新船。

苏伊士运河就是在这种情况下通航的。在某种意义上，这一连串事件的组合严重影响了已建立的航线[②]，也增加了人们对一个新问题的关切，那就是对谁能建造专为满足新通航条件（特别是运河区）船舶的关切。

对旧有的邮轮公司来说，建造专门满足新通航条件的船更像是障碍而不

[①] 拉斯卡尔，特指印度水手。——译者注
[②] 1882年，托马斯·法勒在英国贸易部留下了这样的记载（英国议会1882年12月文件）："对英国的船主利益和一些资本家的利益来说，运河的作用不一定都有益。航行时间的缩短，意味着对船需求的减少。如果没有运河，就会需要更多船。雇佣英国资本和劳力也会增多。"东方产品出口及英国转口贸易总体下降。然而，直到1880年，所有来自印度的黄麻和大米都还是通过好望角运到英国。——原注

是优势。大英轮船公司停止盈利，英国印度蒸汽航运公司也损失惨重。哈尔福德·兰开斯特·霍斯金斯在作品《英国通往印度》中，生动地描述了那些年邮轮公司的经营情况。到1875年，盈利危机已被成功克服。大英轮船公司及英国印度蒸汽航运公司又取得一定优势。法国人拥有运河——并非完全拥有，只占百分之七十五，而驾船通过的是英国人。这个情况决定了英国政府随后几年的政策。

第 4 章
英国政府收购赫迪夫的股份

精彩看点

国际苏伊士运河公司财政困难——与股东关系紧张——拟议的国际管制——土耳其的反对声——符合英国利益的购买案——英国的不满——运河管理方的观点——本杰明·迪斯雷利掌权的后果——伊斯梅尔帕夏负债——抵押或出售伊斯梅尔帕夏所持苏伊士运河股份的建议——德比伯爵爱德华·斯坦利的观点——本杰明·迪斯雷利的决定——斯塔福德·诺思科特爵士——议会的讨论

当国际苏伊士运河公司陷入严重的财务困境时,斐迪南·德·雷赛布的成功几乎就离不开"贵人"的帮助。建造苏伊士运河的费用是最初两亿法郎预算的两倍多①。在近一千八百万英镑的认购总额中,仅剩八十二万六千英镑可作营运资金。国际苏伊士运河公司已从各种渠道获得了超过三亿法郎的资金,但不得不再多筹一亿。国际苏伊士运河公司提供了三万三千三百三十三张每张面额五百法郎的债券,以三百法郎价格售出,十五年内可赎回,利率为百分之五。直到法国政府同意以保证金形式发行剩下三分之二的债券,这些债券才不再是无吸引力的债券并被承销,以这种形式畅销起来。

1870年,国际苏伊士运河公司甚至连最低的百分之五利息也发不出,并且股价在1871年跌至二百零八法郎。为了筹钱,国际苏伊士运河公司以一百法郎的单价发行了十二万新的"三十年期债券"(利率百分之八,可在有担保的情况下在三十年内以一百二十五法郎的价格赎回),并征得了伊斯梅尔帕夏关于征收每吨一法郎的"临时"附加税的许可——这种没有经过"高门"同意的征税,可能是非法的。附加税似乎没有真正征收,而当时苏伊士运河的收入还远远达不到要求。当时,国际苏伊士运河公司预估通过苏伊士运河的货物净重要达到一百万吨,但1870年通过运河的运输量仅为四十三万六千吨,1871年仅

---

① 1869年12月31日的资产负债表中显示为四亿五千三百六十四万五千法郎。——原注

为七十六万一千吨。1870年,苏伊士运河的支出比收入多九百五十九万法郎。1871年,苏伊士运河的支出比收入多二百六十五万法郎,这些款项计入"公司首创"的成本中。

明细	开销(单位・千法郎)
建筑成本	291 330
1859年到1869年的股票利息	66 849
债券偿债基金	14 628
管理支出	14 182
交通、健康、电报等支出	13 338
发行股票、债券等支出	15 472
工厂等其他固定资产支出	17 009
现金、投资及债权人支出	20 837
总计	453 645

因普法战争,斐迪南・德・雷赛布将面对更大困难,而在不久巴黎被围时的一次股东大会上,他的处境更是雪上加霜。很多共产主义者叫嚣着支持自己选出的董事。斐迪南・德・雷赛布本人因得到英国董事丹尼尔・朗爵士的帮助才幸免于暴力:当时,讲台上有人想要攻击斐迪南・德・雷赛布,丹尼尔・朗爵士凭借不怎么地道却易懂的法语言辞"打败"了袭击者。

这样一来,斐迪南・德・雷赛布意识到苏伊士运河的地位很不稳固。他打算听取丹尼尔・朗爵士的建议,将苏伊士运河的控制权移交给伦敦。1871年4月,这一事项被转达给外交大臣格兰维尔伯爵格兰维尔・莱韦森-高尔,但格兰维尔伯爵格兰维尔・莱韦森-高尔态度很冷漠。1871年6月,斐迪南・德・雷赛布本人提出了由一个海洋大国以一千二百万英镑的价格——外加每年向股东支付一千万法郎,持续五十年——买下苏伊士运河,以取代奥斯曼帝国收购案的建议。尽管德比伯爵爱德华・斯坦利表示自己更情愿将苏伊士运河的管理转交

格兰维尔伯爵格兰维尔·莱韦森-高尔

德比伯爵爱德华·斯坦利

给一个国际委员会,但时任首相威廉·尤尔特·格拉德斯通支持的英国外交部仍不支持这么做①。时任英国贸易大臣的托马斯·法勒建议将运河交给一个欧洲委员会管理,切实将苏伊士运河变成"公共设施"。后来,托马斯·法勒说:"苏伊士运河这条国际'大公路'如果还在一家私人公司手里,那么会产生无穷无尽的麻烦和困难。"然而,如果把时光倒流五十年就会发现,英国积累的一切经验都告诉自己,不能让苏伊士运河公有化。

托马斯·法勒

---

① 休·奇尔德斯先生后来官至战争大臣,1874年到1880年担任皇家邮政轮船公司董事长。1869年,他向威廉·尤尔特·格拉德斯通提出了英国应保有苏伊士运河大笔股份的建议。参见《柴尔德斯传》第1卷,第230页。——原注

"高门"原则上也不会同意出售苏伊士运河，或在自己的领土上实行国际管理。国际苏伊士运河公司是一家埃及公司，因此，要遵守奥斯曼帝国的法律和习俗，而作为埃及总督"代理人"的斐迪南·德·雷赛布更是无权提出"出售运河"这样的建议。

"高门"和赫迪夫伊斯梅尔帕夏都建议，英国应该买下苏伊士运河。当时，驻开罗总领事斯坦顿将军得到了阿盖尔公爵乔治·坎贝尔和印度事务部的帮助，开始向埃及政府施压。威廉·尤尔特·格拉德斯通内阁完全拒绝从更宏观的视角进行思考，只把出售苏伊士运河视为一桩纯粹的买卖，认为英国没有"付钱给股东"的理由。斐迪南·德·雷赛布来到英国试图谈条件，但格兰维尔伯爵格兰维尔·莱韦森-高尔拒绝了。

本来，苏伊士运河可能在1870年到1872年的某个时刻被英国人作为国际组织管理的替代方案以私人名义买下。为此，萨瑟兰公爵和约翰·彭德结成一派，却因自由党政府的反对和贸易部仍力争实现国际组织共管苏伊士运河的目标而未采取任何行动。如果苏伊士运河建成后不久法国没在普法战争中遭受重创导致囊中羞涩，而英国历届政府还是充满敌意地保持对苏伊士运河的冷漠，那么英国就会为此付出沉重代价。不过，英国的航海家很快意识到新航道苏伊士运河的重要性。1870年，海军将领乔治·亨利·理查兹和陆军将领安德鲁·克拉克为英国海洋军事部起草了一份报告。在报告中，他们提到苏伊士运河对英国商业和海权的重要性，以及运河一旦落入私人手中可能威胁英国商业和海权——即便归独立公司控制也有威胁。然而，他们的观点对当时的英国政府没有产生多大影响。

当时，苏伊士运河的管理人员十分傲慢，声称运河是他们的，还公然违抗与吨位测量有关的规定。这些傲慢的行为虽然得到了斐迪南·德·雷赛布的支持，却让当时民间和官方对苏伊士运河的看法产生了消极影响。

在斐迪南·德·雷赛布的带领下，国际苏伊士运河公司半公开地对抗各国政府：他们一面以各种借口拖延和阻碍英国船通过，一面担心"高门"和伊斯

阿盖尔公爵乔治·坎贝尔

萨瑟兰公爵

约翰·彭德

乔治·亨利·理查兹

梅尔帕夏开出过高的赔偿条件，以及可能来自法国的干预。斐迪南·德·雷赛布照会埃及政府，自己拒绝承认埃及政府的管辖权，如果双方对簿公堂，自己将得到法国的保护。当时发生的一切事都预示着不久后世界要重新讨论东方问题：波斯尼亚和黑塞哥维那境内发生了起义，塞尔维亚有人在搞泛斯拉夫主义[①]阴谋。这样一来，苏伊士运河还真可能会成为第二个博斯普鲁斯海峡[②]。

  为求客观，研究这一时期苏伊士运河的管理要搞清楚各国的态度。英国是运河的主要使用者，因此，带头反对运河高额吨税征收标准。英国对苏伊士运河的服务迟缓和效率低下抱怨最多，但拒绝认购国际苏伊士运河公司的原始资本或随后的贷款。法国虽然刚在普法战争中失败，但正在迅速恢复元气。德国获得了可观的战争赔偿，但未对苏伊士运河问题发表见解。虽然威廉·尤尔特·格拉德斯通是唯一敦促欧洲应该对苏伊士运河管理问题表达不满的政治家，但连英国自己都对苏伊士运河采取消极应对的政策。二十年来，英国政府无论对内还是对外，采取一切可能手段反对苏伊士运河——最初希望阻止它开工，现在则不希望它完工。英国真心认为苏伊士运河会威胁自己在东方贸易中占据优势份额的地位。法国媒体更是常常将英国的这一观点报道出来。在接受苏伊士运河完工这一不可避免的事时，英国做得不是很好。英国政府可能已经正式担保了一笔在英国筹集的、用于运河完工的贷款。当时，在威廉·尤尔特·格拉德斯通领导的政客们看来，这个主意很可恶，跟英国应该购买苏伊士运河的建议一样可恶，尽管威廉·尤尔特·格拉德斯通在1883年曾提议以百分之三点五的利率向国际苏伊士运河公司提供八百万英镑的贷款。英国就是这样迫使国际苏伊士运河公司拿出收入来支付资本支出的。英国反对修建苏

[①] 泛斯拉夫主义，一种诞生于19世纪初的思潮，主要内容是试图"表现共同的斯拉夫意识"。欧洲其他国家，如英国、法国等，都担忧这种思潮会团结斯拉夫各民族的力量，进而威胁国家利益，因此，都抵制这种思潮。后来，"泛斯拉夫主义"一度成为南斯拉夫构建国民认同的纽带，直到第二次世界大战结束后被超越阶级、种族的"红色意识形态"纽带所取代。——译者注
[②] 第一次世界大战结束后，博斯普鲁斯海峡归一个国际委员会管理。这里作者认为，苏伊士运河可能也要"如法炮制"，由一个国际委员会而不是一个国家或者一个公司单方面管理。——译者注

伊士运河，导致苏伊士运河修建成本几乎翻了一倍。法国人认为，英国的政治家不可信，英国的金融家很虚伪，而英国的船主更不讲理。

在外交领域，法国人抱怨英国的理由差不多。在本杰明·迪斯雷利于1874年2月1日上台执政之前的几年中，英国的声誉已经下降，在普法战争期间甚至都不再被视为领导欧洲的大国，并被忽略。英国曾允许俄罗斯帝国逃避遵守《巴黎条约》在黑海方面的条款，在对美政策方面做得也不好。英国政府1873年时的声誉与六十年后的没什么不同。外交界已经开始意识到，作为政府首脑的本杰明·迪斯雷利遵守英国条约、重视英国权利，表达英国观点时不仅是出于"权宜之计"，更是为了英国的长远利益考虑。几个月后，本杰明·迪斯雷利

本杰明·迪斯雷利

明确表示（他的前任绝不会这么做），英国不会对德国毫无理由地恢复对法国的敌对状态一事坐视不理。欧洲的政治家意识到，经过五年，英国再次成为不可忽视的力量。

本杰明·迪斯雷利对东方一直都很感兴趣，年轻时，他曾在舒卜拉结识了埃及总督穆罕默德·阿里帕夏，并在雅尼那帕夏座下为哈里发工作过。这使本杰明·迪斯雷利有机会研究奥斯曼帝国的情况。因英国国内对威廉·尤尔特·格拉德斯通的国内活动的一波反对浪潮，本杰明·迪斯雷利野心高涨。不过，在国内寻求实现自己的政治理想存在风险，于是，本杰明·迪斯雷利试图将一部分英国尚未动用起来的力量转移到外交事务。1875年5月，本杰明·迪斯雷利下了"如果可以就收购国际苏伊士运河公司"的决心。他派莱昂内尔·德·罗斯柴尔德男爵到巴黎试图重新开始曾被格兰维尔伯爵格兰维

莱昂内尔·德·罗斯柴尔德男爵

尔·莱韦森-高尔拒绝接受的谈判。但时间是金融交易的关键,而有利时机已经逝去。斐迪南·德·雷赛布当时的确还处在低潮,但已经时来运转。1872年,通过苏伊士运河的船舶净吨位达到一百一十六万一千吨,结转净利润二百零七万一千法郎。1873年,根据1870年7月发行的债券可知,国际苏伊士运河公司的支出达到五百万法郎;1874年,其支出为一千万法郎。接下来,1875年及1876年两年的结转净利润分别为四百五十五万六千法郎和二百六十一万五千法郎。此外,1874年,国际苏伊士运河公司的利息欠款被资本化为价值三千四百万法郎——四十万股,每股单价八十五法郎,利率百分之五——的债券,可在四十年内按面值赎回。法国已经从战争失败的打击中恢复了。1873年夏,法国尚博尔伯爵亨利和俄罗斯帝国的亚历山大·戈尔恰科夫在因特拉肯举行对话,内容包括如何捍卫法国在埃及的利益。

此时,新的问题出现了。过去的十三年里,伊斯梅尔帕夏以埃及的收入为担保每年借贷近七百万英镑,这意味着在他任期期间埃及公共债务从三百万英镑增加到九千八百万英镑。实际上,除了在苏伊士运河项目上花了六百万英

尚博尔伯爵亨利　　　　　　　　　　　　　　　　　　　亚历山大·戈尔恰科夫

镑，其余钱全部被挥霍了。而1875年10月奥斯曼帝国苏丹的破产更是使伊斯梅尔帕夏前途无望。君士坦丁堡经济崩溃后，亚历山大港就陷入了危机。除非伊斯梅尔帕夏可以借到还1875年12月利息的钱，否则就要面临和宗主国相同的结局。或许，破产是最好的解决方案，英国人几乎不会允许埃及暂缓偿还欠款①。况且，国际债务与私人债务没什么不同。只要得到钱救急，伊斯梅尔帕夏才不会在意那是什么钱。急需资金的伊斯梅尔帕夏计划在1875年11月把自己的苏伊士运河持股卖给法国的金融家，或至少用这些股份作为新贷款的担保。无论如何，伊斯梅尔帕夏都要筹到四百万英镑。至少有一个法国集团计划购买伊斯梅尔帕夏的股份，但没人愿意借给伊斯梅尔帕夏超过五千万法郎的钱，哪怕利率高达百分之十八也没人这么干——要得到法国政府的批准也不容易。此时，《帕尔摩报》的编辑弗雷德里克·格林伍德于1875年11月14日从奥斯汀托

弗雷德里克·格林伍德

---

① 最早的纪录来自1875年9月28日的贝尔格莱德。——原注

钵修会著名金融家、《每日新闻》持股人之一亨利·奥本海姆那里听到了伊斯梅尔帕夏出售股份的消息。亨利·奥本海姆发现弗雷德里克·格林伍德与政治有某种紧密关系，自己则完全没有。1875年11月16日，弗雷德里克·格林伍德告知德比伯爵爱德华·斯坦利自己的设想。1875年11月15日，伊斯梅尔帕夏出售股份的非官方消息到达外交部的德比伯爵爱德华·斯坦利耳中，并且有人建议英国政府应当买下这些苏伊士运河股票。德比伯爵爱德华·斯坦利表现得很谨慎——这很可能会拖延时间，而本杰明·迪斯雷利的表现与之大相径庭。在本杰明·迪斯雷利看来，德比伯爵爱德华·斯坦利要立即通知在开罗的英国代表告知伊斯梅尔帕夏，如果能得到令人满意的条件，英国政府就愿意购买他的持股。英国代表找到伊斯梅尔帕夏，抗议称伊斯梅尔帕夏并无意出售这些股票，只想把这些股份作抵押。其实，不管是"卖股"还是"抵押"，产生的实际影响都没有太大差别。英国驻开罗总领事斯坦顿将军坚持暂停谈判，以便给英国政府提出建议的机会。实际上，伊斯梅尔帕夏必须思考，这批股份到底还有多少价值，换取利率百分之五的四百万英镑贷款是否值得。在未来十八年获得分配"盈余利润"的权利已被售出，现在只剩下支付到1894年的百分之五利息。伊斯梅尔帕夏虽然对政治不感兴趣，但有自知之明。在出售股份协议签订的第二天，他评论道："对贵国的政治和经济而言，这是最好的投资，对我国来说却非常糟糕。"

1875年11月27日，本杰明·迪斯雷利提出倡议，内阁决心收购伊斯梅尔帕夏持有苏伊士运河股份。但该计划执行起来很勉强。当时，在印度事务部工作的阿盖尔公爵乔治·坎贝尔是该收购计划的坚定支持者。

然而，有一点已经明确了，那就是英国决心不让这些股份落入法国之手。法国政府则必须做出选择，是把这些股份拱手让给英国，还是硬着头皮顶住本国财政危机买下这些股份。最后，法国选择一切顺其自然。而所有外交官中最现实的斐迪南·德·雷赛布以公开和正式的方式欢迎"英国在运河管理方面的合作"。斐迪南·德·雷赛布希望从这笔英国投资中获得与英国在运河管理方

查尔斯·里弗斯·威尔逊爵士

面合作的机会,但事与愿违。尽管为了在董事会中加入三名英国人,国际苏伊士运河公司将董事人数从二十一人增加到了二十四人①。英国人中第一批提名董事的是皇家工程师约翰·斯托克斯爵士、查尔斯·里弗斯·威尔逊爵士和将担任常驻巴黎的董事的E.J.斯坦登。

不久,英国收购伊斯梅尔帕夏持股的事为全世界所知,并受到了好评。德国太子妃(即后来的腓特烈皇后)写信给英国维多利亚女王说:"我们听说这

---

① 为了获得董事资格,这些人至少要持有三百股股份。——原注

个消息都很高兴,也希望这件事对英国有好处……"在卡塞勒的威利[①]写道:"亲爱的妈妈,我必须给你写一封信,因为我知道你会很高兴英国买下了苏伊士运河,这多令人高兴!"斐迪南·德·雷赛布把这次收购看作最幸运的事,因为英国和法国的资本将结为一个最亲密的利益共同体。奥托·冯·俾斯麦祝贺德比伯爵爱德华·斯坦利"在适当的时机对苏伊士运河做了正确的事情"。这可能是指奥托·冯·俾斯麦后悔自己没有在1871年要求用苏伊士运河的部分股份作为法国战争赔偿的支付手段,要不然,他可能取得更大的政治经济成就。普法战争结束时,苏伊士运河只通航了十二个月。当时,英国政府会要求德国做出一定保证,但肯定不会反对法国转让股份给德国。据了解,在德国,将"苏伊士运河的股份作为战争赔偿"这件事甚至都没有被讨论过,真可谓是历史上众多令人扼腕的"如果"之一。

然而,德比伯爵爱德华·斯坦利一开始对收购苏伊士运河股份一事充满疑虑。1875年11月19日,他在写给外交官理查德·莱昂斯的信中说:"我真希望我们不要被派去参与这桩购股案。从经济上来说,这可不是件好事,我们与法国和'高门'之间都会因此闹得不愉快。"这是个典型的片面观点。

在表达对收购股份的不满时,财政大臣斯塔福德·诺思科特爵士更加直言不讳。1875年11月26日,他在写给本杰明·迪斯雷利的信中说道:"我国对苏伊士运河采取的政策和措施都没给我们带来好名声。运河修建之初我国就反对,还拒绝帮斐迪南·德·雷赛布纾困。后来运河建成,我国不仅使用,还与本国船主吵了个不可开交。现在,竟然要利用我国在埃及的影响力收购苏伊士运河的股票,还要显得这是一件好事……我不喜欢这样。"然而,塔福德·诺思科特爵士到1876年1月26日就改变看法了,在写给本杰明·迪斯雷利的信中说道:"我认为购买苏伊士运河股份的做法很完美。后来事情的发展,进一步证明我们没有做错,而是做对了。"

[①] 即后来的德国皇帝威廉二世。——译者注

德国太子妃（即后来的腓特烈皇后）

威利（即后来的德国皇帝威廉二世）

奥托·冯·俾斯麦

理查德·莱昂斯

感谢剑桥大学彼得豪斯学院H.W.V.坦珀利教授提供的文本。它们详述了在首次宣布购买苏伊士运河股份时自由党党首的反对理由:

格兰维尔伯爵格兰维尔·莱韦森–高尔私人信(档案署)
1875年11月22日,威廉·尤尔特·格拉德斯通致格兰维尔伯爵格兰维尔·莱韦森–高尔:

您可能想知道购买苏伊士运河股份这件事让其他朋友产生了什么想法,包括我这种无关紧要的人在内。我对这些彼此矛盾的观点做了总结,发现以下几条是共通的:

1.立即购买。

2.马上付款。

3.埃及赫迪夫在一段时间内以最低的百分之五利息作担保,之后我国将获得所购股份产生的红利。

4.这种股份购买行为在某种程度上需要议会同意。我想了一下,或许有些财政机构会通过向议会提交抵押物的方式出这笔钱,但议会应该不会自己拿四百万英镑出来。

5.目前,没有要为这件事召集议会两院的迹象,只有各方的认可声音逐渐变大。

我是出于对绝大多数人应有的尊重,以温和的口吻写下这些文字的。但我个人对眼前尚不全面的信息的看法是这样的:如果这件事与其他大国共同完成是很愚蠢的,将会使我国的处境变得尴尬;如果不合作也很愚蠢,因为风险太大了。除非是为了防止运河关闭必须收购股份,否则,我不知道有什么证据证明这么做是必要的。然而,苏伊士运河几乎不可能关闭,就像伦敦运河和曼彻斯特通海运河不可能关闭一样。

1876年11月17日，威廉·尤尔特·格拉德斯通致格兰维尔伯爵格兰维尔·莱韦森-高尔：

在战时，我们对"SC"（苏伊士运河）的控制真的比我们在地中海的海上优势更有价值吗？埃及真的会提升我们的优势？如果不会，那么我们坚持购买股份将变成一种新的军事责任、一种负担乃至于一种邪恶！

1875年11月22日，威廉·尤尔特·格拉德斯通致格兰维尔伯爵格兰维尔·莱韦森-高尔：

您可能还记得，我们在内阁会议中讨论了运河的中立化问题，并提出买下它的建议（至少是提到了）。据我所知，我们强行搁置了购买的建议，并发现要苏伊士运河中立是没有理由的，部分原因是这么做难度很大，但主要原因还是眼前的状况很好，不需要改变。

1876年1月19日，威廉·尤尔特·格拉德斯通致格兰维尔伯爵格兰维尔·莱韦森-高尔：

我认为德比伯爵对苏伊士运河的看法比较片面，只有部分是正确的，如果从多方面来看，大部分则是错误的。在这种情况下，参股或者准备参股私人企业有什么危害？谁又敢说一家被多国所有、全部执行外国条款的企业理论上可以完全不受异议，实践中也没有困难呢？

欧洲以前没有"多瑙河委员会"的先例。这个世界上不存在多国合营的企业。

1875年11月28日，格兰维尔伯爵格兰维尔·莱韦森-高尔致威廉·尤尔特·格拉德斯通：

您对购买少于苏伊士运河三分之一股份有何看法？我认为，《泰晤士报》是从罗斯柴尔德家族那里得到消息，而《每日电讯报》是从德比伯爵那里得到消息的。

对上述问题，我的第一感觉（当然我不相信自己的第一感觉）是：这么做十分愚蠢。

我认为政府还没有当私人企业的股东的先例（不是吗？），而用常规手段是无法控制私人企业的。

难道采取一种政治手段还不足以引导并证明其他国家采取预防措施吗？

难道斐迪南·德·雷赛布和罗斯柴尔德家族没有欺骗我国政府，通过收购法国资本家的方式搞威胁，从而极大炒高苏伊士运河股份价值的可能性吗？

为了有效控制苏伊士运河，我国政府是否有在开放市场上以更高价格购买另外十万股的打算？如果这么做了，那么剩余的股东是否就没法给英国政府不断制造麻烦了？这样的收购会不会引起各种各样的国际难题？苏伊士运河是否会仍处于我国一直坚持的、有奥斯曼帝国苏丹拥有自由裁量权的状态中？购买股权这么大的责任难道我们不咨询议会就立刻承担下来吗？

1875年11月28日，兰斯当勋爵①致格兰维尔伯爵格兰维尔·莱韦森-高尔：

您怎么看苏伊士运河发生的事？我认为，就苏伊士运河对我国本土与印度交通造成的影响而言，我国并不需要这种新的、更加强大的地位干预东方政治，但每个人似乎都赞成我们要拥有这种地

---

① 即亨利·佩蒂-菲茨莫里斯（1845—1927），英国政治家，第五代兰斯当侯爵，曾任英国外交大臣、战争大臣等职。——译者注

兰斯当勋爵

位。我认为出现这种现象的原因是持有苏伊士运河股份将在一定程度上增加政府的声望,特别是在商界和海港方面。

1875年11月29日(写于1875年11月28日),哈利法克斯:

威廉·尤尔特·格拉德斯通对购买自己曾以政治、经济等各种理由声讨过的苏伊士运河一事感到非常兴奋。

(格洛斯特的伯克利城堡)斯潘塞·卡文迪什与格兰维尔伯爵格兰维尔·莱韦森–高尔关于《泰晤士报》上的法国书信。威廉·哈科特的报告是"对政府而言的合理案例"。

斯潘塞·卡文迪什

1875年12月5日：

根据他的说法，这笔交易的目的既不是最终获得整个苏伊士运河，也不是为了增加英国在埃及的影响力，更不是向世界宣布英国在东方问题方面将有什么利益和政策，仅仅是为防止苏伊士运河完全落入法国手中。建议暂时先对相关事务含糊其词。

大英博物馆（编号F.O.M.S.S.38955），1875年11月30日哈蒙德致奥斯丁·亨利·莱亚德：

我觉得你肯定和全世界其他人一样感到惊讶……这当然是一个大胆的实验（我十分欣赏）。英国现在处境尴尬，应该要遵守"高门"的特权法案条款，并且在某种程度上容易受到赫迪夫的影响，我们如果要反制可能多有不便。不知道《泰晤士报》的报道对平息暴动能有什么帮助？

1875年12月22日：

德比伯爵的只言片语证实了这一怀疑：我们的政府购买苏伊士运河股份就是在摸黑往前瞎跳，这是难免的。

1875年12月11日，斯潘塞·卡文迪什回复威廉·尤尔特·格拉德斯通道：

不如同意。

1875年12月13日：

建议"武装中立"。

如果这是一条穿过巴拿马地峡的运河，我们是否应该允许美国基于"对美国沿海贸易十分重要"的理由加以控制？

1875年12月16日，亨利·里夫致格兰维尔伯爵格兰维尔·莱韦森-高尔：

我从法国得到了关于国际苏伊士运河公司章程和条件的非常详细的资料，结果发现由于英国政府对事实的轻蔑和无知，当前的状况对英国十分不利。

……尽管我认为我们的投资并不明智，付出的金钱数目也不合理，还可能带来不利的政治后果，但我认为，英国政府还存在"在20世纪的头二十五年里并不会因购买苏伊士运河股份而感到遗憾"的可能。只是，想要准确预知未来，那就需要十分长远的眼光了。

1876年1月22日，伯明翰会议（1876年1月5日约翰·布赖特致格兰维尔伯爵格兰维尔·莱韦森-高尔）：

我同意你对"股票交易"的看法，我们不该去做除"股票"以外的"交易"，如果非要再增加选项（"重大政治交易"），我认为就是对奥斯曼帝国独立完整性的严重打击。在我看来，德比伯爵对这件事的看法是正确的，我们应该邀请"大国"团结起来，共同拥有、控制和保卫运河，这样才能确保我们自己的利益安全，而不会被其他国家觊觎。按照目前的情况，俄罗斯和奥地利可以任性妄为，而我们的实力下降了，连示威的声音也不如从前。我认为英国在1854年到1876年土耳其问题中的政策是错误的，这对英国而言是极大的侮辱。

乔治·厄尔·巴克尔在《本杰明·迪斯雷利传》（第五卷）中对苏伊士运河股份收购的事及所有相关情况都做了详细叙述。在《苏伊士运河》中，查尔斯·W.霍伯格教授从法国的视角出发提供了更多细节。哈尔福德·兰开斯特·霍斯金斯教授在《英国通往印度》中对许多相关事实进行了整理。本杰明·迪斯雷利的成功很大程度上要归功于法国政府急于采取对英国的友好

约翰·布赖特

措施，他对英国出资持股抱友好态度，却对法国"辛迪加①"购买伊斯梅尔帕夏持有的股份很反感——法国银行家的态度也一样。本杰明·迪斯雷利领导的英国比威廉·尤尔特·格拉德斯通领导的英国更值得法国支持。在莱昂内尔·德·罗斯柴尔德男爵的帮助下，本杰明·迪斯雷利做出了选择，得到了好处。交易完成后，罗斯柴尔德家族企业获得收购价百分之二点五的佣金和百分之五的利息。这是一笔大钱，跟收购的风险系数成正比②。从国际苏伊士运河公司的资金中抽出四百万英镑（具体期限不定，但一定是很长一段时间），必然会导致公司业务出现大幅变动。由于没有这样的交易先例，英国政府还要考虑货币价值可能发生的变化及议会可能采取的否决等因素。本杰明·迪斯雷利确实在下议院提出了"由罗斯柴尔德家族购入国际苏伊士运河公司的股份，待议会批准后立刻转手卖给英国政府"的建议。然而，英国政府买股份的钱实际上是从罗斯柴尔德家族那里借来的。本杰明·迪斯雷利的建议基本上不可行，但听起来还挺便利的。

当苏伊士运河预算案（购买股份）在几个月后提交议会审议时，"政府在一家商业公司持股"的原则和做法都遭到猛烈批评。反对党领袖斯潘塞·卡文迪什说，政府购买股票的意图已经引起某些利用这些信息为自己谋利，而使他人蒙受损失的金融家的注意。斯潘塞·卡文迪什做了这样的总结："我不认为我们可以为自己的政府在欧洲证券交易中发挥的作用感到自豪，我反倒希望将这作为一次避免以后进行这类交易的警告。"当时的批评者不清楚——现在的批评者还是不清楚——英国政府究竟在哪些方面获得了好处。当然，这些

---

① 辛迪加，垄断组织的一种（其他垄断组织还有"卡特尔"等）。——译者注
② 根据英国议会1882年6月22日报告，收购运河股份的实际开销如下表所示：

明细	金额（英镑）
购买款	3 976 582
佣金（百分之二点五）	99 415
其他开支	625
合计	4 076 622

——原注

批评者显然也不希望由法国人持有所有的股份，因为这样法国政府就很难在任何关于苏伊士运河的国际争议产生时抵抗来自议会的压力。如果在埃及又发生了例如1882年时那一类的骚乱事件，那么法国也有责任保护苏伊士运河，即便它对于英国利益十分重要。无疑，本杰明·迪斯雷利只能靠快速收购股份来阻止法国的收购。

有没有其他可以确保由英国持有这些股份的替代方案？这似乎是一个没有被认真考虑过的问题，约翰·斯托克斯爵士建议应将股票分配给七百零六个受托人，每人持有二百五十股。英国将因此在董事会拥有十张选票，并足以控制股东年会，但这个建议被拒绝了。

国际法问题往往都是产生于"先斩后议"，不是在事前进行咨询，而是事后援引规则或原则对自己的行为进行解释或者辩护。

坦白地讲，本杰明·迪斯雷利的行动是出于政治考量的权宜之计，尽管他相信自己的做法从商业角度来看是合理的。本杰明·迪斯雷利认为，一个机构不能同时具有政治和商业性质是谬论——国债就是最好的反例。购买国债的目的有很高的政治性，但人们买下国债后就会发现，为了保证国债在商业上成功，政府事先会采取一切必要措施。苏伊士运河股份收购一事虽然算是开创重要的先例，但几乎没有引起当时司法界的任何关注。

在此期间，国际交通通道发展十分迅速。德国政府和意大利政府共同拥有对圣哥达隧道的所有权，比利时政府享有莱茵铁路的一份利益。英国还在积极探讨有关英吉利海峡隧道建设的可能性（1876年1月10日《泰晤士报》），而全球航海的船刚刚才根据1857年条约获得了自由进出波罗的海的权利。但上述国际通道和苏伊士运河没有任何共同之处，它们是工商业企业的产物，根据国际交通自由理论在一定范围内享有自由，并体现了"如果没有多国政府的认可和支持就建不成"的共识。

任何外国商业企业中的"国家所有"与"个人所有"相比，在商业和政治上造成的结果有所不同。就股份制企业而言，主要体现在三个方面：

第一，企业的法定地址不同。这可能会决定非公司人士对与公司签订合同的违反提起诉讼时的法院选择，如苏伊士运河的法定地址在埃及。

第二，公司股东履职地所在不同。这与公司章程有关。股东在诉讼中根据这一规定选择法院上诉。对国际苏伊士运河公司而言，股东履职地是法国。

第三，一切有可能违反合同或者损害公司利益的非公司人士的所在不同，可能在任何地方。

因此，英国政府作为股东，有义务遵守埃及或法国法院的决定（视情况而定），即使拥有多数或全部股份也是如此。苏伊士运河的状态不仅对英国本土，对印度及其他殖民地都非常重要。然而，现在英国必须依靠外国法院的公正捍卫自己的主张。届时，很可能就会出现这样的情况——在别的地方已经发生了：英国要么选择与这些外国法律对抗，要么依据外国法院裁决，和平放弃部分权利，尽管这些权利对维护大英帝国的完整性十分必要。

海牙有一个常设国际法庭。这个法庭有时可以处理这些问题，但总想靠它解决问题是愚蠢的，走国际联盟的调解程序也不适用上述情况。

就国际苏伊士运河公司这样的企业而言，国家持股人（英国政府）主要是战略经济政治目标，而包括埃及政府在内的其他股东和特许权所有人的目标则完全是商业性的。英国政府的关切是确保国际苏伊士运河公司不向通过的用户索要超过支付给股东合理报酬所需的费用，而其他股东只想多赚钱。

1876年，谢尔顿·阿莫斯曾说道："英国在苏伊士运河问题上的责任与利益就是确保发生冲突时不要过于重视利润。"实际上，将像英国这样的国家接纳为股东，已经承认了股东中将存在与其他持股人的利益和义务永远不同（通常还会相反）的成员这一事实，何况一个国家购买股份通常就是为了让这些股份永远退出市场。

苏伊士运河这种为全世界利益服务的运河从一开始就不能完全服从于埃及这样的弱国的主权，其国际重要性决定了它的控制权不能由某一个大国独占。不管有没有效果，在一个努力消除国际贸易障碍的世界中，由一家主要目

好望角

的是从商业活动中尽可能多获利的公司（即使面临一大部分生意都被转移到更长的好望角或者巴拿马运河航路也在所不惜）继续不受约束地把持苏伊士运河这一亚欧商路并使其商业化都是不正确的，应该遭到反对。

附：英国政府国际苏伊士运河公司持股表（1894年到1932年）

1875年，英国政府以三百九十七万六千五百八十英镑的价格从埃及赫迪夫伊斯梅尔帕夏手中买下苏伊士运河十七万六千六百零二股股份。起初五百法郎的一股后来被拆分为两股，每股二百五十法郎。1932年3月31日，英国政府持有二十九万八千五百二十六股，市值估计为五千二百九十四万七千六百四十英镑，并提取其中价值四十万六千九百七十七英镑用于削减国债。直到1894年的股票抵押贷款到期后才收到百分之五的利息，共计三百八十三万三千四百八十四英镑。下表是根据英国财务账目中苏伊士运河相关数据编制的，显示了截至1932年3月31日每个财年收到的利息和股息金额。

财年	金额（镑）	财年	金额（镑）	财年	金额（镑）	财年	金额（镑）
1894/1895	279 011	1904/1905	990 199	1914/1915	1 154 276	1924/1925	1 090 264
1895/1896	673 418	1905/1906	1 053 323	1915/1916	858 152	1925/1926	1 115 161
1896/1897	694 075	1906/1907	1 054 028	1916/1917	773 486	1926/1927	1 099 751
1897/1898	698 684	1907/1908	1 127 821	1917/1918	524 319	1927/1928	1 546 272
1898/1899	678 856	1908/1909	1 058 374	1918/1919	617 215	1928/1929	1 696 932
1899/1900	801 818	1909/1910	1 056 208	1919/1920	682 497	1929/1930	1 834 140
1900/1901	814 767	1910/1911	1 129 260	1920/1921	798 566	1930/1931	1 870 697
1901/1902	847 570	1911/1912	1 187 935	1921/1922	1 094 303	1931/1932	2 238 879
1902/1903	933 778	1912/1913	1 318 686	1922/1923	919 754		
1903/1904	936 151	1913/1914	1 246 370	1923/1924	878 203		

第 5 章

苏伊士运河吨税之争

(1870年到1884年)

精彩看点

1870年到1872年苏伊士运河财务状况——苏伊士运河测量——斐迪南·德·雷赛布拒绝服从1873年国际委员会的决定——奥斯曼帝国苏丹的坚持——建立的原则——艾哈迈德·奥拉比叛乱——1883年由新建运河引起的骚动——英国官方与斐迪南·德·雷赛布的谈判——1883年7月10日暂行协议——英国董事们的观点——下议院的讨论——威廉·尤尔特·格拉德斯通的声明——公众反对——撤回协议——斐迪南·德·雷赛布的态度——威廉·尤尔特·格拉德斯通的宣告——斯塔福德·诺思科特爵士的争论——斐迪南·德·雷赛布恢复与船主们的谈判——1883年11月30日协议——格兰维尔伯爵格兰维尔·莱韦森-高尔的批准——英国政府对法国的态度

苏伊士运河的建成标志着红海与地中海连通。随之而来的，是各种政治、战略、商业和金融问题。本章讨论在苏伊士运河开放不久后发生的关于运河吨税问题的争端。

1870年，国际苏伊士运河公司的财务状况很不乐观，1872年年初，财务状况更加紧张。当时，国际苏伊士运河公司正处于无法运转的危机边缘；如果想继续运营，要么在维持现有船舶通行量的基础上设法增收，要么就必须承担更大的船舶通行量。奥斯曼帝国苏丹给予的第一和第二两项特权法案赋予了国际苏伊士运河公司对通过运河的船和乘客征收通行费的权利，而第二项特权法案的第十七条第三款规定，征收的费率不得超过每人每吨十法郎。1868年10月，斐迪南·德·雷赛布委托一个委员会研究通行费的征收。1868年11月14日，该委员会汇报采用英国吨位制最合适，但在没有统一吨位标准的情况下应采纳随船文件上标注的吨位。在1869年8月17日的发布的航行规则中，这一建议被采纳了。1870年2月1日，规则增加了一条附加条款：吨税的征收将以公制单位作为计算标准。

国际苏伊士运河公司很快意识到这一决定——如果并非故意为之——将不利于自身财务状况，因此，委托一个国际调查委员会进行调查以求解决。该委员会得出结论，认为在出现实际案例测试前，国际苏伊士运河公司先不要建立统一的收费系统,为了让运河更受欢迎,国际苏伊士运河公司应做好遭受暂时性财务损失的准备。国际苏伊士运河公司提请法国政府与其他大国进行谈判——这一步走错了,应该去向奥斯曼帝国苏丹提。结果,当时普法战争爆发了。斐迪南·德·雷赛布委托了另一组工程师和航运代表委员会研究苏伊士运河通行费征收问题。该委员会主张采用英国吨位制,也叫穆尔森吨位制,但同时认为现行制度为船舶装载的机械和煤炭提供了太多免征税空间,因此,建议将总吨位在测量值基础上增加百分之三十,并取增加后的总吨位的百分之七十五作为最终净吨位数值。1872年3月18日,这项决定被公布。最初,人们一致接受了这项决定;英国和法国两国政府也批准了这项决定。但这项决定很快在苏伊士运河变得对英国至关重要时让英国船的通行费增加了约百分之三十。一个趋势逐渐显现,那就是地中海的大国现在可以用船直接把印度商品载回自己的港口,而不像以前那样通过伦敦进行中转。纽卡斯尔商会首先向英国贸易部投诉。然后,法国海运公司也向法国法院申诉,主张吨税应由船舶文件上的官方吨位决定。这是在商业法庭上针对斐迪南·德·雷赛布提起的诉讼,但在上诉中被驳回。在英国,这场争议引起人们极大兴趣,对此,我们有必要加以论述。

自1854年以来,英国就根据穆尔森船长建立的系统,并基于艾萨克·牛顿关于曲形物体的测量定律,将科学法则应用在船舶数据测量上。自1854年以来,每艘英国船的内部容积都依照这一规则,以立方英尺为单位精确测量,由此获得船舶的总吨位。而从总吨位中减去由发动机和燃料占据的内部容积,得到可用于运载货物的立方英尺数,再除以一百,得到的数字就是船舶净注册吨位。这是正确确定船舶载重货物量的唯一定法。一些国家采用了英国的方法,另一些国家则采用旧的测量法则,即绝大多数情况依靠经验,从一些没有任何基础的规则中"改"出测量规则以应急。总的原则是,夸大"一吨"代表的载货质量以节省吨税。

法式测量标准可能是各国仍沿用的旧式标准中最不科学的,应该受到了路易十四时代贵族风气的影响。当时法制的"一吨"折算体积为一点四四立方米[①]，即五十一立方英尺。

国际苏伊士运河公司表示，特权法案是用法语发布的，因此，适用法国吨位制度。国际苏伊士运河公司还认为，依据穆尔森吨位制，英国船吨位是不算船舶引擎和煤仓重量的，因此，为避免计算麻烦，将对这类船的总吨位加收每吨十法郎的费用。

出现这样的解释无可厚非，但"船舶的一吨"的标准必须要明确，否则，既然国际苏伊士运河公司可以用较少的质量表示"一吨"，那船主用较大的质量表示"一吨"也是合理的。斐迪南·德·雷赛布宣布，船舶的总吨位代表船舶的实际容量。"高门"拒绝承认斐迪南·德·雷赛布举措，要求国际苏伊士运河公司即使利用特权法案也要服从奥斯曼帝国的管理，并邀请主要海洋大国派代表参加在君士坦丁堡举行的关于商议和解决吨制问题的会议。

会议从一开始就是"一边倒"。法国代表是国际苏伊士运河公司的坚定支持者。根据他的陈述，法国法定海事吨数尽管通过使用四十二法尺（一点四四米）作为确定船舶吨位的标准，但在实际测算中采用了巧妙的计算机制减小船舶总容量，使应缴吨税减少。与其使用穆尔森吨位制或某种相同正确的标准来确定船舶的实际吨位，利用以下测量公式确定船舶吨位却使大部分船舶应缴纳吨税的吨位减少了——例如，一艘容积实际六万立方英尺的船，应缴纳吨税的吨位减至四万四千立方英尺——虽然使用的是法制吨，但应缴吨税的吨位数减少了。这样计算下来，应缴吨税的"一吨"相当于实际的二点八二立方米，与实际的"一吨"相比几乎是翻了一番。

虽然提出要把"法制吨"作为商业测量时"一吨"的单位，但一"法制吨"即便在法国也存在实际质量因船与货物而异的情况。法国船运公司使用的"一吨"其实是一立方米。

[①] 这也就意味着一法吨实际是一点四四吨，反映了当时各国度量衡单位不统一的混乱状况。——译者注

十二个国家的代表参加了在君士坦丁堡召开的会议。1873年12月18日,经过投票,会议以十一比一的压倒性多数通过了穆尔森吨位制即英国吨位制,只有法国投了反对票;而在确定船舶的实际容量时要扣除引擎及船员所占空间、燃料舱及船轴等实际无法载货的空间的容积。一切船内部空间都要测量,但苏伊士运河采用的吨位测量方法在同一艘船上测出的数据比英国测量方法测出的大。区别在于,如果船通行苏伊士运河时曾将货物装载在船桥甲板和某些其他舱室中,则无论后来还有没有在这些位置装货,这些位置从此都要在通过苏伊士运河时负担吨税。委员会还建议,鉴于国际苏伊士运河公司的财务状况,已按上述方法测量了容量的船应缴纳三法郎的附加税,其他船应缴纳四法郎的附加税;当通过苏伊士运河船舶的净吨位达到二百一十万吨时,附加税将减至三点五法郎,每增加十万吨运输量,附加税将进一步减少零点五法郎,直到年通过船舶净吨位达到二百六十万吨时就取消附加税。

"高门"接受了上述建议,要求国际苏伊士运河公司强制执行,并且发布通函表示支持。通函由奥斯曼帝国代表在外国法庭宣读。

斐迪南·德·雷赛布没有全盘接受上述建议,并提出了一项替代计划,即国际苏伊士运河公司接受穆尔森吨位制,每吨三法郎的附加税应该一直保留到向所有股东还款完毕,并且净利润达到百分之八为止。

"高门"在拒绝妥协的同时警告斐迪南·德·雷赛布,如果他三个月内未能遵守命令,就要恢复原先的十法郎通行费,并且不收附加税。斐迪南·德·雷赛布随即宣布,"高门"将因此对随后每月约七十万法郎的损失负责。可是这样的声明没起效。于是,斐迪南·德·雷赛布以关闭、放弃苏伊士运河相威胁。在给"高门"的电报中,斐迪南·德·雷赛布抗议道:"作为国际苏伊士运河公司总裁及一个法国公民,我抗议这种破坏四万法国股东接受并履行双边合同的行为。在既没有负责任的原告,又没有'高门'的任何判决,并且我方严格履行合同条款的情况下,就算是大国也无权干涉我方事务。"斐迪南·德·雷赛布没有等来回复,但1874年4月29日,伊斯梅尔帕夏奉"高门"命令派一万人在参谋长、美国军官斯通将军率领下从开罗开赴苏伊士运河的战略要地,并派出一艘由英国军官指挥的护卫舰,开赴塞得港。斐迪南·德·雷赛布遵从法国政府建议,只能先向武力妥协,但保留抗议以待进一步听证。斐迪南·德·雷赛布还着手实施新的非法测量方法,他不但蔑视君士坦丁堡会议做出的决定,还在公函中将其侮为"国际抢劫"。尽管英国驻君士坦丁堡大使强烈抗议,并且"高门"每个月都给斐迪南·德·雷赛布寄抗议信和索赔声明,但国际苏伊士运河公司的非法测量行为仍在继续。每一艘按新规定缴费通过的船都收到一份措辞激烈、要求恢复旧收费标准的声明。国际苏伊士运河公司采取专横手段对抗国际决定的行为激起了英国对第二条运河的需求,不过,英国在1876年收购了伊斯梅尔帕夏控股权,此事因此便被搁置了一段时间,其间各方相安无事。上述争议带来的结果是使国际苏伊士运河公司具有比"奥斯曼帝国苏丹批准、埃及总督管制的公司财产"更丰富的内涵。斐迪南·德·雷赛布也不是什么"特许经销商",只是"代理人",对国际苏伊士运河公司章程也没有唯一解释权:公司章程曾在某个国际混合法庭上被解释,也接受过质疑。奥斯曼帝国苏丹行使了自己对国际苏伊士运河公司章程做出公平合理解释的权利:不仅召集并听从海洋大国代表的意见,还强制国际苏伊士运河公司遵从这些意见。吨税争论也体现出,埃及总督的权力由宗主国奥斯曼帝国赋予,对宗主国的命令不应有一点改变,必须照章执行。

由于约翰·斯托克斯爵士的热心工作,委员会关于吨税建议的条款得到了修改。经英国政府同意通过,斐迪南·德·雷赛布获准以较小的幅度降低吨税;斐迪南·德·雷赛布同意每年支出一百万法郎作为苏伊士运河的改造费。本来1880年国际苏伊士运河公司就应该按照正常的十法郎标准收费,却拖延到了1884年。在此期间,特许权范围外的额外收入拯救了国际苏伊士运河公司,让它得以盈利。这主要是靠牺牲英国船主的利益换来的,但现在,这一事实基本已被人遗忘。

1878年,英国向奥斯曼帝国租借了塞浦路斯。1878年,八千五百多名印度军人经苏伊士运河前往马耳他。1882年6月，艾哈迈德·奥拉比发动军事叛乱。英国和法国携手在过去的六年中修复了因伊斯梅尔帕夏的铺张浪费给埃及造成的破坏并重建埃及财政。同时，英国和法国两国没有拒绝支付伊斯梅尔帕夏欠下的债务。在炮击亚历山大港和苏伊士运河伊斯梅利亚段河岸的行动中，英国试图迫使法国与自己合作，但法国拒绝了。随后，英军在泰勒凯比尔打了胜仗，平叛成功，并占领了开罗。在这一时刻，斐迪南·德·雷赛布与其说是个外交家，不如说更像是纯粹的法国人。斐迪南·德·雷赛布并不拥护艾哈迈德·奥拉比，但很信任艾哈迈德·奥拉比。这是为什么呢？虽然威尔弗里德·斯科恩·布伦特①在《秘史》中做了解释，但真正原因恐怕很难轻易弄明白。斐迪南·德·雷赛布强烈反对将苏伊士运河作为海军军事活动基地——总是强硬又直言不讳也许是斐迪南·德·雷赛布最大的外交才能，并在1856年和1866年呼吁奥斯曼帝国苏丹下令宣布苏伊士运河区中立。英国则认为苏伊士运河的中立是不能通过单方面行为来确保的，何况自己的海军军事行动实际上是为保卫埃及政权而战。英国海军将领曾在军事行动期间短暂接管苏伊士运河四十八小时，之后将管辖权交还国际苏伊士运河公司。

然而，斐迪南·德·雷赛布行事太过分，终于在1872年激起英国人的不满，使"第二条运河"方案备受关注。当时，英军刚从艾哈迈德·奥拉比手中解救苏伊士运河，而通行苏伊士运河的船近五分之四来自英国，但苏伊士运河的管理人员都是法国人——法国在埃及拥有的不只是工作人员，还有运河的控制权②。当时，有很多针对领航员的投诉：他们常常不专业，并且几乎没有英国领航员在国际苏伊士运河公司工作。国际苏伊士运河公司遵守公司章程的程

---

① 威尔弗里德·斯科恩·布伦特（1840—1922），英国作家、诗人。——译者注
② 1882年，英国贸易部的一项调查显示，从东方和澳大利亚前往英国港口的船舶中百分之四十以上要通过苏伊士运河；为前往英国而清关的船舶中有约百分之四十（略低）经过苏伊士运河。不过，黄麻、大米和一些棉花仍要经开普敦到英国。英国从澳大利亚进口的产品中只有百分之十七（出口澳大利产品的百分之二）经过苏伊士运河，但这一比例在1887年达到了百分之三十。——原注

艾哈迈德·奥拉比

威尔弗里德·斯科恩·布伦特

泰勒凯比尔战役

度堪称严苛,不管章程带来多大不便都严格照办。高级管理人员的专横态度及公司管理层中没有任何英国人,这一切都引起通行船的船主和其他人的抱怨。19世纪70年代初期,通过苏伊士运河的船增长非常明显。然而,随着通过苏伊士运河船舶总吨位的增加,过河时消耗的时间也增加了。更糟的是,1883年的苏伊士运河无法夜航。因此,1883年通过苏伊士运河的平均航行时间增加了近五十个小时,总时长常常长达三天之久①。由埃及赫迪夫的首席工程师约翰·福勒爵士支持的,由亚历山大港经过开罗通往苏伊士的,完全由埃及建造的新运河计划得以恢复。这项计划是皇家海军上校威廉·艾伦的一条奇谋:

约翰·福勒爵士

① 1887年,电灯导航系统伴随照明的浮标和其他导航辅助设备被一同引入。——原注

通过在海法①开辟水道,引地中海水淹没死海山谷,将其水面抬升一千三百英尺;船将在那里出发,一路经过山脉,到达亚喀巴。当时,还进行了更认真的尝试:格兰维尔伯爵格兰维尔·莱韦森-高尔收到很多关于修建一条与苏伊士运河平行的新运河的要求,一些内阁成员对此也表示支持。1882年,这些内阁成员坚持认为英国只有这么做才能在国际苏伊士运河公司董事会中取得有效优势。然而,斐迪南·德·雷赛布断言特权法案是让自己可以垄断地中海到红海之间运河建设的。令人惊讶的是,政府法律官员亨利·詹姆斯爵士和法勒·赫舍尔爵士支持斐迪南·德·雷赛布的主张。许多杰出的英国律政人士坚持特权法案中的"exclusive(排他性)"一词从地理角度仅适用于奥斯曼帝国苏丹转让给国际苏伊士运河公司的土地。因此,有人敦促,所有法院在每一宗授予专属特权的案件中都要严格限制受让人遵守授予的严格条款;如果条款内容有歧义,则不得做对受让人有利而对公众不利的解释。因此,每一项具有垄断性质的受让都应被严格地解释为对受让人不利,并且受让的内容越广泛、越普遍,对条款的审查程序就应越严格。查尔斯·戴克爵士在日记中写道:

"1883年7月4日,格拉德斯通先生、格兰维尔勋爵、奇尔德斯、张伯伦和我进行了一次关于苏伊士运河的会议②,并决定请斐迪南·德·雷赛布出席。奇尔德斯提出了一个关于运河的计划,内阁中只有我和张伯伦反对。

"1883年7月19日,我们举行了另一次内阁会议。张伯伦和我试图让他们放弃奇尔德斯的运河计划,但失败了。内阁休会至1883年7月23日,并在这一天(星期一)放弃了计划。"

1883年5月9日,时任英国财政大臣休·奇尔德斯给格兰维尔伯爵格兰维尔·莱韦森-高尔士写信时说道③:"我和其他人不一样,我不赞同修建第二条

---

① 海法,以色列北部港口,以色列第三大城市。——译者注
② 此处指威廉·尤尔特·格拉德斯通、格兰维尔伯爵格兰维尔·莱韦森-高尔、休·奇尔德斯、约瑟夫·张伯伦。——译者注
③ 《休·奇尔德斯爵士传》第2卷,第151页。——原注

亨利·詹姆斯爵士

法勒·赫舍尔爵士

查尔斯·戴克爵士

约瑟夫·张伯伦

运河。当然，我不反对这些支持者，因为通过修建第二条运河最终可以从斐迪南·德·雷赛布那里获得更好的条件……"他还说："我们强烈主张达到以下目标，让运河通行费进一步降低，并且让英国形成与法国一样控制苏伊士运河的平等地位。"

然而，斐迪南·德·雷赛布并没有消极应对，他授权儿子查尔斯·艾姆·德·雷赛布与国际苏伊士运河公司的英国董事约翰·斯托克斯爵士和查尔斯·里弗斯·威尔逊爵士谈判，并于1883年7月10日签署了一项经议会批准后即行生效的协议，内容如下：

英国政府代表与国际苏伊士运河公司总裁之间的暂行协议

1.国际苏伊士运河公司将建造一条尽可能与现有运河平行的新运河，其宽度和深度达到海事建筑的要求，并就此事与英国董事达成协议。

2.新运河将尽可能在1888年年底前建好。

3.国际苏伊士运河公司将降低吨税等收费标准：自1884年1月1日起，空载船通过费每吨比载货船低二点五法郎。在利润率——利息和股息——达到百分之二十一后，从下一年的1月1日起导航费用减半，并在利润率达到百分之二十三后全部免除；利润率达到百分之二十五后，吨税从每吨十法郎降至九点五法郎，利润分配比达到百分之二十七点五后再降零点五法郎，达到百分之三十后再降低零点五法郎，此后，利润率每上升三个百分点，吨税每吨价格就下降零点五法郎，直到降到每吨五法郎为止。

4.同一年中，吨税和导航费的降价最多只允许一次。

5.如果利润率下降，吨税也会进行相同幅度的上涨，但一年中最多涨价一次。

6.如果董事职位出现第一次空缺，将由总裁提名一位英国董事担任副总裁；如果再有空缺时，其中一个副总裁职位将长期由英国人担任。

7.只要有合适空缺，就将由英国董事担任常务董事会的名誉董事；以后还将允许一名英国董事常任常务董事会董事。

8.两名英国董事将长期在财务委员会任职。

9.英国政府将挑选一名官员担任董事会"导航督查"一职，具体职责与英国董事议定后确定。

10.国际苏伊士运河公司未来将聘请合理数量的英国领航员。

11.英国政府通过斡旋获得以下特许：（1）建造新运河及其出入口所需的土地；（2）修建已经被英国政府接受的、伊斯梅利亚到塞得港的淡水运河；（3）新运河的特许期限与原特权法案相同，都是自建成之日起九十九年，公司每年将在扣除法定储备金后向埃及国库支付运河总净利润的百分之一。

12.出于包括淡水运河建设在内工程建设的需要，英国政府将给国际苏伊士运河公司提供最高不超过八百万英镑、利率百分之三点二五，五十年后以偿债基金偿还本金的分期贷款，这种偿债基金在工程完成后开始偿付。

13.本暂行协议即刻交付英国下议院审议。国际苏伊士运河公司管理层将协同英国政府对相关办法的细节进行完善，并将完善后的文件呈送英国政府以供批准。但该协议在获得英国议会批准前不会生效。

（签名）总裁斐迪南·德·雷赛布；

董事约翰·斯托克斯、查尔斯·里弗斯·威尔逊

1883年7月10日于伦敦

虽有异议，国际苏伊士运河公司董事会还是确认了协议草案。法国董事不喜欢从英国财政部获得优惠贷款的想法，并对有关导航督察——将从英国海军现役或退役将领中选拔——及英国领航员的条款感到不满。

1883年7月11日，暂行协议被提交给格兰维尔伯爵格兰维尔·莱韦森-高尔。在几天后呈交给英国议会的一封书信中，英国董事观察到，斐迪南·德·雷赛布将拥有在导航费外对一切船收每吨十法郎费用的权利，因此，还必须达成一项内容包括从1888年起大幅降低收费的协议。斐迪南·德·雷赛布与儿子查尔斯·艾姆·德·雷赛布同意应在1887年前废除导航费，并同意空载船收费应低于装货船。显然，采用浮动比例是可取的：可以按年，或者某个约定的时间段，或者二者结合来计算吨位，但只要额外的基本建设工程费用必须从国际苏伊士运河公司收入中支出，前面两项就不能成立。因此，斐迪南·德·雷赛布提出了一项英国董事也同意的建议，即连续降低费用应取决于实际分配给股东的净利润水平。为此，国际苏伊士运河公司规定了以下具体比例数：当股东收回不少于百分之五十一的投资金额时，苏伊士运河通行费将减至规定的最低标准五法郎。

至于"巴黎的董事会获取了英国一直非常重视的国际苏伊士运河公司管理权"一事，英国董事（按照休·奇尔德斯的观点）观察到，除非英国董事——事先早就征求过这些人的意见——人数足以确保获得多数席位，否则现在的情况实际上削弱而非增加英国政府在董事会的权威。

"如果只是因为国籍就为没有官方背景的英国人在董事会保留一定数量的席位，我们只能认为这是要在董事会划分派系。以后为经营时产生的问题投票时，这样的制度不符合英国利益，因为董事会的英国董事人数很少。"

英国政府向国际苏伊士运河公司提供的贷款将使吨税价格降低，这对英国贸易具有重大意义，也使立即开建第二条运河成为可能。

最后，英国董事表示除非完全基于英国政府管理的前提下重建公司的管理方案，否则不相信协议的安排足以保护英国利益。

休·奇尔德斯

1883年7月12日,休·奇尔德斯将协议文本提交给下议院,并强调苏伊士运河的杰出工程师是一位英国高级董事——因此,一切施工的决定权都掌握在英国人手里。意外的是,协议文本中的提议非但没有想象中那么受欢迎,反倒让财政大臣休·奇尔德斯连同贸易大臣约瑟夫·张伯伦还有首相威廉·尤尔特·格拉德斯通都遭到了包括反对党在内的各方面的严厉批评。当时,人们普遍认为,如果要修建第二条运河,就应该让英国政府而不是斐迪南·德·雷赛布去指挥。威廉·尤尔特·格拉德斯通回答说,法律官员认为斐迪南·德·雷赛布拥有跨苏伊士地峡修建运河的专有权利,而埃及政府也得到了类似的建议。也就是说,威廉·尤尔特·格拉德斯通是基于一般公平原则才同意并听取法律官员,而不是听取其他律师意见的。威廉·尤尔特·格拉德斯通还声称,从1875年起,关于苏伊士运河的一切政策,包括与斐迪南·德·雷赛布谈判等,英国都是基于这种平等原则的设想而采取的。这一声明引起了很大争议。反对党领袖索尔兹伯里侯爵罗伯特·加斯科因-塞西尔提醒下议院,本杰明·迪斯雷利购买苏伊士运河股票主要是出于政治而非商业目的,所以也不应该受到平等原则设想的影响。

索尔兹伯里侯爵罗伯特·加斯科因－塞西尔

还有人认为,暂行协议中与英国领航员问题有关的条款内容不充分[①],并且这份协议无益于保护英国航运免受过高收费伤害。有人建议操纵国际苏伊士运河公司的财务,通过使剩余可分配利润保持一定数量以最大限度地根据协议规定减少船应缴纳的通行费。休·奇尔德斯回答说:"创始人、从埃及手中购得百分之十五分红权利的人、各位董事和雇员都对高股息感兴趣。"他还幼稚地提到一个著名案例:"许多年前,一家苏格兰公司宣布股息低于利润时被判犯欺诈罪,并受到了严厉惩罚。"

英国尽管各种宣传暂行协议,但收效甚微;而英国政府之所以在议会和商界只得到很少支持,部分原因是在于其建议的呈现方式。议会收到的暂行协议文件并不完整,也没有涉及"斐迪南·德·雷赛布对任何跨红海及地中海建造新运河享有专属权"的要点。英国首相得到了大不列颠大法官及其他法律官员的支持,但大不列颠大法官是政府代表,其发言内容很容易引起民众反感。后来,英国董事再次与斐迪南·德·雷赛布谈判,并提出如果愿意,可以再次由英国政府向英国议会提交暂行协议草案,但无法保证结果好坏,因为该草案在议会上没有一定支持基础、强行通过草案已基本上做不到。斐迪南·德·雷赛布还是很绅士,表示自己非常理解目前的困难,因此,不会施压要求"一定要通过草案"。他另筹经费修建第二条运河,并且在增加利润的同时继续降低吨税。1883年7月20日,斐迪南·德·雷赛布的回信是写给"亲爱的,光荣的朋友"威廉·尤尔特·格拉德斯通的,他并没有给英国董事回信。

斐迪南·德·雷赛布写道:

> 法国民众不记旧事一致同意了暂行协议。英国的表现,似乎暴

[①] 当时,国际苏伊士运河公司有十七名驻塞得港的海上领航员和九十七名运河领航员。塞得港领航员中有十二名希腊人,有两名法国人,一名马耳他人,一名奥地利人,一名意大利人;其中八名领航员懂英语。运河领航员中二十七名是法国人,二十四名意大利人,十九名希腊人,十七名奥地利人,七名马耳他人及三名英国人,所有人都懂英语。——原注

露了部分民众并不了解这个协议已经是最公平的安排——这是两国之间交流不畅造成的。我担心，这种讨论可能对团结两国的必要友谊造成长期负面影响。

我很遗憾，法国资本为各国贸易利益而在埃及进行的和平工程竟成了两国不和睦的借口。英国的议会啊，在你们自由党的领导下，欧洲将见证因错判而引发的不公平事态。

英国的议会啊，为了普遍的和平利益与为世界文明不可或缺的法国与英国的同盟利益，我恳求你，不要认为我们所签署的、有关我自己和船主的这份协议是个约束。

根据公司章程，我们的管理层有足够的权力决定开辟第二条运河，并且规定征收吨税的数额；我们的股东可以为我们提供第二条运河开凿所需的资本。

在此，我正式宣布，如果我们的协议被暂停甚至被取消，我们就立刻着手挖掘第二条运河，并且正式执行协议中规定的吨税减免政策。

因此，我们应该和英国在董事会的代表继续进行和平友好的商议，并根据特权法案"保障运河自由开放，公平允许各国船队通航"的要求改善苏伊士运河的通航。

不久，这封信和威廉·尤尔特·格拉德斯通的复函就被呈交英国议会。1883年7月23日，格兰维尔伯爵格兰维尔·莱韦森-高尔向议会表示，不会要求议会一定要通过暂行协议。

上议院保守党领袖索尔兹伯里侯爵罗伯特·加斯科因-塞西尔支持格兰维尔伯爵格兰维尔·莱韦森-高尔的决定，但表达了对拟议安排的不满：

斐迪南·德·雷赛布想在不经英国政府协助但经埃及政府批准

的情况下,就开凿一条新运河。不过,在英国政府没有同意前,埃及政府也不会同意的。为此,我们应该开出什么条件?

我们该为由斐迪南·德·雷赛布修建的另一条运河做准备吗?与如今的苏伊士运河相比,另一条运河无法保证有更公正的管理、更完备的设施,也无法保证英国的贸易变得更加自由。难道我们要接受那些让船主不满并使他们闹着示威的恶劣条款吗?

(格兰维尔伯爵格兰维尔·莱韦森-高尔)这么讲搞得国际苏伊士运河公司仿佛是法国意志的代表。目前,我是不能接受这种说法的。国际苏伊士运河公司不过是一家私人公司,仅此而已。英国几乎与法国一样,都是公司的大股东。英国虽说有权获得公正、公平和良好的待遇,但并不能为此去承认垄断——这种垄断表面披着"特权法案"外衣,实际上不合法律观点、被多方权威拒绝,并且明显不符合埃及的利益。现在,我们放弃了这个暂行协议,我也希望之前所有因不慎而做出的采纳决定都像梦一样被我们忘记。我们也不应该认为大臣对垄断的承认存在某些不当言辞。这些话听起来是为英国利益而做的妥协,实则不过是辩论辞令罢了。

与此同时,在下议院,威廉·尤尔特·格拉德斯通宣布英国政府不再理会暂行协议:"我们认为自己的责任在于尽己所能公平对待国际苏伊士运河公司及其杰出、睿智和充满活力的计划制订人员……我们不会利用自己在埃及的临时并且特殊的地位施加影响,以使其他方面合法享有的任何权利受到损害……我们不能去做任何与承认'苏伊士运是为所有国家造福,与之相关的权利符合欧洲共同利益'相悖的事。"

威廉·尤尔特·格拉德斯通后来补充道:"我们认为国际苏伊士运河公司应该自我改进——自我改进的企业范围绝不仅限国际苏伊士运河公司一家,因为我国的管理方法与欧洲大陆国家的管理方法并不完全相同,并且不管什么公司，在我们看来都有值得改进之处……我们认为这是一个商业问题，只要牵扯到政治的复杂性就无法解决。我们希望，商业和运输业的受益者能考虑这个问题，并得出成熟的结论。"

斯塔福德·诺思科特爵士这样回答反对派："多年来，没人会比我更欣赏我的朋友斐迪南·德·雷赛布的性格、精力和业绩。从各方面来说，我尊重他是因为他的好品质，但这不是我们应该屈服于他提出过高要求的理由……1872年，格兰维尔伯爵格兰维尔·莱韦森-高尔提出了'国际苏伊士运河公司在解释特权法案方面不能够自说自话'的原则。因此，我认为不能完全放任国际苏伊士运河公司自由解释特权法案。我们不要做超出事实范围的诠释——对这一点应该特别小心。"

查尔斯·戴克爵士写于1883年11月22日日记中的记录，使人们可以洞悉内阁此刻的态度，这是其他文献资料所不及的：

"此刻引起热议的，就是我们刚刚与之讲和并同意授权他拓宽苏伊士运河的斐迪南·德·雷赛布的立场。我们支持他反对奥斯曼帝国政府，因为它只想从他那里以'御准'的名义榨取钱财；我们还得到了法律官员的意见，他们认为奥斯曼帝国的'御准'价值其实不大。我们曾主张垄断者斐迪南·德·雷赛布必须严格解释自己对特权的使用，但这次法律官员的态度比较开明。事实上，我国外交部向法律官员提出征求意见时，询问的问题具有的政治性往往大于法律性；相应地，他们得到了更具灵活性的意见。"

1883年7月30日，斯塔福德·诺思科特爵士再次发表评论，并在一次出色的演讲中引用了已公开发表的信函证明斐迪南·德·雷赛布不是埃及赫迪夫的特许经营者而是代理人，还是"屋子的主人"（苏伊士运河的主人）——斐迪南·德·雷赛布自称。但在斯塔福德·诺思科特爵士看来，在授权斐迪南·德·雷赛布成立国际苏伊士运河公司时，埃及赫迪夫从未打算放弃自己建设新运河的权力。任何公开的文件中都没有关于"垄断"一事的任何建议——这一观点直到1883年9月才得到了法律官员的支持，但反对的声音很激烈。斯

斯塔福德·诺思科特爵士

塔福德·诺思科特爵士引用格兰维尔伯爵格兰维尔·莱韦森-高尔1873年3月3日致"高门"的信发表了一些言论:"英国政府丝毫没有批判'高门'动用权力提高吨税的意思。正如英国政府认为的那样,国际苏伊士运河公司属于埃及。既然属于埃及,那么'高门'毫无疑问就拥有这种权力。然而,英国相信奥斯曼帝国政府肯定会在国家利益与海洋利益间公平考虑;特别是在苏伊士运河已成为世界海运主干道之一,并且通行费过高会阻碍商业贸易的情况下……每个国家都将对此抗议。"

无论海洋国家的利益会受到什么影响，此事都不能只由埃及政府和国际苏伊士运河公司解决——此事处理得越早，就能将更多的细节考虑在内，效果也就越好。

得到商人和船主支持的诺伍德敦促应留出消除误解的时间，让法国和英国的商人去解决问题。除非理由充分，否则诺伍德不愿像斯塔福德•诺思科特爵士一样，对特权法案的有效性做不必要的挑战。与暂时对国际苏伊士运河公司占据的优势相比，坚持最高商业道德标准更加重要。在通过董事进行谈判之前，英国政府本应更好地征询商界意见，虽然这些英国董事更了解斐迪南•德•雷赛布的感受，但商人是有希望达成一份理性又令人满意的协议的。

诺伍德相信斐迪南•德•雷赛布最后会承认国际苏伊士运河公司与英国政府的合作伙伴关系，从而形成英国和法国交替出任总裁，管理、责任各占一半的格局。诺伍德提醒下议院，尽管通过苏伊士运河的船中有五分之四挂着英国国旗，但货物的所有权情况大不相同。

辩论持续了大约十个小时，由查尔斯•帕尔默继续。查尔斯•帕尔默指出，虽然特权法案要求国际苏伊士运河公司的董事会应包含所有对这一项目有重大兴趣的国家的代表，但这些国家实际上都被排除在外。英国如果对绕行开普敦的船支付补贴，很快就可以排挤掉苏伊士运河。如今，时机已成熟，关于吨税的问题已经可以在国际上拿出来商量了。

亨利•德•沃姆斯认为暂行协议的主要缺陷在于通行费减免缺乏确定的时间与数额，并认为有在伦敦为国际苏伊士运河公司设置办事处的必要。埃利斯•阿什米德-巴特利特提出了反对斐迪南•德•雷赛布"垄断"的详细论点。我们有充分理由检视国际苏伊士运河公司获得的利益——不仅为我们自己的利益，也为英国在海外的利益。埃利斯•阿什米德-巴特利特认为斐迪南•德•雷赛布和他的团队没有一直垄断苏伊士运河，并且已获得足够的报酬。英国政府越退让，就越会让人觉得退让是因为外交问题微妙困难、难以解决。这就导致法国的胃口越来越大，激起更多波澜，以后就会产生更大的麻烦。

亨利·德·沃姆斯

埃利斯·阿什米德-巴特利特

阿瑟·科恩认为有一点无可争辩，那就是每个主权国家在所有让出的权利中都保留了可以以公共事业或权益作为基础将权利收回的"主权"。国际苏伊士运河公司不能平白无故任意创造新条款。斐迪南·德·雷赛布十分清楚自己无法滥权，一谈判无疑就会屈服。

T.C.布鲁斯认为，特权法案要求从对苏伊士运河项目感兴趣的国家中选拔董事。如果真这么做了，英国和其他国家的利益将得到充分保证，但实际上这种情况没有发生，国际苏伊士运河公司顽固地拒绝其他国家参与管理。虽然斐迪南·德·雷赛布及其法国合伙人贡献了一千六百万英镑中的六百万，将东方的交通事务交给单个公司一百年也是代价不菲的。埃及做出使无数农民在工地充当强制劳动力的贡献，如今在国际苏伊士运河公司中也没有体现出任何经济利益。

享有很高声誉的律师霍勒斯·戴维暗示自己已在其他地方阐述过法律方面应该考虑的事项。霍勒斯·戴维不赞成在下议院阐述法律论点：国际苏伊士运河公司是否垄断该由埃及法庭裁决，在英国下议院讨论无济于事。在霍勒斯·戴维看来，问题并不是要充分考虑一个措辞古怪的文件的确切含义，而是由商人确定的商业利益——最好不要致力于坚持自己的观点，而要放手恢复谈判。

南安普敦议员艾尔弗雷德·贾尔斯介绍了一个非常有实际意义的情况。作为工程师，艾尔弗雷德·贾尔斯发现，一条宽度是当前苏伊士运河两倍的运河比两条窄运河更有用。目前，苏伊士运河每天只能通行十二艘船，如此少的交通量，没有增建一条运河的必要。而扩建苏伊士运河的成本不到新建一条运河成本的一半。至于运河通行费，好望角到孟买的路程比孟买到苏伊士的路程长四千四百五十英里，相当于以十节①航速航行十八天半。如果减去塞得港到苏伊士之间两天半的通行时间，就是多航行十六天。问题就出现在这些数字上：

---

① 节，速度单位，船每小时航行的海里数，1节等于每小时1海里等于每小时1.852公里。——译者注

霍勒斯·戴维

艾尔弗雷德·贾尔斯

由于运河通行费的价格往往比多航行十六天的成本还高,很多船都不沿苏伊士运河航行。国际苏伊士运河公司越早意识到这一点,对所有有关方面就会越有利。

其实,得出这个非常实际又有先见之明的观点,辩论就可以结束了。然而,休·奇尔德斯说,商界一致赞成修建两条运河,英国董事与占大多数的、以斐迪南·德·雷赛布为首的法国董事也倾向于这种观点。法国人则提出,要完成修建第二条运河这么艰巨的任务,必须以扩大财政援助和延长特许权作为交换条件。

不过,英国搅局显然没有影响国际苏伊士运河公司自己开凿新运河。关于这一点,本章附录做了总结。在各类工会中,已经有联合航运工会、船主总协会、北希尔兹船主协会和联合船主协会提请英国政府推动新运河的建设——建设工作归英国管制。这些发出申请的工会通过苏伊士运河的船舶总吨位占苏伊士运河船舶总吨位的一半以上。斐迪南·德·雷赛布和英国董事正是因为这些代表才开始进行谈判。辩论最终成了律师哈丁·吉法德爵士和总检察长亨利·詹姆斯爵士之间的"论战"。最终,到凌晨,斯塔福德·诺思科特爵士宣布辩论结束。至于投票结果,二百八十三票支持英国政府拓宽运河,一百八十三票反对。

笔者认为,完整总结这次辩论很有必要,因为首先,这几乎是最后一次在议会上认真讨论苏伊士运河议题,并且双方使用的许多论据即使拿到现在讨论都一样恰当;再者,该辩论充分体现了英国政府和商界对国际苏伊士运河公司的看法;第三,辩论体现了在为修建第二条运河做宣传时,或者,假设这条新运河"必要"时,不仅是英国董事、斐迪南·德·雷赛布和他的大多数同事都犯了错,整个航运界及与之相关的许多知名工程师的几乎一致的"拓宽现有运河"这一权宜之计同样错误。

19世纪40年代及以后,由罗伯特·史蒂文森领导的土木工程师对运河建设可行性的评估是错误的。帕默斯顿子爵亨利·约翰·坦普尔受了这些错误结果的误导,而本杰明·迪斯雷利则选择保持帕默斯顿子爵亨利·约翰·坦普尔的政策,虽然当时商业贸易和海上贸易中的舆论对斐迪南·德·雷赛布有利。近三十年过去了,几乎所有赞成并投票通过"拓宽现有运河"方案的人都是南安普敦议员艾尔弗雷德·贾尔斯的拥趸。英国政府因错误的专家意见而被诱使为一项工程的执行提供八百万英镑的资金。照陆军将领安德鲁·克拉克所预

安德鲁·克拉克

期及事件的实际情况来看,这笔钱根本就是浪费。斐迪南·德·雷赛布和同事们同样被误导发起一项不但技术不能令人满意,还会长期让通行费额度停留在最贵水平的计划。如果修建两条运河,为了容纳更大的船,这两条运河都必须拓宽并加深。与单扩建一条运河相比,扩建两条运河所需的维护工作量是单扩建一条运河的两倍。为顺应民意,英国议会迫使威廉·尤尔特·格拉德斯通放弃暂行协议,为斐迪南·德·雷赛布、英国乃至全世界的商船队都做出了重大贡献。

在自己的提议被拒绝后,威廉·尤尔特·格拉德斯通重新考虑了这个问题①,并接受了国际苏伊士运河公司中英国董事拥有对谈判成功非常重要的"商人加政客"的双重角色——后来,英国内阁也接受了。因此,得知斐迪南·德·雷赛布在儿子查尔斯·艾姆·德·雷赛布的陪同下主动前往伦敦时,威廉·尤尔特·格拉德斯通非常高兴,与格兰维尔伯爵格兰维尔·莱韦森-高尔之间的一系列谈话更是消除了先前的误会。斐迪南·德·雷赛布发现自己别无选择,只能寻求与英国建立良好的关系。于是,他便与由英国船主和其他对运河航行感兴趣的人组成的机构进行了谈判。在当时的贸易大臣约瑟夫·张伯伦的主持下,谈判双方主动自愿签订了一份协议。协议规定,自购买埃及赫迪夫股份后在董事会中担任董事的三名英国人之外,国际苏伊士运河公司还将从英国船主和商人中另选七位新董事加入,并且按职领薪。

在伦敦支付运费,以及增加国际苏伊士运河公司交通服务中使用英语的官员——不一定是英国籍——的数量等事项都已安排。最重要的是,谈判双方商定应立即减少交通费,并且将超过百分之二十五以外的净利润全拿来降低交通费,直到降到最低数额的五法郎为止。新协议后来被称为《伦敦协议》,连同相关信函都被收录在本章附件中。

当然,有很多人反对这一协议。英国北部蒸汽船主协会抱怨自己被忽视

---

① 参见《休·奇尔德斯爵士传》第2卷,第154页。——原注

了。利物浦商会则认为更应该采取措施确保政府持有的股权获得充分的投票权。还有人认为该协议实际上是一种临时安排，需要大量又必需的补充条款才能以国家的角度接受。然而，协议是由格兰维尔伯爵格兰维尔·莱韦森-高尔以外交大臣的身份收到并批准的。英国外交部在同时提交给议会的信函中竭力强调，这是与东方进行贸易的各轮船船主协会与斐迪南·德·雷赛布直接谈判的结果，英国政府没有参与。

此时，从呈交议会的信中可以看出，英国政府对影响苏伊士运河管理和财务所有问题的态度似乎与1883年截然不同。1883年，威廉·尤尔特·格拉德斯通准备为斐迪南·德·雷赛布提供利率为百分之三点二五的八百万英镑的开凿第二条运河的贷款。当时，英国政府发现自己的提议于公众舆论不利，因此，开始撇清与苏伊士运河的关系，并鼓励进行直接谈判。谈判主体是斐迪南·德·雷赛布和一个自建、代表性不全面的组织。英国有官方背景的苏伊士运河董事都没有参与。最后，谈判谈出了一项协议。这份协议其实没有约束力，尽管曾得到格兰维尔伯爵格兰维尔·莱韦森-高尔的正式批准。格兰维尔伯爵格兰维尔·莱韦森-高尔及其继任者都坚持认为，尽管约瑟夫·张伯伦有过干预，但英国政府对这种协议的达成不承担任何责任。

几乎可以肯定，出现这种态度改变是因为对更高级政策的考虑。虽然这份协议尚有许多不足之处，但舆论认为它总体上是一个经过冗长争论后产生的、令人满意的解决方案。此外，对英国来说，维持与法国的良好关系变得越来越困难了。

最近，指挥东印度群岛法国舰队的海军将领皮埃尔率部袭击了马达加斯加，迫害了在领事馆内生命垂危的英国领事帕克南，对英国造成了很大影响。皮埃尔要求领事离开，还把法国哨兵安排到英国的邮轮上，最后逮捕了一个非国教的传教士并虐待他。当时，皮埃尔刚刚染病，这病害得他没能回到法国就一命呜呼了，但他的行为仍是使法国外交处境尴尬的原因之一。法国侵华时和英国产生了麻烦，对纽芬兰的声索引起与英国的摩擦。在中非的法国企业更是

查尔斯·格兰特·罗伯逊

进一步引起英国的焦虑。查尔斯·格兰特·罗伯逊[①]爵士写道:"奥托·冯·俾斯麦最希望英国大臣因埃及问题而采取的政策产生一系列不良反应。这些不良反应导致英国更需要来自德国的善意。只要德国以必要的公正态度妥善处理,就可能让英国与法国关系决裂。"在这种情况下,人们很容易认为,是英国外交部的自满导致自己认为,即便是重大失误,也可在不正式出面干预的情况下"悄悄解决"。

斐迪南·德·雷赛布也很高兴,因为曾强烈反对自己的英国舆论现在被压下去了。1883年6月,斐迪南·德·雷赛布在公司年会上说,很多"徒劳的动荡"

---

① 查尔斯·格兰特·罗伯逊(1869—1948),英国历史学家,曾任伯明翰大学副校长。——译者注

和应对此负责的人造成了很多困难，但自己作为总裁，成功维护了国际苏伊士运河公司及其权利，在谈判中敏捷又灵活，在与对手唇枪舌剑谈判时还能与之达成协议。在英国和法国议会两院发表的一些讲话及两国新闻界，公众舆论的粗暴语言都有所体现。不过，在斐迪南·德·雷赛布与英国实际进行的谈判中，这些攻击没有被呈现出来——双方的讨论没有公开，也没有持续很久。伊恩·马尔科姆爵士写道："自《伦敦协议》签署以来，苏伊士运河的国际董事会中出现了前所未有的和谐景象。"然而，他没有提到，这个被英国政府正式批准的协议竟然在1900年被下议院无理地废除了财政条款。不过，伊恩·马尔科姆好歹还是说到了最重要的一点：尽管英国董事在董事会中始终只占少数，可一旦七位英国商人的董事地位被承认，就不会再出现争吵了。

国际苏伊士运河公司的股东希望执行"十法郎"政策，强烈反对《伦敦协议》。但1884年3月12日，股东大会以八百四十三票赞成对七百六十一票反对，通过了斐迪南·德·雷赛布的提案。斐迪南·德·雷赛布在会上说："你们不要把这份文件看成是什么协议，这是国际苏伊士运河公司确保满足各船主需求后争取完全独立的计划。虽然赢利超过百分之二十五的部分都要被计算在内，但哪怕吨税被减免到每吨五法郎，诸位股东的分红都在每股一百二十五法郎以上。"似乎潜台词是在说，这一办法在将来还有修改的可能性。一份写于1883年，准备在1884年5月29日股东大会上发表的报告曾经特别提到：

> 超过一百二十五法郎的盈余将作为计算税款的基础，但一百二十五法郎肯定不是股东们的最高收入，因为这些盈余将全部分配给股东，并且只有在年底出现盈余时才会继续征税。

这种方案的计算方式可以简化为：

将苏伊士运河的客户以与收入增加成比例的减税形式计入苏伊士运河利润中，从每股九十法郎开始计算，直到将吨税减至每吨五法郎为止。

我们曾在1882年告知诸位股东:"我们庄严声明,国际苏伊士运河公司的股东不仅必须享有丰厚的收入,并且必须像所有实业家一样,享有为世界提供'打通了埃及地峡'这一丰功伟绩的名声。"

真实的情况似乎是这样的,斐迪南·德·雷赛布最初认为在吨税降低到每吨五法郎前给股东的每股最高收益为一百二十五法郎才是公平的,但后来为了吸引股东支持投票削减吨税,才不得不根据股东的主张修改观点。

关于这一点,值得注意的是,埃及总督的工程师路易·李南特·莫里斯·阿道夫·利南·德贝勒丰和欧仁·穆热尔在1855年3月20日的初步计划中包含了:"我们建议国际苏伊士运河公司在章程中增加一条款,即一旦股息超过百分之二十就应立即降低吨税。"

1854年11月15日,斐迪南·德·雷赛布与穆罕默德·赛义德帕夏的备忘录中也提到了十法郎吨税"要随着通过运河船的逐步增加而降低"[①]。

下一步,斐迪南·德·雷赛布召集了第二个由英国和法国人士各八名,还有六名其他国家人士组成的国际咨询委员会[②]。1884年6月,国际咨询委员会在巴黎召开集会,随后把一个由八名成员组成的,由迪克斯担任主席的下级委员会派到埃及,以便进行现场调查,尤其是研究国际苏伊士运河公司总工程师M.勒马松对"与其开掘新运河,不如扩建现有运河"的建议。M.勒马松争辩说,应该把运河扩建到足以使两艘汽船可以任意航行的程度。这意味着运河航道直道底部宽二百三十英尺,弯道宽二百六十二英尺。如果运河深八

---

① 斐迪南·德·雷赛布,《回忆录》第1卷,第174页。——原注
② 人物名单如下表:法国是斐迪南·德·雷赛布、莱弗比尔·德·富尔西、海军中将埃蒙德·朱里安·德拉格拉维埃、帕斯卡尔、弗朗索瓦·菲利普·瓦赞*、拉罗什、蒂利耶*、杜邦;英国是陆军少将安德鲁·克拉克、查尔斯·奥古斯塔士·哈特利爵士*、约翰·库德爵士*、托马斯·萨瑟兰、詹姆斯·莱恩、威廉·麦金农、R.亚历山大;德国是佩舍克*;奥匈帝国是克里拉诺维奇*;西班牙是萨韦德拉;意大利是焦亚*;荷兰是迪克斯*;俄罗斯帝国是阿力克谢耶夫。(标*的指参观过苏伊士运河的人,摘自查尔斯·奥古斯塔斯·哈特利,1900年,《土木工程学院》)——原注

米，即二十六点二五英尺，成本为八百一十一万八千英镑；深九米，即二十九点五英尺，则为九百七十五万英镑。修建一条与现有运河相同大小的新运河需要一千一百五十万英镑。扩建计划从一开始就得到了时任陆军部防御工事总监、陆军少将安德鲁·克拉克的支持[①]，同时得到了美国工程师的大力支持。

扩建计划以问卷形式被提交给九艘最大的、走苏伊士运河航线轮船的船长及二十五名领航员审阅并稍做修改后，最终被采纳了。当时，经行苏伊士运河吨位最大的轮船是半岛和东方蒸汽航运公司的"奥斯特拉尔"号，它长四百五十六英尺，横梁长四十八英尺，总吨位五千六百六十五吨，吃水更是达到二十七英尺。当时，苏伊士运河允许通行的船吃水深度仅二十四英尺又六英寸。下级委员会仔细检查了过往船航行及柽柳、芦苇等植物对护岸产生的影响，以及在各工程点上的最佳横截面类型，并目睹了电灯的试运行。

一艘蒸汽轮船需要依靠由一千六百个高十八英尺的蜡烛灯[②]及以五百米的间隔成对布置的多个照明浮标进行夜航。这些试验没有得出确切结果，也没有人敢冒险做出"五年内这些早期试验的结果实际上将使苏伊士运河的交通承载能力增加一倍"的预测。

关于运河应该扩建至多深存在一些分歧。查尔斯·奥古斯塔斯·哈特利认为应扩建至三十一英尺，即九点五米，供吃水二十八英尺的轮船航行；而全体英国代表强烈要求深度为九米，供吃水二十七英尺的船航行。下级委员会的多数代表的国家都没有庞大的商船队，他们觉得八米就够了。

深度的问题当然非常重要，因为宽度不足只要建让船处就可以解决。德国工程师特别强调了这个要求，因为德国船主使用的船的容量比英国的更大。最后，英国的观点占了上风。M.勒马松的计划和评估几乎被全盘接受[③]。

---

① 参见《休·奇尔德斯爵士传》第2卷，第154页。——原注
② 灯罩形似蜡烛火焰的电灯。——译者注
③ M.勒马松在埃及待了近三十年，最后在1894年被一名愤怒的工人刺杀。死后，职位被凯莱内克接替。——原注

1887年，国际咨询委员会改组为一个国际劳工协商协会，此后几乎每年都在巴黎举行会议，以记录该协会就所有关于改善苏伊士运河重要建议达成的协议。

从1885年起，吨税保持在每苏伊士运河吨九点五法郎。1886年萧条时期，苏伊士运河的红利下降到百分之十五后一直稳定增长，直到1901年达到预期的百分之二十五上限。此后，1902年和1903两年都达到了百分之二十五。因此，吨税下降至每吨八点五法郎并保持了三年，而苏伊士运河的红利提高到了百分之二十八点二。航运界再次爆发不满情绪。英国航运商会在其1905年报中指出：贵委员会在最近的三份年度报告中谈到与国际苏伊士运河公司在长期矛盾中所经历长期争论的不同阶段的三个问题，分别是：第一，对部分内部空间征收吨税的问题；第二，与国际苏伊士运河公司达成《伦敦协议》带来的不满；第三，在违反《伦敦协议》的情况下，国际苏伊士运河公司支付给股东的股息增加了。

这些船主向英国外交部提出上诉，经过长时间等待，终于收到了兰斯当侯爵亨利·佩蒂-菲茨莫里斯为代表的答复：《伦敦协议》的相关委员会已在1900年放弃了包括政府允许控制的范围在内的一切对吨税的控制。由于股东的反对，国际苏伊士运河公司百分之二十五的利润上限可能不复存在。然而，1884年，斐迪南·德·雷赛布就证明它不存在了，但英国船主确信该上限是存在的，并因发现这一利润上限被秘密放弃而震惊。然而，人们对国际苏伊士运河公司违背诺言的愤怒随着运河航运事业的不断蓬勃发展被淡忘了。

附件1（重印自1884年埃及文件 编号No.3 C.3850）

J.B.威斯特雷致格兰维尔伯爵格兰维尔·莱韦森-高尔（1883年12月1日收信）

东方贸易汽船主协会，伦敦芬丘奇街112号，1883年11月30日勋爵大人：

我承本会之前与您书信往来，恭敬地给您写下以下文字。

1883年10月30日，朱利安·庞斯富特爵士代表您给本会写信说，与其他公司相比，国际苏伊士运河公司在苏伊士地峡所在地执行的任何运河建设工程无疑都会便宜又迅速得多。因此，政府建议本会与国际苏伊士运河公司直接沟通，以确定英国的航运和商业通过该运河能获得多少必要的便利。如您所知，为了确定不同的运输和商业组织对苏伊士运河现在和将来的看法，斐迪南·德·雷赛布近期访问了英国。这些国际苏伊士运河公司的绅士与本会进行了几次面谈，详尽讨论了希望达成的决定。现在，我荣幸地通知阁下，本会委员会和斐迪南·德·雷赛布的儿子查尔斯·艾姆·德·雷赛布今天已经商定了未来关于苏伊士运河管理的某些条件，并特此将您所关心的细节副本随信呈交。您和英国政府将发现，就运输和商业利益而言，我们商定的条件可大幅减少国际苏伊士运河公司的收费，并且使英国董事在国际苏伊士运河公司董事会中的人数立即增加，此外，还制订了其他有价值的措施，尤其是在伦敦设立有办事处的股份公司。英国董事将在伦敦办事处设置商会咨询机构。

我谨代表协会，衷心希望英国政府将认为我们之间所达成的安排是令人满意的。

(签名) J.B.威斯特雷

苏伊士运河未来管理条件

1883年11月30日，在半岛和东方蒸汽航运公司办公室举行了一场会议，主要参会者有从事东方贸易的船主协会成员，由詹姆斯·莱恩主持。国际苏伊士运河公司管委会副主席查尔斯·艾姆·德·雷赛布一同出席，与会者各自发表了对苏伊士运河有关问题的看法，之后进行讨论并交换了意见，并同意以下十二条意见为苏伊士运河未来管理所需：

1.由于贸易事业的不断扩大，以及为避免船在地中海到红海间航行产生延误，国际苏伊士运河公司应充分扩建现有运河，或者另建一条新的，具体采取何种方法待定；应任命由工程师船主组成的委员会来决定应该采取何种方式进行扩建，其中英国工程师和船主至少要占委员会总人数的一半。

2.除英国政府指定的三名董事外，还要立刻从英国船主和商人中另选七人加入董事会。管委会为赋予这七位董事以现任董事所附的表决权，将建议股东修改公司章程，并同时将董事人数更改为三十二名。一旦所有必要手续完成，管委会将邀请这七名董事出席董事会会议。

3.国际苏伊士运河公司在伦敦要设一个办公室，以及一个由英国董事组成的咨询委员会。吨税的支付问题将在伦敦处理。

4.未来，国际苏伊士运河公司将在交通服务方面充分增加能用英语交流的职员人数。

5.1884年1月1日起，必须取消最后零点五法郎的附加税征收。

6.未来，国际苏伊士运河公司将承担一切因运河施工和发生事故而产生的所有费用。两船在通过苏伊士运河时发生的撞船事故，以及因过河船驶过——这种情况由肇事船负责赔偿——对船和运河其他设施造成损害的事件除外。

7.1884年7月1日起，国际苏伊士运河公司将免收导航费。

8.1885年1月1日起，国际苏伊士运河公司将以每次零点五法郎每吨的幅度下调吨税，从而将费用从十法郎下调至九点五法郎，并且如果1883年分配的股息达到并超过百分之十八的一半以上，则应从1885年1月1日起将吨税再降零点五法郎。此后，国际苏伊士运河公司将在每年1月1日与诸船主分成超出规定比例一半的利润。这笔钱无论超过以前与船主分成的利润多少，都将用于根据当年通过苏伊士运河船舶总吨位的实际情况落实吨税的减免政策。如果国际苏伊士运河公司1884年的账目显示利润率为百分之二十，则船主将有权从1886年1月1日开始享受除过去减免额度以外相当于公司净利润百分之一——约二百八十万法郎——的吨税减免。如果1885年国际苏伊士运河公司的利润率为百分之二十一，则应将1884年及1885年的利润率差额的一半，即百分之零点五，取整为一百四十万法郎用于自1887年1月1日起的吨税减免。这一减免流程将持续到利润率达到百分之二十五为止，而超过百分之二十五的部分将全部用于减少吨税，直到将吨税降至最低的五法郎为止。

9.在上述条款中，计算吨税减免的利润时，应先扣除支付给股东的百分之五分红。

10.对空载船将采取更大的吨税减免力度。

11.关于法定储备金，国际苏伊士运河公司理事会建议在存量达到五百万法郎后改从净利润中扣除。当前储备金提出额度为百分之五，改从净利润中提取后最高不应超过百分之三。

12.上述为降低吨税进行安排的计算是基于国际苏伊士运河公司目前的两亿法郎资本进行的。如果这一资本金额发生变化，则应相应调整吨税减少的计算基础，以免对吨税降低造成消极影响。

(签名)詹姆斯·莱恩(主席)；

托马斯·萨瑟兰(半岛和东方蒸汽航运公司主席)；

威廉·麦金农(英国印度蒸汽航运公司主席)；

J.G.S.安德森（东方蒸汽航运有限公司）；

J.B.威斯特雷（东方贸易汽船主协会名誉秘书长，受委托代表各城、议会、村、山谷地区、郡及公爵领地）；

约翰·格洛弗；R.S.唐金；

查尔斯·艾姆·德·雷赛布

查尔斯·艾姆·德·雷赛布同意了以上要点，委员会认为，英国政府持有的股份在股东会议上应该实现充分的表决权，但查尔斯·艾姆·德·雷赛布从法律的角度对这一观点持保留意见。关于国际苏伊士运河公司的组成原则，查尔斯·艾姆·德·雷赛布回答说自己无权分享相关内容。

格兰维尔伯爵格兰维尔·莱韦森-高尔致国际苏伊士运河公司诸英国董事的信

1884年1月15日，英国外交部致诸董事：

政府已审议了1883年11月30日对东方贸易汽船主协会与查尔斯·艾姆·德·雷赛布就苏伊士运河未来管理达成的协议草案。

协议共计十二条，如果执行，无疑将为英国的航运和商业带来巨大利益。

然而，就第一条"组织一个就改进苏伊士运河交通所必需的改进向国际苏伊士运河公司提出建议的委员会"一事，政府认为，应由政府推荐具有丰富运河航行经验的专家担任委员。

政府认为，第三条中的"伦敦咨询委员会"应该包含英国政府任命的三名董事。

作为国际苏伊士运河公司的股东，政府非常重视这份协议，认为它可以令人满意地解决国际苏伊士运河公司与客户之间的分歧。只要按要求修改上述两点,就赞成拟采取的计划,以消除已经出现的分歧,确保苏伊士运河的发展对世界贸易有利。

我授权你将本文件的副本呈交斐迪南·德·雷赛布。

(签名)艾尔·格兰维尔

附件B:1883年关于苏伊士运河的公众言论汇总[①]

(1883年5月13日·法国)在国际苏伊士运河公司的年度宴会上,斐迪南·德·雷赛布说不必担心第二条运河的事。船主们在坎农街酒店举行"修建第二条苏伊士运河"的会议,并通过该决定。《泰晤士报》发表社论并做了预测。

(1833年5月22日·关于拟建的第二条苏伊士运河)埃及司法委员会发表文章。

(1883年5月24日)《泰晤士报》发表关于埃及社论。

(1883年6月2日)荷兰船主开会,表示对斐迪南·德·雷赛布及其苏伊士运河政策有信心。

(1883年6月5日·法国)国际苏伊士运河公司在巴黎召开年会。斐迪南·德·雷赛布讲话,并大致回顾了一年公司的发展状况。

(1883年6月6日·苏伊士运河)船主致格兰维尔伯爵格兰维尔·莱韦森-高尔的备忘录发布。

(1883年7月10日)《泰晤士报》发表关于苏伊士运河社论。

(1883年7月12日)《泰晤士报》发表关于苏伊士运河社论。

---

① 摘自1883年《泰晤士报》。——原注

（1883年7月13日）苏伊士运河董事批准了新运河的建设安排。第二届苏伊士运河工业代表大会在奥尔德盖特举行。当地同时开展商人和船主会议，以及伦敦商会理事会会议。《泰晤士报》发表关于苏伊士运河社论。

（1883年7月14日·英国下议院）早会上提出了很多关于新苏伊士运河的问题，对此，公众强烈反对。商人们在劳埃德银行开会。休·奇尔德斯成为相关商会的代表。《泰晤士报》发表关于苏伊士运河社论。

（1883年7月16日）《泰晤士报》发表关于英国政府及苏伊士运河社论。

（1883年7月17日·土耳其）"高门"强势宣布没有自己的同意，不允许对苏伊士运河做任何变动。英国下议院问了许多关于新运河计划的问题，但政府大多都拒绝立刻回答。

（1883年7月18日·英国议会上院）在讨论了几个问题后，格兰维尔伯爵格兰维尔·莱韦森–高尔评论了苏伊士运河谈判一事。索尔兹伯里侯爵罗伯特·加斯科因–塞西尔和大不列颠大法官也发言了。

（1883年7月19日·苏伊士运河）英国商会开会，决定对暂行协议进行指责。

（1883年7月20日·英国下议院）又有几个与苏伊士运河有关的问题被问到。《泰晤士报》发表关于政府和相关会议的社论。

（1883年7月21日·法国）国际苏伊士运河公司管委会召开特别会议。

（1883年7月23日·埃及）罗伊尔对国际苏伊士运河公司提起公诉。《泰晤士报》发表有关苏伊士运河暂行协议的社论。

（1883年7月24日·英国议会上院）格兰维尔伯爵格兰维尔·莱韦森–高尔宣布放弃苏伊士运河暂行协议。在英国下议院，威廉·尤尔特·格拉德斯通就暂行协议一事做了陈述。《泰晤士报》发表了有关暂行协议的社论。

（1883年7月25日·英国下议院）几个有关苏伊士运河谈判的问题被问到。《泰晤士报》发表关于政府及苏伊士运河问题的社论。

（1883年7月26日）在朴次茅斯，吉布森发表关于苏伊士运河问题的演说。《泰晤士报》发表关于英国政府与埃及和苏伊士运河的社论。

（1883年7月27日）《泰晤士报》发表了一篇关于苏伊士运河问题的社论。

（1883年7月31日·法国）斐迪南·德·雷赛布接受了费里的长篇访谈。就斯塔福德·诺思科特爵士对苏伊士运河采取举措的议案，英国下议院进行了辩论。威廉·尤尔特·格拉德斯通、T.C.布鲁斯、霍勒斯·戴维及哈丁·吉法德等人先后发言。谈判的结果是，二百八十二票赞成对一百八十三票反对通过诺伍德所做的修正。凌晨4时40分，议会休会。《泰晤士报》发表关于议会辩论的社论。

（1883年8月4日·英国议会上院）德拉瓦尔伯爵雷金纳德·萨克维尔支持修建新运河的方案。

（1883年8月7日·英国议会上院）斯特拉思登勋爵重温了苏伊士运河问题，并着手准备文件。格兰维尔伯爵格兰维尔·莱韦森–高尔做了回应。在下议院，威廉·尤尔特·格拉德斯通就占领埃及问题做了长篇回答。《泰晤士报》就英国和埃及发表社论。

（1883年8月8日·法国）法国媒体批评英国对埃及的统治。

（1883年8月9日·法国）国际苏伊士运河公司召开月会。斐迪南·德·雷赛布和三位英国董事出席。

（1883年9月12日）《泰晤士报》就埃及发表社论。

（1883年9月20日）《泰晤士报》就苏伊士运河发表社论。

（1883年9月27日）《泰晤士报》就埃及发表社论。

（1883年10月4日）联合商会秋季会议在德比开幕,商会做了关于苏伊士运河问题的讨论。

（1883年10月10日）《泰晤士报》就埃及发表社论。

（1883年10月12日）莱昂内·利瓦伊教授在国王学院就苏伊士运河和英吉利海峡隧道做了一个讲座。

（1883年11月6日）《泰晤士报》就斐迪南·德·雷赛布访问英国发表社论。

（1883年11月10日）在会馆的晚宴上威廉·沃丁顿、威廉·尤尔特·格拉德斯通和斐迪南·德·雷赛布发言。《泰晤士报》就晚宴及晚宴上的法国人发表社论。

莱昂内·利瓦伊

（1883年11月15日）英国海事局灯塔与引航公会接待了约瑟夫·张伯伦和斐迪南·德·雷赛布。《泰晤士报》就灯塔与引航公会举办的接待宴会发表社论。

（1883年11月16日）斐迪南·德·雷赛布访问利物浦。

（1883年11月17日）在一次会见利物浦商人时，斐迪南·德·雷赛布做了关于苏伊士运河的演讲。《泰晤士报》就苏伊士运河问题发表社论。

（1883年11月19日·埃及）埃及政府照会英国政府，主张自己有权在围绕苏伊士运河进行谈判时发表对自己权利的声索。在曼彻斯特关于苏伊士运河问题的会议上，斐迪南·德·雷赛布做讲话，市长举办招待斐迪南·德·雷赛布的午餐会。

（1883年11月30日）斐迪南·德·雷赛布与儿子们一起访问了纽卡斯尔。

（1883年11月21日）在纽卡斯尔商会的一次会议上讲话，斐迪南·德·雷赛布还提到了午餐会，并觉得自己受宠若惊。《泰晤士报》发表关于斐迪南·德·雷赛布的社论。

（1883年11月22日）在贾罗，斐迪南·德·雷赛布受邀于宴会上发表演讲。

（1883年11月25日）斐迪南·德·雷赛布就苏伊士运河问题接受伦敦商会访谈。

（1883年11月26日）船主协会就苏伊士运河扩建计划召开会议。威廉·沃丁顿和斐迪南·德·雷赛布讲话。诺斯布鲁克伯爵托马斯·巴林向陆路交通的先驱托马斯·弗莱彻·韦格霍恩致敬。《泰晤士报》就埃及局势发表社论。

（1883年11月30日）查尔斯·艾姆·德·雷赛布就苏伊士运河问题与船主协会长谈。

（1883年12月1日）在会议中，查尔斯·艾姆·德·雷赛布与船主协会就苏伊士运河的未来管理问题达成协议。《泰晤士报》就苏伊士运河问题发表社论。

（1883年12月4日·法国）斐迪南·德·雷赛布收到一个装着炸弹的包裹；因及时收到警报，索性无人受伤。

（1883年12月12日）英国北部蒸汽船主协会拒绝接受先前在伦敦达成的、关于苏伊士运河的协议。

（1883年12月13日）《泰晤士报》发表有关埃及的社论。

（1883年12月15日）《泰晤士报》发表有关埃及问题的社论。

（1883年12月19日）勋爵在爱丁堡的一次演说中，伦道夫·丘吉尔勋爵攻击了政府对埃及的政策。

（1883年12月21日）《泰晤士报》否定了英国政府要在埃及增兵的说法。

（1883年12月22日）运输船身商会通过了谴责先前在伦敦达成、关于苏伊士运河协议的决议。

（1883年12月24日）《泰晤士报》发表关于埃及问题的社论。

第 6 章

苏伊士运河的中立化

精彩看点

苏伊士运河中立化的缘起——条款定义——中立状态——克莱门斯·冯·梅特涅和斐迪南·德·雷赛布的建议——1882年事件——拟在开罗举行的会议——《君士坦丁堡公约》——1904年公约经受检验——1906年英国和法国的协议

19世纪,西方各国政府的民主化使政治家和公众人物为了赢得民众的认可,在概括其政策措施时宁求口号本身朗朗上口也不一定内容清晰明了。如果可以设计并推广一个"名言警句"般的标签,那么竞选就成功了一半。"neutralization(中立化)"作为一条"名言警句"一直流行到20世纪30年代,如果用在苏伊士运河上,这个词语的含义宽泛,既可以掩盖某些政治家不欲人知的实情,又可以将许多谬论"包装"成真理。

在《苏伊士运河》中,查尔斯·W.霍伯格对本章主题的分析既全面又清晰,他认为,是克莱门斯·冯·梅特涅最先提出了"中立化"苏伊士运河的想法。1838年,克莱门斯·冯·梅特涅的建议被提交给穆罕默德·阿里帕夏,并最终在1841年定形。1797年,"中立化"这个词第一次以法语形式出现,直到1875年才在英语里有了政治意义。"中立化"的定义很重要。克罗默伯爵伊夫林·巴林[①]写道:"格兰维尔伯爵格兰维尔·莱韦森-高尔很担心,唯恐仅用'中立化'会使自己的措辞让人误解。"因此,格兰维尔伯爵格兰维尔·莱韦森-高尔谨慎指出,在处理运河中立化问题时,应避免使用"自由"或"自由航行"等字眼——这样的谨慎值得被赞扬。

---

① 克罗默伯爵伊夫林·巴林(1841—1917),英国政治家、外交家,1883年到1907年是英国驻埃及代表和总领事。——译者注

中立地位并非单方面宣称就能算数,只能由国际协议授予。第二特权法案第十四条将苏伊士运河始终作为中立通道开放的规定本身不具有司法效力。

1856年,在一次于巴黎举办的国际会议上,斐迪南·德·雷赛布建议与会海洋强国共同保证苏伊士运河中立,并同意不得在运河区域或两端的四法里距离内扣押任何船,并且外国军队不得不经埃及政府同意就在苏伊士运河河岸驻扎。然而,方案遭克拉伦登伯爵乔治·维利尔斯反对,因此,方案被放弃。

于是,克莱门斯·冯·梅特涅提出,由埃及总督穆罕默德·赛义德帕夏亲自提议,在君士坦丁堡召开一次议定运河中立性的会议。穆罕默德·赛义德帕夏认为这个建议有损埃及利益,不愿接受。八年后,斐迪南·德·雷赛布重新掌权,并建议如要制订国际协议,应当包含下列条款:第一,宣布苏伊士运河完全中立,以及确保所有商船任何时候都享有航行自由;第二,除非埃及政府特批,否则禁止军舰通过苏伊士运河;第三,禁止运兵船穿越苏伊士运河并在苏伊士地峡命令士兵登陆,也不准国际苏伊士运河公司修建任何防御设施。

斐迪南·德·雷赛布最早提出建议时没有得到任何回应。但在1869年及1870年普法战争期间,法国政府在开罗召开国际贸易大会时再次提出这项建议。英国海军部也相信有必要就此事达成国际中立协议[①]。即便如此,也没有国家或组织对此采取实际行动。

1873年12月14日,在君士坦丁堡召开的讨论吨位问题的会议通过了一项宣言,承认军舰和军用运输船有权使用苏伊士运河,但没有讨论一旦奥斯曼帝国参与战争,商船该怎么办的情况。不过,会议原则上同意"全欧洲都应该保护苏伊士运河"。然而,这离"中立化"还很远。1877年,俄罗斯帝国和奥斯曼帝国爆发了战争[②]。既然苏伊士地峡是奥斯曼帝国领土,作为交战国的军队,俄

---

① 引起英国海洋军事部焦虑的原因是法国战舰在苏伊士运河入口处出现。——原注
② 史称"俄土战争",指俄罗斯帝国及其后继者和奥斯曼帝国之间爆发的一系列战争。第一次俄土战争从1676年持续到1681年,但关于"最后一次"是哪一次有争议。有学者认为应该是指1877年到1878年的第十次战争,另一些学者认为20世纪20年代外国势力干涉俄国十月革命的军事行动是最后一次,因为奥斯曼帝国为这些干涉势力提供了后勤服务。——译者注

军的登陆在法律上是合理的。德比伯爵爱德华·斯坦利警告俄罗斯帝国,交战方任何封锁或干涉苏伊士运河的尝试都与英国政府维持苏伊士运河被动中立的态度相冲突。俄罗斯帝国政府做出了符合英国政府设想的承诺,但这不代表运河中立化问题得到彻底解决。1878年和1879年,国际法学会敦促"应该通过国际法使商船在苏伊士运河的航行免受战争影响"。然而,还是没有人在这方面做过实事。

1882年,艾哈迈德·奥拉比起义反对埃及赫迪夫陶菲克帕夏,这威胁了苏伊士运河的安全。在泰勒凯比尔战役前的一段时间,英国指挥官加尼特·沃尔斯利将苏伊士运河作为军事行动基地。英军在苏伊士和塞得港登陆。强大

加尼特·沃尔斯利

第6章 苏伊士运河的中立化 163

的英国海军部队由海军上将休伊特指挥,驻守在塞得港。坎塔拉、伊斯梅利亚和苏伊士运河上的其他站点全被占领,准备进入苏伊士运河的所有船均被拦下——不但苏伊士运河无法进入,就连铁路和电报线全部被封锁。这样一来,英国"占领"了苏伊士运河三天时间。根据陶菲克帕夏1882年8月15日的命令,斐迪南·德·雷赛布让运河工作人员撤离岗位,承认"军事占领是为了在埃及重建秩序,并授权英军占领所有必要位置"。英军得以占领苏伊士运河,保证了泰勒凯比尔战役及整场英埃战争的结束。后来,斐迪南·德·雷赛布提出抗议,但没有成功。这是因为,斐迪南·德·雷赛布不过是受埃及当局管辖的"mandataire(代理人)",而英军实际上是为埃及当局的利益——还是应了埃及当局的邀请——而驻扎埃及的。1883年,在和欧洲大陆的几个主要大国进行了初步对话后,英国政府提出了几条要求:第一,苏伊士运河应在任何状况下允许任何船通行;第二,战争时期,应当确定交战各方在运河区派驻战舰的期限,而军队和军需品不得在运河区上岸;第三,奥斯曼帝国即便是参战方,也不许在运河区、其通道及埃及领海进行敌对行动;第四,在埃及执行必要自卫手段时,第二条和第三条不适用;第五,任何国家的军舰对苏伊士运河造成任何损害,都必须承担即时抢修所需费用;第六,埃及应尽全力确保战时军舰的通行规则得到落实;第七,不管是国际苏伊士运河公司还是埃及当局都不许在苏伊士运河区修建防御设施;第八,除另有明文规定之外,本协议的任何内容均不得被视为对埃及领土主权的进一步影响或削弱。

这八条内容提出两年,并没有得到有效落实。1885年2月,法国政府提议在开罗召开一次会议。格兰维尔伯爵格兰维尔·莱韦森-高尔认为法国政府提议的会议很"多余",不过还是同意专家委员会根据通函起草一份协议。英国派朱利安·庞斯富特爵士和查尔斯·里弗斯·威尔逊爵士赴会。两人认为,格兰维尔伯爵格兰维尔·莱韦森-高尔的通函是进行会议的唯一基础。在俄罗斯帝国和德国的支持下,法国代表向国际委员会提出了一项能确保保护苏伊士运河的替代方案——这实际上是一种将苏伊士运河国际化的方法。

朱利安·庞斯富特爵士

会议持续了十个星期，留下了三百多页纸的记录；直到1885年6月13日结束时，会议还未能达成一致意见。然而，一项英国代表团一致持保留意见的条约草案被起草完成。至于草案规定的适用范围，只要这些规定不符合埃及目前暂时且特殊的情况，并可能在英国占领埃及期间限制英国政府的行动自由，英国政府便不同意。

几天后，英国威廉·尤尔特·格拉德斯通内阁下台，"运河中立"一事被暂时搁置。直到1887年，亨利·德拉蒙德·沃尔夫爵士才在君士坦丁堡提出了运河自由航行的问题，并且起草了一份体现两年前朱利安·庞斯富特爵士所持观点的公约。由于一些大国强烈抗议，奥斯曼帝国苏丹阿卜杜勒·哈米德二世未批准该公约。然而，索尔兹伯里侯爵罗伯特·加斯科因-塞西尔重新掌权。经过长时间谈判，1888年10月29日，索尔兹伯里侯爵罗伯特·加斯科因-塞西尔在君士坦丁堡签署了《君士坦丁堡公约》。但《君士坦丁堡公约》有一项附带条款，那就是在英国占领埃及期间不会生效。

这并不是"中立化"，实际上是"普及化"。《君士坦丁堡公约》虽然禁止在规定水域内采取敌对行动，但将苏伊士运河作为所有交战方都可用的"走廊"，仍由一个大国保护——就像美国控制巴拿马运河，并且该大国比其他国家更希望苏伊士运河保持开放。1904年，英国的态度迎来了首次严峻考验。当时，俄罗斯帝国军舰在与当时英国盟友日本作战的途中穿过苏伊士运河，其中一艘俄罗斯帝国战舰违反了《埃及关于交战国军舰在苏伊士运河载煤规定》。这简直就是"例外证明法则"[①]，而英国采取的消极态度坐实了俄罗斯帝国军舰"例外证明法则"的性质。

直到1904年4月8日，英国和法国协定签署后，此事才得到进一步解决。在设在开罗的国际委员会的监督下，英国同意执行1888年《君士坦丁堡公约》，

---

① 正如"无邪恶，也就不成正义；无战争，也就没有和平"一样，"规则"与"例外"同样也是相对而生的概念。作者认为，俄罗斯帝国军舰的行为被认定为"例外"，虽然是不遵守规则，可恰也说明规则的存在。——译者注

亨利·德拉蒙德·沃尔夫爵士

阿卜杜勒·哈米德二世

有关细则摘录如下:"为了确保苏伊士运河的自由通行,英国政府宣布将遵守1888年10月29日签署的公约的规定,并同意其生效。这就保证了运河的自由通行,该公约第一款最后一句及第八条第二款将继续暂停执行。"

克罗默伯爵伊夫林·巴林补充道:"日俄战争时,《君士坦丁堡公约》的实效性得到了检验,总体而言效果不错。然而,在战争状况下,这类公约常会出现许多细节问题。这意味着公约的措辞需要细化。希望有机会根据目前积累的经验,修订现行公约。"

克罗默伯爵伊夫林·巴林

阿尔赫西拉斯会议

英国于1904年加入《君士坦丁堡公约》对自己在苏伊士运河或埃及的地位没有任何实质性影响,而1888年《君士坦丁堡公约》第九条赋予埃及政府采取必要措施以确保执行该公约的权力,也势必导致英国出面履行该义务。这与美国政府和巴拿马运河的关系有一点点不同。况且,在和平时期的实践中,《君士坦丁堡公约》第九条并不引人注目,几乎"察觉不到"。

1906年1月,阿尔赫西拉斯会议召开——这是一件好事。然而,不久,一场严重的危机发生了。H.H.阿斯奎思内阁不得不向在亚喀巴湾中占领要地的土耳其政府示威①。英国内阁采取了迅速、有武力威胁的和高效的措施,使问题得以早日解决——如今,埃及东部边界就是沿袭当时方针的产物。斯彭德写道:"内阁的某些成员对同僚的话可能持怀疑态度……但在涉及阿卜杜勒·哈米德二世的问题上都一致同意武力威胁才是正确的解决措施。"在解决1914年事务上,英国借鉴了1907年的经验。阿卜杜勒·哈米德二世肉身虽死,但精神永存。特里维廉说:"武力不是解决办法。"但莱尔评论说:"如果特里维廉住在东方就会知道,武力有时是唯一的解决办法。"

---

① 通过占领这里,土耳其可以把边境扩展到苏伊士运河东岸。——原注

第 7 章

1889年到1914年苏伊士运河情况及1910年关于延长特许权的尝试

精彩看点

运河事业欣欣向荣——运河交通量增加——申请特许权延期——埃尔登·戈斯特爵士的观点和态度——埃及国民议会的讨论——布特罗斯·加利帕夏遇刺——国民议会建议拒绝延期——关于报告的讨论——萨阿德·扎格卢勒帕夏的观点——伊斯梅尔·西德基帕夏的支持——对埃及政府建议的拒绝——对英国的敌意——英国下议院的讨论——G.J.桑兹——爱德华·格雷爵士——英国政府的尴尬处境

1888年签订的《君士坦丁堡公约》解决了苏伊士运河面临的各种外交难题，而创造这些外交难题的国际苏伊士运河公司几乎不受影响，事业继续欣欣向荣。1881年，苏伊士运河客运量达到了九万人次；此间虽有较大波动，但总体而言，1889年客运量增加一倍，1911年增加两倍。1881年，有两千七百二十七艘船通过苏伊士运河，这个数字在1912年翻了一番，为五千三百七十三艘。也是在1912年，通过苏伊士运河的船舶总净吨位从1881年的五百七十五万吨增长到两千零二十五万吨。1881年到1885年这五年中，英国船平均每年通过苏伊士运河的总吨位占全球船通过苏伊士运河吨位的比例约为百分之七十八点六。此后该比例缓慢回落，1912年下降到百分之六十五。德国以二百七十五万吨位居第二——英国通过总吨位仍是德国的四倍，荷兰以一百二十五万吨位居第三，法国则以八十万吨位居第四。不过，1875年到1905年，英国新增通过苏伊士运河船舶的吨位，比所有其他国家通过吨位加起来还多百分之三十七。1908年到1913年，英国船前往澳大利亚和新西兰的数量增长了一倍多，在1913年达到了通过苏伊士运河船数量的近百分之十。不过，从1908年起，从澳大利亚和新西兰开往欧洲的船的数量往往比从欧洲开往澳大利亚和新西兰的船多出两倍多——还处于继续增加的趋势，并且从欧洲到澳大利亚的外运船的百分之七十五现在走好望角航线。虽然多走一千英里，但成本远比"抄近路"——苏伊士运河——的吨税负担小。

本章所述内容的时代,是世界上几乎每个国家商业都日益繁荣的时期。国际苏伊士运河公司的总收入从1881年的五千五百万法郎增加到1912年的近一点四亿法郎。过去每股五百法郎的股票市场价从1881年的每股约两千法郎上升到了1891年的两千六百法郎。1901年,每股单价上升到三千七百法郎,1912年更是上升到六千一百法郎。同时,国际苏伊士运河公司大大改善了运河设施,将运河加宽、加深,并提高了通行效率。私人承包的企业提供了大部分高效的燃料加注和维修服务。运河经营状况改善,也鼓励船主参与苏伊士运河的经营,从中获得部分间接利益。不管是政府任命,还是由伦敦咨询委员会提名,国际苏伊士运河公司董事会中英国董事都随着薪资的增加而变得越来越不负责任。约翰·斯托克斯爵士和英国驻亚历山大港前总领事查尔斯·里弗斯·威尔逊爵士被英国财政部的人(或者说,在商业上代表英国的董事)给接替了——这些人地位更显赫,才能却不那么突出。每当英国前任董事因过世而造成职务空缺时,当时的英国政府就提名一些早年有政绩的老人顶上[①],也为这些人提供一笔可观的养老金。

1909年,国际苏伊士运河公司向埃及政府申请将其特权法案有效期再延长四十年,即从1968年延长至2008年。在最终送交埃及政府的提案[②]中,国际苏伊士运河公司开出了这样的条件:公司支付四百万英镑,埃及政府享有的收入分成从1922年的百分之四增加到1961年的百分之十二,并从1968年开始可以和国际苏伊士运河公司平均分配利润;此外,埃及政府最多可提名三名董事加入董事会。

这样的条件肯定对埃及有利,但国际苏伊士运河公司无疑赚得更多。国际苏伊士运河公司可以任意收取吨税,另加总计不超过十法郎的导航费及其他附加税。斐迪南·德·雷赛布及创始人的后代有权保留运河利润的百分之十,而董事会应得到利润的百分之二。由于董事会只增加了三名埃及人,每位董事分

---

① 请参见本章附录2。——原注
② 特权法案草案及其所附照会被提交给埃及国民,本章附录1有收录。——原注

到的具体金额不会出现显著减少。特权法案文本应该不加修正地被续签,尽管经过四十多年,该文本不管是形式还是实质难免存在缺陷和模棱两可,在许多方面已经过时。然而,国际苏伊士运河公司实际上并没有对公司的章程按普遍接受的模式修改,也没有尝试根据现代条件来界定自己的责任、义务和豁免范围。根据特权法案,国际苏伊士运河公司从1854年开始在运河区拥有领地权,可以百分之百保留通过提供服务获取的收益并不受侵犯,直到1968年特权法案到期。这笔收益到底有多少,具体数字没有被公开过。人们既无法从已发布的数字中查找到,也没有听到官方讨论过。

各海洋大国似乎尚未意识到问题的严重性。据了解,当续约的要求首次在1909年被提出时,这些海洋大国并没有对英国或埃及政府表态。1909年11月4日,英国外交大臣爱德华·格雷爵士在议会发布了"国际苏伊士运河公司即将向埃及国民议会提交延长特许权的申请,同时现在不建议就此问题做任何讨

爱德华·格雷爵士

论"的消息。1909年11月25日,爱德华·格雷爵士还是坚决拒绝进行讨论,哪怕国际苏伊士运河公司已经把提案呈交埃及国民议会,并因"该问题不在英国控制范围内"而不对此事做研究。尽管英国驻开罗总领事埃尔登·戈斯特爵士将续约称为"对现在的埃及人和他们未来子孙后代非常重要"的事,但让使用苏伊士运河船吨位占使用总吨位百分之七十的国家的下议院代表埃及在埃及国民议会做出决定后再发表意见是不合适的——那时就是"马后炮"了。这时,埃及国内的直接利益在续约事宜方面将起到关键作用。

1910年2月9日上午,国际苏伊士运河公司的续约提案由阿巴斯·希勒米帕夏呈交埃及国民议会第二次会议,随案附上一份解释性备忘录[①],标记了埃及政府提出勘正并被国际苏伊士运河公司接受的地方。

埃尔登·戈斯特爵士

---

① 参见本章附录。由于英国顾问的照会涉密,故本书没有收录。——原注

这些包括一份长篇解释性备忘录的文件表达了埃及从苏伊士运河最终获取的利益及运河本身潜在价值或会被以下因素影响的担忧：第一，遵守承诺，将吨税降低至五法郎（然而，这样的句子在续约提案正文里没有出现）；第二，国际苏伊士运河公司在特权法案到期前就急于续约的已知原因是一旦续约提案没能达成共识，就破坏埃及政府的利益；第三，和巴拿马运河竞争；[①]第四，苏伊士运河的重要性因科技手段的进步与人们交通方式的创新而降低[②]；第五，埃及政府一旦收回苏伊士运河，就可能会被迫允许船免费，或以更低的吨税价格通过苏伊士运河。

　　无疑，如果用批判的眼光审视续约提案开出的条件，它们无论能带来多么丰厚的经济利益，最后都会被粗鲁地否决。

　　阿巴斯·希勒米帕夏建议应该接受续约提案，并说自己观察到，国民议会的召开纯粹是为考虑这项提案是否该被接受。虽然续约问题没到必须应提交国民议会征求意见的程度，但由于这一问题对现在和未来的埃及人特别重要，大臣会议决定听从由保罗·哈维爵士率领的财政顾问的意见，在国民议会议准前不批准续约提案。

　　之后，在国民议会主席、代表及叔叔侯赛因·卡迈勒[③]的欢呼声中，阿巴斯·希勒米帕夏离开了会议厅。国民议会休会到下午。穆罕默德·沙瓦尔比帕夏和阿明·沙姆西帕夏要求任命一个委员会[④]研究该提案。此外，阿卜杜·拉蒂夫·贝·斯法尼建议将讨论暂停至第二天。随后，这一建议被批准。

[①] 参见本书第10章。——原注
[②] 1903年，第一架有动力的飞机试飞成功，并在不久后的第一次世界大战中起到了重要作用。——译者注
[③] 苏丹，1918年过世。——原注
[④] 委员会共有十九人（以下四人辞职：穆罕默德·艾卢伊帕夏、艾哈迈德·阿菲菲帕夏、摩尔科斯·塞麦加·贝帕夏、图勒巴·赛迪帕夏）；（主席）伊斯梅尔·阿巴扎帕夏、哈桑·马德库尔帕夏、易卜拉欣·穆拉德帕夏、马哈茂德·苏莱曼帕夏、艾哈迈德·叶海亚帕夏、阿里·沙拉维帕夏、马哈茂德·贝·阿布德·加法尔、哈桑·贝·巴克里、法萨拉·巴拉卡特·贝帕夏、阿卜杜勒·拉蒂夫-斯法尼·贝·贾德、穆斯塔法·贝·萨阿德、马克拉姆·迪亚卜·艾芬迪、穆罕默德·塞利姆、阿明·贝·阿里夫和伊斯梅尔·艾芬迪·克里姆。——原注

1910年2月10日,关于续约提案的辩论由阿明·沙姆西帕夏恢复。起初,阿明·沙姆西帕夏的演讲对续约提案不利。不过,他被迫缩短演讲时间。国民议会又任命了一个审议阿巴斯·希勒米帕夏呈交提案的委员会。

伊斯梅尔·阿巴扎帕夏提问,国民议会就此事做出的判断是决定还是建议?埃及总理布特罗斯·加利帕夏以政府不能妄议赫迪夫演说为由搪塞过去。后来,虽然受到阿卜杜·拉蒂夫·贝·斯法尼和伊斯梅尔·阿巴扎帕夏逼问,布特罗斯·加利帕夏依然拒绝回答。在国民会议上,关于续约提案的辩论持续了一个多小时。最后,议会主席宣布休会。在1910年2月21日讨论恢复前,准备上马

阿巴斯·希勒米帕夏

布特罗斯·加利帕夏

车的布特罗斯·加利帕夏在司法部的台阶上遇刺[①]。刺杀行动是一次纯粹的政治事件。刺客是个年轻的埃及人,深受开罗媒体反对"为国际苏伊士运河公司的利益而卖国"引起的暴力袭击的影响。这个刚刚在伦敦修完一门医学课程的埃及人,受上级长官直接指示而行事,主谋没被抓住。布特罗斯·加利帕夏是一位正直干练、为埃及利益奋斗的埃及人,还是个科普特基督教教徒。因此,作为政府首领,再加上英国顾问一致提出"接受续约"的建议,他自然成为众

---

① 本书原编者对此处出现的两个错误进行了勘正:第一,布特罗斯·加利帕夏是在1910年2月20日于外交部的门口被刺杀;第二,布特罗斯·加利帕夏并非因后文中"克罗默伯爵伊夫林·巴林逼迫"才进入特别法庭,其实是因为遵守阿巴斯·希勒米帕夏的命令,并且他从1867年到1903年在埃及司法部工作,是有相关经验的。——原注

矢之的。何况完全没有司法经验的布特罗斯·加利帕夏还在1906年被克罗默伯爵伊夫林·巴林逼迫担任"丹沙维案[①]"的特别法庭成员。

当然,将这一续约提案提交埃及国民议会的决定(布特罗斯·加利帕夏因此被刺杀)是埃尔登·戈斯特爵士做出的。他错判埃及国民议会可能出现的态度,并高估了赫迪夫及大臣的影响力。如果由克罗默伯爵伊夫林·巴林做决策,几乎不会陷入这样的困境。克罗默伯爵伊夫林·巴林会像提议改革领事裁判权条约时一样警觉反对派的力量,并因此放弃计划。

1910年3月15日,委员会向国民议会提交了"建议根据以下理由拒绝续约"的报告:

第一,国际苏伊士运河公司应等自己的所有股东批准方案后才呈送埃及国民议会。

第二,国民议会没有修改特权法案有效期的权力。

第三,埃及会因此损失一点三亿英镑,甚至更多。

第四,政府对"新的科学手段和发现"及"新的交通方式及陆路交通"的担心没有充分依据。况且现在拒绝,国际苏伊士运河公司将来可能会提供更好的续约条件。

第五,考虑到交易以现金付款方式进行,而目前埃及财政没有这方面的紧迫需要,因此不需要续约——续约是拿埃及的未来作抵押,要贻害子孙的。

第六,国际苏伊士运河公司在提案中没有提出关于财务控制的条款。

1910年4月4日,埃及国民议会召开,接受并审阅了这份续约申请。旁听的位置座无虚席。所有大臣都出席了,萨阿德·扎格卢勒帕夏的弟弟艾哈迈德·法特希·扎格卢勒帕夏、伊斯梅尔·西德基帕夏这两位副部长级高官坐在后排。续约一事引起了埃及民众的关注,人群聚集起来,等着看这个国家主要政治首脑的到来。

---

① 指英军士兵1906年在丹沙维村制造屠杀的事件。该事件激起了埃及的反英浪潮。——译者注

新任埃及总理穆罕默德·赛义德帕夏[①]首先概述了经认真研究后政府修改续约条款的情况，并且表达了虽然在法律上没有必要，但在做出决定前希望征求国民议会的意见的希望。埃及国民议会听取了财务顾问关于续约问题的提议和备忘录，并任命了一个已经对续约情况比较了解的委员会。埃及政府在报告中提出了一些建议。埃及总理穆罕默德·赛义德帕夏认为这些建议值得国民议会加以审议，并在最后宣布，这将是第一次以国民议会的决定作为埃及最后和有约束力的决定。此话一出，全场热烈鼓掌。

埃及司法部部长萨阿德·扎格卢勒帕夏支持该计划。萨阿德·扎格卢勒帕夏详细介绍了备忘录，强调续约纯粹是出于经济目的而非政治目的，并不代表

萨阿德·扎格卢勒帕夏

① 穆罕默德·赛义德帕夏（1863—1928），1910年到1914年任埃及总理。——译者注

埃及将损失苏伊士运河，对现有租期的增加绝不会影响埃及未来对苏伊士运河的主权地位。接着，萨阿德·扎格卢勒帕夏对委员会的报告详加评述。他连讲了一个小时，有些疲惫，并请同事伊斯梅尔·西里帕夏基于备忘录继续宣读自己的一部分评述。过了一段时间，萨阿德·扎格卢勒帕夏重回讲坛，花了很长时间解释苏伊士运河一旦复归埃及将极有可能被迫免费开放，除非由商业公司负责行政管理，否则大国是不可能继续以足以产生大量商业利润的金额缴纳吨税的。为了续约，国际苏伊士运河公司将支付大量现金。埃及可以把这笔钱用于各种项目。至此，伊斯梅尔·西里帕夏朗读了一份涉及一千六百万英镑的灌溉和排水计划。如果计划成功，埃及就能开垦一百六十万英亩的沙漠或湖泊。

在陈述的最后，萨阿德·扎格卢勒帕夏力求国民议会接受续约提案；他反对以国家无法控制公共开支为由拒绝的想法。仅仅因为埃及还没有宪法[①]就拒绝利益是错误的。

伊斯梅尔·阿巴扎帕夏和阿卜杜·拉蒂夫·贝·斯法尼为政府接受国民议会做出的决定而感到高兴，但做了要求拒绝续约提案的冗长陈述。接着，等其他人陈述完毕后，国民议会就此休会到1910年4月7日。

国民议会复会后，伊斯梅尔·阿巴扎帕夏首先发言。伊斯梅尔·阿巴扎帕夏重申，自己相信埃及政府建议的理由不充分。萨阿德·扎格卢勒帕夏的侄子巴拉卡特·贝宣布国民议会任命的委员会已做好答复政府的准备，并提出宣读决议草案，之后在国民议会上进行表决。

委员会宣读了决议："委员会虽然同情政府的想法，但再次建议拒绝续约计划。这得到了旁听席上民众——满是五岁到二十岁的男性听众——的热烈欢迎。"五十名议员站了起来，在热烈的掌声中宣布将拒绝特权法案有效期续约计划。政府代表萨阿德·扎格卢勒帕夏边听委员会答复边做笔记，边不赞同地摇头，并在委员会还在宣读决议时站起来准备讲话。本来萨阿德·扎格卢勒

[①] 19世纪末期，埃及没有正式的宪法，仅有宪法草案；第一部宪法是参照比利时宪法，于1923年颁布的。（引自华东政法大学顾寅跃《埃及宪法的发展及其修正案评述》）——译者注

帕夏的观点是能被听到的，但他还没开始说，伊斯梅尔·阿巴扎帕夏就站起来问他为什么还要继续辩论下去。

萨阿德·扎格卢勒帕夏回答说希望针对委员会的最后一段答复讲两句，但伊斯梅尔·阿巴扎帕夏说有关续约的辩论已经结束，现在应立即进行表决。萨德·扎格鲁勒帕夏很愤怒，拒绝服从议员私人要求自己"闭嘴"的要求，并坚持要求履行自己代表政府进行答复的权利。但伊斯梅尔·阿巴扎帕夏依然打断萨德·扎格鲁勒帕夏，说国民议会已接受了法萨拉·巴拉卡特·贝帕夏提出的动议，已经没有继续讨论的必要了。

四五十名议员支持伊斯梅尔·阿巴帕夏让萨阿德·扎格卢勒帕夏"闭嘴"，不想反倒让萨阿德·扎格卢勒帕夏愤怒地大吼，以此表达自己的观点："你为什么要打断我呢？你有什么权力打断一个政府官员的陈述？'让我闭嘴'，这就是你以后搞动议、决定国家大事的方法吗？先生们，你们要是帮他让我闭嘴，就是破坏公平公正，最后会损害你们自己的利益。你们用在我身上的手段最后会报应在你们自己身上。政府建议与国际苏伊士运河公司续约是经过仔细研究的。因不接受政府的解释，你们才会决定拒绝续约，这是个错误。我一直想尊重议会的意见，但很遗憾你们拒绝配合。议会应该在听完所有相关陈述后才做出决定。议会犯了把政府当敌人的重大错误；政府既不是议会的敌人，也不是诉讼时的另一方。政府和议会应该是站在同一边，为同一个国家服务的。我们是同一个身体上的两个部分，一方不能要求另一方'闭嘴'。在议会，人们应该都是按照自由原则行事，不能反倒扼杀、反对言论自由！"

伊斯梅尔·阿巴扎帕夏反驳说每次讨论都要适可而止，要是议员允许政府现在研究这份最终报告并发表新的答复，事情就会没完没了，只怕特权法案要在辩论结束前先到期。伊斯梅尔·阿巴扎帕夏说完，台下一片叫好。

萨阿德·扎格卢勒帕夏认为政府此时有必要进行答复，因为这份最终报告有问题，却被保密到最后一刻才公开。萨德·扎格卢勒帕夏说道："我在进入会场前问过主席，他说他没看过这份报告。于是，我要求看一看这份报告，但一直到刚刚才看到。你为什么要打断我呢?由此看来,我觉得我比那些假装捍卫国民议会权利的人做得更好,因为在国民议会中真正维护言论自由原则的是我。"

双方各有一些议员想发言,但场上情况混乱,彼此说的话都没被听见。

最后,萨阿德·扎格卢勒帕夏不再坚持发言,讨论就此结束。投票结果显示,除了萨阿德·扎格卢勒帕夏和摩尔科斯·塞麦加·贝帕夏[1],其他人投的都是反对票。在震耳欲聋的掌声中,反对续约的决定就这样获得通过。

议员、听众、议会工作人员、记者和其他人互相拥抱并祝贺辩论的结果。约一万五千名埃及人——主要是年轻学生——拉着横幅唱着歌走上街头。开罗城内立刻回响起"打倒占领军"和"打倒英国"的口号。

当时,埃及人广泛谴责续约提案,但对该提案做的研究不充分。专家们也从未公正考量过续约方案。很难要人们不去说埃及国民议会拒绝政府续约建议是正确的。虽然这种结果事实上是对英国的一种敌意,体现出一些名人打算谴责政府提出的每一项计划,哪怕这些计划有合理性也要谴责。然而二十年后,阿巴斯·希勒米二世就会发现,当时没有人提出相反意见是一件很令人遗憾的事[2]。

几个月后,当J.D.里斯爵士在下议院问英国外交大臣爱德华·格雷爵士是否会采取措施支持因埃及拒绝国际苏伊士运河公司续约而受到不利影响的英

---

[1] 他接受政府建议的原因被印成了小册子,给每个到会人员都发了一份。在重要的国民议会议事中,这无疑是一种重要书面说明方式。——原注

[2] 摘自1930年《浅议英国与埃及问题的解决》。——原注(本书作者可能认为,假如埃及政府接受了国际苏伊士运河公司的条件,虽然国际苏伊士运河公司仍把持苏伊士运河,但埃及会获得更大的经济利益,并能在公司中拥有董事。埃及即便不能因此完全控制苏伊士运河,最起码名义上拥有一定话语权。然而,由于续约申请未能通过,1922年,英国政府通过"四项保留条件"继续控制埃及乃至苏伊士运河,并在1930年镇压了埃及人民反对英国的"六月起义"。埃及不但没能夺回苏伊士运河控制权,还白白因拒签续约协议导致损失了本可获得的经济利益。可见,欧洲列强需要通过自己把持苏伊士运河获利,根本就不想"让埃及人自己控制这一战略通道"。如果此事成真,列强不惜动武也要阻止。1956年的"苏伊士运河危机"就是证明。——译者注)

国商业、财政利益时，续约问题又被摆上台面。J.D.里斯爵士说："国际苏伊士运河公司的特权法案续期提案被拒事件被埃尔登·戈斯特爵士贬低为'埃及国民议会对自己政府的考虑和好意完全缺乏信心'。"爱德华·格雷爵士回答说，续约与否主要是埃及政府和国际苏伊士运河公司的事，没有理由影响英国的利益。英国政府如果确实在此时对埃及施加影响，那一定要从埃及利益的角度出发。爱德华·格雷爵士不知道国际苏伊士运河公司与埃尔登·戈斯特爵士之间、埃尔登·戈斯特爵士与埃及政府之间有书信往来，也不知道埃尔登·戈斯特爵士手上有国际苏伊士运河公司与埃及政府之间往来书信的副本。

1910年7月21日，威尔士议员G.J.桑兹提出了关于苏伊士运河特许权延长的问题，并很遗憾议会在以某种方式解决问题前没有进行讨论。G.J.桑兹说："我得出了这样的结论，英国有一种倾向，就是把苏伊士运河问题仅看作埃及自己的问题，而英国人对此并不十分感兴趣……鉴于政府的态度，我们应当坚持苏伊士运河对英国就像对埃及一样重要这一事实……任何对苏伊士运河的未来有影响的事都会影响埃及，也会影响英国。"G.J.桑兹表示，正如埃尔登·戈斯特爵士所说，从埃及的角度来看，国际苏伊士运河公司提议将特许权有效期延长至2008年是令人满意的，但对涉及英国在董事会中的代表权及运河吨税问题只字不提。G.J.桑兹认为特许权不管以何种形式延长，都应使英国的代表权符合其持股数。G.J.桑兹注意到，在吨税方面，续约条款并没有遵守1883年的协定。尽管1909年时股息达到了百分之二十八，但吨税仍是每吨七点七五法郎而不是五法郎。

爱德华·格雷爵士回应称续约与否是埃及政府自己的问题——他们该有与国际苏伊士运河公司打交道时为自己国家争取最大利益的自由。如果国际苏伊士运河公司与埃及讨价还价，英国政府就要审查续约提案，以确定它是否符合埃及的利益。如果续约提案对埃及不利，英国就该指出修正之处。否则，埃及政府就会继续执行续约提案，导致英国利益被忽视。爱德华·格雷爵士认为，对埃及来说，续签特权法案的条件很好，但埃及没有必须接受的必要。

爱德华·格雷爵士继续说：

"我们还必须从英国利益的角度来看任何与苏伊士运河特权法案续期有关的问题。我认为，我们应该保留意见（也确实部分程度上这么做了）以便我们的英国董事与国际苏伊士运河公司董事会的其他同事进行讨论。那里才是我们该提出自己利益的地方——事实上也进行了大量讨论。首先，国际苏伊士运河公司董事会里有股东的观点——也是财政部的观点，有船主的观点——贸易部在考虑时必须慎之又慎。我们必须考虑到各方的重大利益，我们的财政部、贸易部、外交部及国际苏伊士运河公司的英国董事实际上协同起来做了认真考量。国际苏伊士运河公司董事会的英国董事一直都是以最大的热诚与同事进行讨论的。我认为，在国际苏伊士运河公司管理方面能得出这样的结论：从英国利益的角度来看，是可以建议埃及接受延长特许权的。

"接着就是减少吨税的问题。这是比较重要的问题。在关于延长苏伊士运河特权法案有效期的谈判过程中，议会无疑已经讨论和评判了此问题。但我认为在特许权延期这一问题再次出现时，无论是减少吨税还是董事会代表人数，都是财政部和政府应考虑的问题。无疑，如果谈判恢复并得出成果，议会将再次讨论特许权延期问题，而政府将必须向众议院给出关于向董事会董事下达投赞成还是反对票的各种考虑因素。从英国利益的角度来看，我认为我们有责任通过英国董事让国际苏伊士运河公司考虑这些问题。不过，将来当然是由政府下达指示，再由我们的董事根据指示投票。这样一来，我想问题就比最开始辩论时清晰了。我一直在努力走一条完全正确的、考虑英国利益并且对埃及利益公平的道路。不过，任何在我这个位置上的人都很难处理续约问题，因为各方的观点都要考虑……总而言之，苏伊士运河特权法案续期问题很复杂，需要仔细加以阐明。"

随着爱德华·格雷爵士陈述的结束，关于续约提案的辩论落下帷幕。在爱德华·格雷爵士的陈述中，英国的利益几乎只字未提，其他海洋大国的利益当然也没有被提到；巴拿马运河也未被提到，然而，巴拿马运河最终会顺利建成通航，迟早也会对航运业产生深远影响。三十年前曾让议会收到众多文件的一个问题如今已经没人讨论了："苏伊士运河已经不受英国政府控制了"。正如威廉·尤尔特·格拉德斯通的时代一样，英国政府正处于一个异常矛盾的处境：持有国际苏伊士运河公司百分之四十六的股份；保卫埃及的利益；在战时保护苏伊士运河；保护占通过苏伊士运河船舶总吨位百分之七十的英国船利益；给董事会中的三名英国董事下指示，以便传达自己的观点——英国董事因此无权表达自己的意见。看上去，在这次续约事件中，英国船舶的利益几乎没有被考虑过。人们普遍认为"国际苏伊士运河公司可以自行其是，没人插得上半句嘴"，而英国政府攥着大把股票等着赚钱，根本不能指望他们在此事上出手。续约事件是英国政府第一次大规模参与外国商业活动的实例：其财务上的成功掩盖了政治和商业上的弊端。

附录1[①]

本附件是国际苏伊士运河公司申请特权法案续约的官方文本，并且附带一份照会，呈交埃及国民议会后于1910年2月9日星期三被公布。

照 会

国际苏伊士运河公司以此件与续约草案一并呈交埃及国民议会。国际苏伊士运河公司现向埃及政府提出特权法案续约申请。公司经过长时间讨论，起草了续约草案并且呈送大臣会议。1910年1月27日，由赫迪夫主持的大臣会议一致决定该草案因条款中存在问题应该被拒绝，不过只要以下几点修改意见得到接受就可通过：

[①] 1956年，埃及政府就已收回苏伊士运河所有权（具体请参见前面的脚注），请读者辩证地看待本章乃至全书各附录。——译者注

1.草案第十一条每年提供给国际苏伊士运河公司五千万法郎担保的条目必须删除；换言之，1969年到2008年国际苏伊士运河公司利润分配必须完全相同，国际苏伊士运河公司不能享有特别对待。

2.埃及政府应该从原法案正式到期的1968年11月17日，而不是续约草案中的1969年1月1日拥有苏伊士运河百分之五十的利润。

3.第八条中埃及政府应从特权法案到期之日起担负员工养老和救济金的内容应该删去。

然而，只有在埃及政府承担了养恤金的情况下，国际苏伊士运河公司才同意向埃及政府支付续约草案第九条规定的九万英镑，否则埃及政府就要放弃之前提到的这九万英镑。

大臣会议还准备解决由于施工造成特权法案暂许给国际苏伊士运河公司的土地被淹没的问题。这笔资金将由国际苏伊士运河公司支付。

大臣会议反对国际苏伊士运河公司使用的土地属于其私有领域的条款，但欢迎将其修改为"公共领域"。

条约草案

第一条 国际苏伊士运河公司与埃及政府间的特权法案有效期将从1968年11月17日延长至2008年12月31日。

第二条 自1969年1月1日至2008年12月31日，国际苏伊士运河公司将据以下细则与埃及政府均分运河净利润：（1）如果有效期中某一年净利润低于一百万法郎，则国际苏伊士运河公司分得五十万法郎，其余归埃及政府；（2）如果特权期限内任一年的净收入等于或少于五十万法郎，则该年的所有净收入或利润将归国际苏伊士运河公司所有。同时，自1969年1月1日起，埃及政府放弃国际苏伊士运河公司章程第六十三条分配给自己百分之十五的款项。

第三条 国际苏伊士运河公司承诺,向开罗的埃及政府支付延长特许权费用四百万英镑,合一点零三六九四亿法郎,分四期偿清,日期如下:1910年12月15日、1911年12月15日、1912年12月15日和1913年12月15日。

第四条 为了埃及政府的利益,国际苏伊士运河公司承诺将从1921年开始进一步提升利润率,提升幅度根据以下时间表框定:

比率(%)	时间
4	1921—1930
6	1931—1940
8	1941—1950
10	1951—1960
12	1961—1968

照这种方式分配给埃及政府的利润份额应在与其他股东股息相同的条件下确定,不能搞差别对待,并且须在同一日期支付。根据1856年1月5日贸易协定第十八条,国际苏伊士运河公司从埃及政府获益的百分之十五(直到1968年11月17日到期),不属于本条和第二条规定的"获利"。

第五条 为了根据第二条规定确定应归埃及政府的份额,在结算1968年以后各年的账目时,贷款方面只应考虑1910年以后签订的贷款合同,也就是自1911年起用于对苏伊士运河及入口港口改善的贷款,但各部门的收费与折旧应在与这些贷款期限相等的时期进行分配。根据与其他股东股息相同的原则并且不影响前文保留的项目前提下,确定埃及政府应持有的股份额度。埃及在任何时候都会与其他股东同时收到股息。

第六条 根据1856年1月5日特权法案的条款,埃及政府将在特权法案到期后收回苏伊士运河与国际苏伊士运河公司拥有的所有公共资产。

第七条 由于从1969年起埃及政府将实际上参与苏伊士运河的利益分配，国际苏伊士运河公司同意确保董事会中埃及利益的代表权。兹规定，应埃及政府的请求，埃及政府最多可以提名三名董事、由埃及国民议会正式任命并出席董事会。

第八条 国际苏伊士运河公司请求埃及政府同意在特权法案到期时接管员工的养老金和救济服务。从目前执行的法规来看，到期后苏伊士运河的所有雇员、领航员、工人和规约副本都将被移交给埃及政府管理。

第九条 国际苏伊士运河公司承诺出资进行必要的运河维护和工程改善，以保证运河以良好状态承担船舶交通。国际苏伊士运河公司还与埃及政府商定，由埃及政府负担最高九万英镑，合二百三十三万三千零七十法郎的苏伊士港疏浚费用，加大通往运河的河道水深。

第十条 此外，埃及政府与国际苏伊士运河公司之前达成的所有法案、条约或协议中，直接或间接涉及特许权期限或特许权履行的条款都由本条约予以延长。

第十一条 本条约将在全体股东大会通过后制定终定版并且正式具备效力。

附录2：1876年到1883年10月，国际苏伊士运河公司英国董事表

一、代表英国政府

1876年：皇家工程师约翰·斯托克斯爵士、巴斯爵级司令勋章获得者查尔斯·里弗斯·威尔逊爵士、E.J.斯坦登

1891年：亨利·奥斯汀·李爵士、副董事E.J.斯坦登

1896年：C.W.弗里曼特尔爵士、副董事查尔斯·里弗斯·威尔逊爵士

1902年：约翰·查尔斯·阿德爵士、副董事约翰·斯托克斯爵士

1903年：H.T.安斯特拉瑟、副董事C.W.弗里曼特尔爵士

1917年：威廉·加斯廷爵士、副董事约翰·查尔斯·阿德爵士

1919年：道纳姆男爵海斯·费希尔、副董事威廉·加斯廷爵士[①]

约翰·查尔斯·阿德爵士

---

① 1919年时在议会被问及的一个问题至今没有得到答复，即威廉·加斯廷爵士被迫辞去董事一职的问题。曾在1917年到1919年担任地方政府首脑，后来担任议会主席的道纳姆男爵海斯·费希尔接替成为董事。此外，所有董事任期都是终身的。——原注

1920年：伊恩·马尔科姆爵士、副董事亨利·奥斯汀·李爵士

1922年：J.T.戴维斯爵士、副董事道纳姆男爵海斯·费希尔

1926年：克罗默伯爵伊夫林·巴林、副董事H.T.安斯特拉瑟

二、"伦敦咨询委员会"提名董事

1884年：罗伯特·亚历山大、詹姆斯·莱恩爵士、议员威廉·麦金农爵士、议员C.J.蒙克、议员C.M.帕尔默、议员约翰·斯塔格、议员托马斯·萨瑟兰爵士

1884年到1933年：托马斯·布拉西、R.S.唐金、E.S.戴维斯爵士、亨利·卡克拉夫特爵士、拉思莫尔男爵大卫·普伦基特、弗烈德·格林爵士、J.B.威斯特雷、英奇凯普伯爵詹姆斯·麦基、J.W.休斯、奥斯瓦尔德·桑德森、基尔桑特男爵欧文·菲利普斯、奥布里·布罗克班克爵士

截至1933年本书出版时尚在任的董事：T.哈里森·休斯（副主席）、艾伦·安德森爵士、约翰·卡德曼爵士、议员罗伯特·霍恩爵士、托马斯·雷登爵士、埃德蒙·查尔斯·怀尔德波尔·史密斯爵士、A.凯泽爵士

第 8 章
国际苏伊士运河公司的财政状况

精彩看点

1875年国际苏伊士运河公司首次利润分配——1870年到1883年国际苏伊士运河公司财政状况——改善所需之开销——船舶通过量上升——1884年到1913国际苏伊士运河公司征收吨税——1883年到1903年利息——1887年国际苏伊士运河公司的贷款——1884年到1914年苏伊士运河账目信息——1884年到1913年盈余利润——交通数据变化原因——1890年到1912年苏伊士运河交通状况——1914年到1931年苏伊士运河收入——战时波动——1914年到1919年苏伊士运河账目信息——1914年到1919年盈余利润——交通情况的变化——1920年到1927年苏伊士运河账目信息——1920年到1927年盈余利润——1920年到1927年股息——1928年到1931年苏伊士运河账目信息——1928年到1931年盈余利润——董事薪资——1914年到1919年改善所需之开销——1931年12月31日资产负债表总结分析

在上调吨税、支付拖欠利息后，国际苏伊士运河公司开始赢利，并于1875年首次进行盈余利润分配。根据公司章程，债券服务费及未赎回资本的百分之五，另加百分之零点零四偿债基金在满足运河的一般和行政费用后应被划拨到法定储备金，直到数额达到五百万法郎为止。其余应按以下情形分配：百分之七十一分配给原始股东，不管他们是否赎回了股份；埃及政府拿走百分之十五；创始人股份持有者得到百分之十[①]；董事占百分之二；员工占百分之二，用于退休金等。针对已赎回的股份，国际苏伊士运河公司另外出台了《偿还规定》，根据这些股份和其他股份是否"不记名"，在扣除税款后，对这些股份和其他股份支付不同的税率。1880年，埃及政府将其部分股份转让给法国商业信贷银行以偿还部分债务，而法国商业信贷银行以两千二百万法郎的价格将这些股份出售给一家由国家贴现银行管理的法国民营公司。

国际苏伊士运河公司1870年年初到1883年年底的财政状况总结如下表所示：

---

① 起初，这些是一百股没有票面价值的股票，1876年到1879年被分为一千股，按面值分配，后来增加到十万股。——原注

收入		支出	
项目	金额（千法郎）	项目	金额（千法郎）
船舶收费收入	409.142	管理支出	15.254
船只乘客收入	11.435	交通支出	23.489
其他税费收入	31.639	维护支出	30.974
	合计：452.216	土地、水等支出	13.320
投资等收入	8.341	债券[①]利息等支出	161.088
不动产收入	9.502	股票支出、股息等	121.547
其他收入	10.247	储备金	6.235
		盈余分配	118.483
		总支出：	490.390
		资本支出费用（1870—1871）：	−12.232
		特别基金结转	2.148
	合计：480.306		合计：480.306

盈余分配明细如下表所示：

获得分配方	分配比例（%）	金额（千法郎）
各持股人	71	84 122
埃及政府	15	17 774
苏伊士运河创始人基金	10	11 847
诸董事	2	2 370
各员工	2	2 370
		合计：118 483

在盈余利润分配方面，1875年，每个股东每股得到了一点一八八法郎，

---

① 除债券利息外还包括其他一些小项目。1880年，国际苏伊士运河公司又筹集了两千七百万法郎，利率为百分之三的贷款，使股本和债券资本达到三点七三亿法郎。——原注

1883年涨到每股六十三点六五七法郎。1870年到1883年，整整十四年，股东每年拿到的盈余利润达到六百万零八百法郎，或者说每年每股拿到十五法郎，平均占比百分之三。不过，直到1880年的最初成立阶段，国际苏伊士运河公司股息分配才刚过百分之五，这个数字无疑是有风险的。1883年，国际苏伊士运河公司董事一共得到三万法郎，二十四个董事每人才拿一千二百法郎，而1882年每位董事的薪资才刚超过一千法郎，更别说董事们薪资少得可怜的1881年及之前了。

1871年到1876年，国际苏伊士运河公司投入苏伊士运河完工和改造事务的经费达到约六百零一万法郎。1877年到1883年，国际苏伊士运河公司在运河改造事务中花费了约八百三十二万法郎——年平均费用比约翰·斯托克斯爵士估计的一百多万法郎高。此外，在淡水运河及设备等方面，国际苏伊士运河公司另花了七百零一万一千法郎。1883年，国际苏伊士运河公司为工厂等购置的新设备总价值为二百三十六点六万法郎。

1870年，经行苏伊士运河的船舶净总吨位仅为四十三万七千吨。1872年，净总吨位超过了百万吨，为一百一十六万一千吨，1875年增长了近一百万吨。1880年，净总吨位达到三百零五万七千吨。1881年，净总吨位增加了一百多万吨到四百一十三万七千吨。1882年，净总吨位达到五百零七万五千吨，而1883年的数据为五百七十七万六千吨。1870年，在通过苏伊士运河船舶总吨位中，英国船占比百分之六十六点四，吨位为二十八万九千吨。1871年，英国船占比上升到百分之七十一点八，此后年年渐长。1881年，英国船占比达到百分之八十二点九，总吨位为一百八十八万吨。1882年，通过苏伊士运河的英国船吨位增加到四百一十二万六千吨，但占比下降到百分之八十一点三。1883年，通过苏伊士运河的英国船吨位为四百四十万六千吨，占比百分之七十六点三。来自澳大利亚的船的吨位增长非常迅速，1878年仅四万六千吨，1883年跃升至四十八万九千吨。

1884年到1913年苏伊士运河公司征收吨税情况

直到1884年,国际苏伊士运河公司都还完全掌握苏伊士运河的管理权。在国际委员会和"高门"的推动下,作为运河最大股东的英国政府一直进行船舶通过税费方面的谈判。空载船允许有二点五法郎的折扣,而载货船舶的吨税变动如下:

时间	单价[①]
1869 年 11 月 15 日	10
1872 年 7 月 5 日	10(英吨[②])
1874 年 4 月 20 日	13
1877 年 1 月 1 日	12.50
1879 年 1 月 1 日	12
1881 年 1 月 1 日	11.50
1882 年 1 月 1 日	11
1883 年 1 月 1 日	10.50
1884 年 1 月 1 日	10

未来三十年的股息率(包括法定百分之五和盈余利润的份额)和吨税(均为免税)如下:

年份	股息		吨税单价(法郎每吨)
	每股(法郎)	占比(%)	
1883	88.657	17.731	10.50
1884	87.252	17.450	10.00

[①] 法郎每吨,除特别标注皆为净吨。——译者注
[②] 英吨,英制单位,也叫长吨,一英吨约为一千零一十六点零四公斤。——译者注

续 表

年份	股息		吨税单价（法郎每吨）
	每股（法郎）	占比（%）	
1885	85.405	17.081	9.50
1886	75.335	15.067	9.50
1887	78.325	15.665	9.50
1888[①]	87.478	16.896	9.50
1889	85.894	17.179	9.50
1890	86.751	17.350	9.50
1891	87.150	17.430	9.50
1892	92.366	18.473	9.50
1893	90.373	18.075	9.50
1894	90.000	18.000	9.50
1895	92.500	18.500	9.50
1896	92.500	18.500	9.50
1897	90.000	18.000	9.50
1898	100.000	20.000	9.50
1899	108.000	21.600	9.50
1900	108.000	21.600	9.50
1901	125.000	25.000	9.50
1902	125.000	25.000	9.50
1903	126.000	25.000	8.50

显然，国际苏伊士运河公司在1900年的赢利水平决定了所付股息的比例将超过百分之二十五。这将使1883年《伦敦协议》中"超出百分之二十五部分的利润都将用于降低吨税，直到降到最低价五法郎为止"的规定生效。随即，国际苏伊士运河公司总裁与伦敦咨询委员会——《伦敦协议》的另一方——达

---

① 参见本章附件。——原注

成了解决措施(根据官方记录显示,英国政府没有参与)。伦敦咨询委员会被要求并同意放弃上述规定,因为该规定过于烦琐,接着,它同意"每降低一次关税就应先增加股息"。正如1883年所犯的错误一样,伦敦咨询委员会没有遵循约翰·斯托克斯爵士在1876年开创的先例[①]。这显然是导致伦敦咨询委员会接受上述规定被单方面废除的原因。伦敦咨询委员会做出这种决定的理由显然是认为"给国际苏伊士公司带来了一种之前没有的鼓励,让国际苏伊士运河公司通过提升船舶交通量以改进运河设施"。然而,本章提供的国际苏伊士运河公司改造开销数据显示1904年到1913年的改造耗资竟然比1884年到1893年的还少,并且吨税减少的幅度和股息增加的幅度也不一致。由此可以看出,为完成修建苏伊士运河的目的,有必要常常改造苏伊士运河,但这些改造实际上并没有增加船舶通过苏伊士运河的吨位数。

随后几年中,似乎不了解伦敦咨询委员会行动的英国航运商会经常被迫对与国际苏伊士运河公司有关的事项采取行动。英国航运商会的1905年年报指出,贵委员会在最近的三份年度报告中谈到与国际苏伊士运河公司在长期矛盾中所经历长期争论的不同阶段:第一,对船的部分内部空间征收吨税的问题;第二,与国际苏伊士运河公司达成《伦敦协议》引发的不满;第三,在违反斐迪南·德·雷赛布与贵委员会在1883年达成《伦敦协议》的情况下,国际苏伊士运河公司支付给股东的股息增加了。1904年3月15日,英国航运商会致贸易部的信中已指出,情况自1883年以来发生了重大变化:现在我们用所赚运费的钱交苏伊士运河吨税的比例要比1883年高得多。一艘运煤到苏伊士运河以东港口的船可能仅缴纳吨税就必须支付其外国收入的约一半和在本国收入的四分之一。1905年2月9日,外交大臣兰斯当侯爵亨利·佩蒂-菲茨莫里斯接受访问,但直到近十个月的等待和多次催促后才给船主代表明确答复。特摘录1905年11月30日外交部复信的内容部分如下:

---

① 当时,约翰·斯托克斯爵士对改进苏伊士运河的支出做了必要的年最低金额的建议。——原注

我要指出的是，关于"将苏伊士运河的利润用于减少吨税"一条，政府并未参加斐迪南·德·雷赛布于1883年11月30日订立、涵盖一系列让步条约的《伦敦协议》，并且《伦敦协议》的十二条仅仅是"对苏伊士运河未来管理的理想观点"。

无论怎么理解，国际苏伊士运河公司总裁在1900年都曾征询伦敦咨询委员会的意见，双方都是该计划最初当事双方的代表，并且一致认为第八条的规定——利润超出百分之二十五部分都要用于减少吨税至五法郎最低标准——苛刻又无法被合理维持。

我们的英国董事接受了"每次降低吨税都要提高分配给股东股息"的办法。兰斯当勋爵认为，这个解决方案不会对英国不利。因为这给国际苏伊士运河公司带来了前所未有的鼓励，让国际苏伊士运河公司通过提升船舶交通量以改进运河设施。

这样一来，英国航运商会被迫承认《伦敦协议》充其量是个"君子协定"。从法律角度考虑，国际苏伊士运河公司是有权收取每吨最高十法郎吨税的，尽管这里要指出"法郎"并没有具体到是金法郎、银法郎还是纸法郎，并且用"最高"一词暗示了吨税降低的可能性。实际上，斐迪南·德·雷赛布总是宣称自己是随通过运河船舶的增加而降低费率的。因此，英国航运商会如果认为有必要减少吨税，就必须与国际苏伊士运河公司进行具有外交辞令性质的谈判。英国的"煽动"行为，如1873年、1883年、1904年和1931年采取的行动总是在法国股东中引起很多怀疑和不满。

自1883年以来，英国航运商会就批评伦敦咨询委员会的"代表性"，用外交部复信中的话来说就是："兰斯当勋爵认为，伦敦咨询委员会和各个与航运利益相关的部门之间的联系不如希望的那般紧密。"

这番话可信度有多少？笔者没有真凭实据，自然也无法表达观点。

1903年至世界大战[①]突然爆发前，苏伊士运河股息和吨税价格的变化状况如下表所示：

年份	股息		吨税（法郎每吨）
	每股（法郎）	占比（%）	
1904	141	28.2	8.50
1905	141	28.2	8.50
1906	141	28.2	7.75
1907	141	28.2	7.75
1908	141	28.2	7.75
1909	150	30.0	7.75
1910	158	31.6	7.75
1911	165	33.0	7.25
1912	165	33.0	6.75
1913	165	33.0	6.25

虽然股息有所增加，但吨税下降了——二者并非同时增加（减少）或同比例增加（减少）的关系，而苏伊士运河仍不断得到改造，如下表所示：

苏伊士运河三次改造开销表		
年份	总成本（千法郎）	平均成本（千法郎）
1884—1893	94 655	9 465
1894—1903	32 697	3 270
1904—1913	82 515	8 252

1887年，为改造筹款，国际苏伊士运河公司用不同利率发行了七万三千零二十六股和二十三万八千九百六十四股的债券，募集了一点二七亿法郎。1870

---

① 指第一次世界大战，下文同。——译者注

年，苏伊士运河水深为七米到八米，底部宽二十二米，两岸间宽度为五十四米到一百米。1905年，苏伊士运河水深八米到九米，宽三十七米。1923年，苏伊士运河水深十一米到十三米，底部宽四十五米到一百米，两岸间宽度为一百米到一百六十米。1886年，苏伊士运河引入了电灯照明设备，实现了夜间船舶在部分河段的航行，1887年扩展至运河全程。1909年到1914年，苏伊士运河的水深达二十八到三十六英尺，宽度也按照比例有所扩大。同时，国际苏伊士运河公司还花了大笔钱建设塞得港的新码头。这些是运输业发展和船尺寸变大带来的必然结果。这些发展让苏伊士运河更能赚钱，但苏伊士运河如果承载不了这些发展，很快就会被航运业抛弃。

接下来，我们要对世界大战爆发前三十年的苏伊士运河的财政状况做一番总结。

算上前表中显示的百分之五利息和提取出来的股份，三十年来，苏伊士运河的股东用两亿法郎的初始投资获得了十五亿两千七八六十一万七千法郎的回报，约合六千零五十六万英镑，平均每年两百万英镑。资料中，盈余利润中董事的分配份额没有提到，但回顾这三十年来的三十二名董事——算上1883年增加的人数，他们一共获得了一百三十一万英镑。每位董事在苏伊士运河通航的第一个十年中的平均年薪是九百二十英镑，在第二个十年则是一千二百六十英镑，在1894年到1913年平均年薪达到了一千九百三十英镑。

苏伊士运河交通通行量也不是一直增长。1885年，船舶通行净吨位增长到六百三十三万六千吨，然后在1886年的世界性经济大萧条中跌至五百七十六万八千吨，少于1883年到1885年中的任一年。不过，船舶通行净吨位很快又迅速回升，并且恢复稳定增长。1891年的船舶通行净吨位达到了八百六十九万九千吨，这一记录直到1898年才被打破。在《1903年商品的价格》中，A.绍尔贝克认为，英国进出口贸易的低点是1885和1893年，高点则是在1884年、1889年和1903年。批发价格的低点出现在1887年和1896年，高点出现在1883年、1889年、1891年和1900年；1896年后，兰德黄金产量的影响逐渐明显。当然，除了世界经济繁荣，导致苏伊士运河交通状况发生变化的还有其他因素。1891年，苏伊士运河船舶通行净吨位达到高点的原因是澳大利亚开始了新鲜水果的贸易，油轮也开始经行苏伊士运河航线。这引起其他船主的担心，因为自己的船可能会遭遇危险，但英国政府拒绝干预。同年，英国开始殖民化非洲，并在日本和暹罗修建铁路。1893年，影响苏伊士运河交通状况的主要事件是英国煤炭工人罢工、澳大利亚金融危机及英国和法国两国的不良外贸①。1895年6月17日，《曼彻斯特卫报》称，俄罗斯帝国政府已决定在未来三到四年内投入近两千万英镑买进大批进入市场的苏伊士运河股票。沙皇是不是真的买入了苏伊士运河的股票，现在没有确切证据。1896年，澳大利亚贸易有所改善；同时，清政府开放更多港口，对华贸易情况有所改善；而印度在1896年和1897年发生了饥荒和瘟疫；1897年，澳大利亚发生旱灾。随着印度对英国农作物出口的减少，英国对印度的出口也有所下降，如1895年，英国向印度出口约一百二十九万七千吨煤炭，但1897年煤炭出口量只有五十九万八千吨。船多货少，运费大幅下跌，例如，1891年到1897年，孟买到英国的运费下降了百分之七十四。1897年到1898年，印度对英国的小麦出口量从两万九千吨增加到四十八万四千吨；英国对印度的煤炭出口从五十九万八千吨增加到六十六万六千吨——运河交通受印度天气的影响程度可见一斑。1898年，通过苏伊士运河的船舶总吨位为九百二十三万八千吨，标志着伴随小幅波动但较长增长期的开始②。对中国的殖民、南非布尔战争③、日俄战争及1903年到1906年俄罗斯帝国士兵回国、印度锰矿贸易增长和中国东北的大豆贸易增长，这些都是"苏伊士运河运输的牛市因素"，正如1900年和1908年印度的旱灾是"熊市因素"一样。1913年是世界贸易繁荣达到顶峰的一年，这一年的繁荣特征在

---

① 特别是很大程度上通过苏伊士运河运输小麦、大米和羊毛。——原注
② 直到1912年达到两千零二十七万五千吨。——原注
③ 布尔战争，1880年到1902年，英国殖民者与南非布尔人之间爆发的战争，其目的在于掠夺当地的土地资源。英国付出了数万人伤亡的代价，最后以与布尔人签署和平协议的方式结束了战争。——译者注

各个方面都有体现。然而，这一年，苏伊士运河的预计通行吨位估计整体上比1912年低百分之一点二。

1884年到1913年苏伊士运河账目表（单位：千法郎）			
明细	1884—1893	1894—1903	1904—1913
船舶吨税收入	645 345	853 093	1 177 610
乘客吨税收入	18 090	22 954	25 183
其他吨税收入	5 809	4 697	8 656
投资交易收入	13 129	16 054	22 439
土地收入	9 249	2 872	2 722
其他收入	4 821	8 337	8 541
小计	696 443	908 007	1 245 151
结转	……	……	287
支取保证金	1 236	1 598	14 300
总计	697 679	909 605	1 259 738
管理支出	15 898	16 125	21 320
运输支出	27 535	30 525	35 695
维护支出	21 101	30 839	53 989
土地、水源支出①	12 655	13 106	12 704
小计	77 189	90 595	123 708
债券利息等支出	131 984	160 610	154 177
股票，百分之五利息	118 006	118 166	118 805
保证金（法定、特别折旧等）	……	37 296	84 532
盈余利润	370 500	502 651	778 456
结转	……	287	60
总计	697 679	909 605	1 259 738

---

① 包括向斐迪南·德·雷赛布家庭支付的十二万法郎及向埃及监督提供的三万法郎。——原注

盈余利润的分配如下表所示（单位·千法郎）：

受益方	百分比（%）	1884—1893	1894—1903	1904—1913	总计
股东	71	263 053	356 883	552 704	1 172 640
"埃及政府"（信贷银行）	15	55 574	75 396	116 769	247 739
创始人股份	10	37 049			
各董事	2	7 412	10 053	15 570	33 035
员工	2	7 412	10 053	15 570	33 035
总计	100	370 500	502 651	778 456	1 651 607

下表呈现了1890年到1912年经苏伊士运河并与东方国家进行进出口交易的船舶的净吨位数据。

1891年，对印度的贸易占整体贸易的百分之五十六点四一，至1912年增长了百分之九十八点八八，但只占整体贸易数据的百分之四十八点一三。这种比例上的相对减少主要是因为与中国、日本及交趾支那①船运输量的大幅增加。澳大利亚的贸易在比例上维持相对稳定，总量上整体上有较大提升。1891年到1895年，英国船通过苏伊士运河的吨位占总吨位的百分之七十五点一，1896年到1900年为百分之六十五，1901年到1905年为百分之六十二点二，1906年1910年为百分之六十二点五，1911年到1913年为百分之六十二点四。1913年，英国通过吨位仍占总吨位的百分之六十点二，德国占百分之十六点七，荷兰占百分之六点四，法国占百分之四点六，俄罗斯帝国占百分之一点七，日本占百分之一点七，意大利占百分之一点五。

---

① 交趾支那，法国殖民者曾把越南分为北圻、中圻和南圻三个部分，"交趾支那"指的是"南圻"。——译者注

1890年到1912年苏伊士运河通行吨位表（单位·净千吨）								
年份	东非	西印度	东印度	海峡、暹罗、荷属东印度	交趾支那、中国、日本	澳大利亚	其他地区	总计
1890	149	1 988	1 882	879	928	716	348	6 890
1891	219	2 610	2 297	1 113	1 167	799	494	8 699
1893	172	2 239	1 833	1 028	1 234	798	355	7 659
1896	269	1 649	2 411	1 085	1 578	871	697	8 560
1897	303	1 269	2 419	1 033	1 705	845	325	7 899
1901	382	1 675	3 106	1 504	2 710	972	475	10 824
1905	482	2 623	3 722	1 671	2 943	995	698	13 134
1910	510	3 359	4 300	1 987	3 977	1 704	745	16 582
1912	747	4 812	4 947	2 435	4 202	2 037	1 095	20 275
百分比数据（%）								
1891	2.52	30.00	26.41	12.79	13.42	9.18	5.68	100.00
1901	3.53	15.47	28.70	13.90	25.04	8.98	4.38	100.00
1912	3.68	23.73	24.40	12.01	20.73	10.05	5.40	100.00
*	341.11	184.37	215.37	218.78	360.07	254.94	221.66	233.07

*1912年较1891年增长

较早年份货物运输量的详细信息已难查考，但1911年到1913年，货物的主要分类表格如下所示：

1911年到1913年通过苏伊士运河货物重量吨位表（单位·净千吨）							
出口明细	1911	1912	1913	进口明细	1911	1912	1913
煤	1 091	967	1 192	小麦	1 643	1 925	1 490
钢铁	1 320	2 035	2 898	大米	1 628	1 702	2 061
盐	455	432	449	糖	798	400	53
汽油	485	465	510	椰仁干	654	587	537
其他	6 145	5 883	6 271	油籽	1 481	1 293	1 394

续表

1911年到1913年通过苏伊士运河货物重量吨位表（单位·净千吨）							
出口明细	1911	1912	1913	进口明细	1911	1912	1913
				茶叶	487	398	393
				黄麻	730	886	840
				羊毛	392	314	309
				棉	305	188	294
				锰	561	623	869
				苯	235	271	291
				其他	6 138	7 075	5 924
总计	9 496	9 782	11 320	总计	15 052	15 662	14 455

1914年到1931年

世界大战的爆发自然对苏伊士运河的交通和收入产生了深远影响。影响结果如下表所示：

年份	净吨位（千吨）	旅客（千人）	货物吨税（千法郎）	旅客吨税（千法郎）	货物吨税单价	股息	
						每股（法郎）	占比（%）
1911—1913平均	19 545	275	128 985	2 635	6.75	165	33.0
1914	19 409	392	117 307	3 735	6.25	120	24.0
1815	15 266	211	90 281	2 005	6.25	120	24.0
1916	12 325	283	76 120	2 802	6.75（4月1日）/7.25（9月1日）	90	18.0
1917	8 369	142	61 076	1 415	7.75（1月1日）/8.50	65	13.0
1918	9 252	106	79 340	1 050	8.50	100	20.0
1919	16 014	528	136 970	5 164	8.50	192	38.4（纸法郎）/28.6（金法郎*）

*1919年，法郎与黄金的平均比价是百分之七十四点六一

世界大战期间，常规交通降至低点，苏伊士运河主要靠运兵船和补给船缴纳的吨税来维持运营——苏伊士运河还歇业一天。1919年，乘客的数量很多，主要是归国士兵。好在货物吨税已恢复到1903年到1905年的水平，否则股东只能拿到更少的股息。即使这样，1914年到1919的六年中，苏伊士运河的平均利润达到了百分之二十一点七（金法郎）。此外，1915年到1918年，苏伊士运河发行了二十五万两千六百五十五股新的债券，利率为百分之五，还募集到一点一九五一四亿法郎。1914年到1919年，用于改进苏伊士运河设施的支出超过六千三百七十万法郎。以金法郎表示1914年到1919年苏伊士运河的收支则如下表所示：

1914年到1919年苏伊士运河收支表（单位·千金法郎）			
收入		支出	
船舶吨税	561 094	管理支出	17 683
旅客吨税	16 171	运输支出	32 258
其他吨税	11 889	维护支出	34 769
小计	589 154	土地、水源支出	11 116
投资、交易等	59 391	债券利息等支出	110 605
土地收益	1 053	股息等支出	84 278
其他收入	12 492	保证金等（房屋等）	27 000
从特别储备金中支取	6 500	盈余利润	350 433
结转	60	结转	508
总计	668 650	总计	668 650

在此期间，纸法郎对黄金比价贬值，并且埃及给予减免政策，1919年利润由此上升到两千九百二十七万八千法郎。

盈余利润的分配则如下表所示：

受益方	比例（%）	金额（千法郎）
股东	71	248 808
埃及政府	15	52 565
创始人股份	10	35 045
董事会	2	7 008
员工	2	7 007
总计	100	350 433

1919年下半年，世界秩序开始重建，由此带来了1919年下半年至1920年上半年的经济繁荣。随即，由于过度投机，大多数国家在1923年的某个时期出现了萧条。后来，又是良好的贸易局面，直到1929年秋世界普遍进入萧条、美国大萧条开始为止。苏伊士运河的交通量随着贸易的变化而变化，如下表所示（单位·净千吨）：

年份	总计	英国	年份	总计	英国
1920	17 575	10 838	1927	28 963	16 534
1921	18 119	11 397	1928	31 906	18 124
1922	20 743	13 383	1929	33 466	19 114
1923	22 730	14 264	1930	31 669	17 600
1924	25 110	14 995	1931	30 028	16 624
1925	26 762	16 016	1932	28 340	15 721
1926	26 060	14 969			

1931年经行苏伊士运河船舶的吨位是1912年的近百分之一百五十，而1929年的数据竟是1912年的百分之一百六十五以上。但1929年到1932年，经行苏伊士运河船舶的吨位下降了百分之十五点三。

考虑到法郎贬值，表格中的收支数字都折算成金法郎，所得利润扣除税费减免后的金额被分配给股东，这一方法一直沿用到法郎汇率稳定后为止。由于自1928年起，国际苏伊士运河公司改用法郎新币记账，因此，笔者认为，或许还是将苏伊士运河1920年到1927年的经营状况单独列出较好。同时，给出1920年到1927年英镑兑法郎及英镑兑美元的年平均汇率，如下：

汇率	比值	1920	1921	1922	1923	1924	1925	1926	1927
法郎—英镑	25.225	52.78	51.90	54.60	75.66	85.27	102.51	152.76	123.86
美分—法郎	19.293	6.71	7.46	8.19	6.07	5.23	4.77	3.25	3.92
法郎—黄金（％）	100.00	34.80	38.66	42.45	31.46	27.11	24.72	16.81	20.32

1920年到1927年苏伊士运河收支情况（单位·千法郎）					
收入明细	1920—1923	1924—1927	支出明细	1920—1923	1924—1927
船舶吨税	623 663	759 833	管理支出	30 891	47 368
旅客吨税	12 305	10 752	运输支出	50 625	52 552
其他吨税	7 858	6 135	维护支出	66 010	67 043
小计	643 826	776 720	土地、水源支出	21 199	25 280
投资、交易等	42 054	85 248	债券利息等支出	69 814	67 542
土地收益	4 094	4 454	股票、百分之五利息	57 910	40 324
其他收入	7 598	7 513	保证金（法定、特别折旧等）	203 000	294 000
资金转换收益	554 731	1 774 470	盈余利润	749 627	2 054 879
结转	508	3 750	结转	3 735	3 152
总计	1 252 811	2 652 140	总计	1 252 811	2 652 140

从1924年起，原先每股五百法郎的股票被拆分成两股，每股面值二百五十法郎。将已经发布的股息——含最低的百分之五股息——转换为当年黄金均价，就可以和金法郎的数据进行对比，进而将股息和货物吨税进行比较：

年份	股息			货物吨税
	换算成现法郎	金法郎	百分比（%，黄金）	金法郎每净吨
1920	243.851	84.8	16.96	8.50/8.25（10月1日）
1921	245	94.7	18.94	8.00（10月1日）
1922	320	135.8	27.16	8.00
1923	430	135.3	27.06	7.75（3月1日）
1924	265	71.8	28.72	7.50（1月1日）
1925	300	74.2	29.68	7.25（4月1日）
1926	420	70.7	28.28	7.25
1927	455	92.5	37.00	7.25

法郎贬值①后，国际苏伊士运河公司从1928年开始便以法郎新币币值记账。国际苏伊士运河公司未偿还债券的利息仍以金法郎支付，这部分金额价值法郎新币六千六百二十万法郎，被称为"大部分"。最低的百分之五利息以法郎新币支付，直到埃及法院分别在1931年6月18日和12月10日裁定这部分钱必须以黄金支付。因此，摊销后的股份也以黄金支付。下表是国际苏伊士运河公司1928年到1932年的收支情况：

1928年到1932年苏伊士运河收支情况（单位·千法郎新币）			
收入明细		支出明细	
船舶吨税	4 482 707	管理支出	177 207
旅客吨税	66 983	运输支出	351 325
其他吨税	35 551	维护支出	372 085
小计	4 985 241	土地、水源支出	167 274
投资收益	176 937	债券利息等支出	415 720
交易收益	26 761	股息支出	129 520

① 四点九二五法郎新币等于一金法郎，一法郎新币等于三点九一八美分，一英镑等于一百二十四点一三法郎新币。——原注

续 表

1928年到1932年苏伊士运河收支情况（单位·千法郎新币）			
收入明细		支出明细	
土地收益	29 600	保证金（法定、特别折旧等）	431 000
其他收入	51 114		
支出储备金	61 449	盈余利润	3 285 592
结转	3 152	结转	4 531
总计	5 334 254	总计	5 334 524

盈余利润的分配则如下表所示：

受益方	比例（%）	金额（千法郎新币）
股东	71	2 332 771
埃及政府	15	492 839
创始人股份	10	328 558
董事会	2	65 712
员工	2	65 712
总计	100	3 285 592

五年之内，董事会收到了五十二万九千英镑的报酬，每位董事的年薪近三千三百英镑。

1928年和1929年，苏伊士运河赢利状况很好。1928年，货运吨税下调零点二五法郎，即七金法郎每吨。1929年，货运吨税继续下调至六点九法郎。从1930年9月1日开始，吨税低至每吨六点六五法郎。空载船的吨税不再是载货船吨税减二点五法郎，而被固定为货船吨税的一半。由于经济大萧条，船主们抱怨情绪激增。1931年9月15日起，苏伊士运河吨税被临时下调至六法郎，持续到1933年12月31日。下表体现了股息和吨税之间的关系：

年份	股息			货物吨税
	纸法郎	金法郎	占比（%）	每净吨金法郎
1928	510	103.55	41.42	7.25/7.00（4月1日）
1929	530	107.61	43.04	6.90（1月1日）
1930	545.67	110.80	44.32	6.65（9月1日）
1931	466.64	94.75	37.90	6.00（11月15日）
1932	389.01	78.99	31.60	6.00

直到1919年年底，原始造价为二点九一三亿法郎的苏伊士运河进行改造的成本已经高达近七点四三三亿金法郎。1920年到1927年，花费在改造上的费用总计一点四零九亿法郎，1928年到1932年，改造费用为二点九四五新法郎，折合金法郎五十九点八亿。这笔总计九点四四亿金法郎的改造款具体去向见下表：

年份	可支取数额	1932年尚未还清的数额	总额（百万金法郎）
	（股份）八十万股，每股二百五十法郎，利率百分之五，九十九年	667 204	200.0
	（债券）四十万股，每股八十五法郎，利率百分之五（拖欠利息），1882年到1922年	无	34.0
1867—1868	（债券）三十三万三千三百三十三股，每股三百法郎，利率百分之五，1868年到1898年市值五百法郎	无	100.0
1871	（债券）十二万股，每股三百法郎，利率百分之三，1873年到1902年市值一百二十五法郎	无	12.0
1880	（债券）七万三千零二十六股，多种面值，利率百分之三，1880年到1930年	7 907	27.0
1887	（债券）二十三万八千九百六十四股，多种面值，利率百分之三／七万五千股，多种面值	18 9143/56 001	100.0/30.5
1915—1918	（债券）二十五万两千六百五十五股，多种面值，利率百分之五	156 296	119.5
			小计：623.0

续 表

年份	可支取数额	1932年尚未还清的数额	总额（百万金法郎）
1864—1869	补偿金，拍卖等		121.4
1869—1870	各项运河服务收益		29.8
1870—1932	各项运河服务收益		169.8
			总计：944.0

还有一份截至1932年12月31日的资产负债表：（单位·百万法郎）

资产		负债	
明细	金额	明细	金额
巴黎总部	7.0	法定保证金	200.0
埃及建筑	424.3	保险基金等	9.7
工厂机械设备	338.9	改造基金	36.4
供水机械设备	89.1	设备等折旧	546.6
其他机械设备	20.1	建筑物折旧	292.4
小计	448.1	特别建筑基金	14.5
库存资材	49.9	储备金和其他基金合计	1 099.6
建筑	20.5	利息等费用	30.2
使用中的资材	19.0	员工股份利润；资本基金	69.4
现金等	63.5	各债权人及可支付收据	95.3
投资	659.8	小计	1 294.5
应收票据及各债权人	112.2	1932年收支净利润	505.3
		结转	4.5
总计	1 804.3	总计	1 804.3

1870年到1932年净利润分配情况如下表所示：

受益方	折合百万金法郎	折合百万英镑先令
股东	2 467.1	97.8
埃及政府	521.2	20.6
创始人股份	347.5	13.8
董事会	69.5	2.8
员工	69.5	2.8
总计	3 474.8	137.8

先令换算按旧比价进行[①]。

此外，股东还可以从未摊销的股票中获得百分之五的收益。股东的收入其实不全是最初两亿法郎带来的投资回报。与刚对公众开放之时相比，苏伊士运河的建设得到了极大改进，约六点五三亿金法郎——约合两千六百万英镑——被用于苏伊士运河的扩建和改进。资金是通过贷款筹集的，从利润中偿还。像工厂常做的那样，国际苏伊士运河公司将利润重新投入生产以扩展业务。如果国际苏伊士运河公司不发行新股，那么由于额外的资本运作导致股息下降，原本很小的名义资本[②]可能会变得非常大，并提高股票市值。埃及政府的股份是对因特权法案造成的对国家主权的限制、收回一些相关权利所付出的代价和遣散"科尔威"劳工必须支付款项的补偿。1880年，埃及赫迪夫陶菲克帕夏为了借钱放弃这笔宝贵的财产，并不是国际苏伊士运河公司的责任。创始人股份是属于斐迪南·德·雷赛布及一些帮助他的贵人的[③]，所付款项的性质由斐迪南·德·雷赛布等人提供服务的性质决定；而员工养恤金等款项和董

---

① 当时，一英镑约合二十五点二二五法郎。——原注
② 名义资本，有时被称为法定资本，是指企业以股票形式向股东提供的资本。——译者注
③ 据说，当斐迪南·德·雷赛布分配创始人股份时，很多人以"股份无用"为由拒绝了。——原注

事会股份性质有所不同。有人反对以公司利润为基础来决定养恤金、其他公积金,以及国际公共事业或垄断公司董事的薪资,他们的论点还很有依据。

下表是不同时期通过苏伊士运河货物的吨位状况表(单位·千吨):

年份	内运	外输	总计
1904	9 960	8 240	18 200
1905	9 980	7 840	17 820
1911	15 050	9 500	24 550
1912	15 660	9 780	25 440
1913	14 450	11 320	25 770
1927	18 440	11 080	29 520
1928	20 660	11 960	32 620
1929	21 620	12 900	34 520
1930	19 080	9 430	28 510
1931	17 950	7 380	25 330[①]

1929年到1931年运载的主要物资状况如下表所示(单位·百万吨):

内运	1929年	1930年	1931年	外输	1929年	1930年	1931年
矿物油	4.90	4.06	3.31	金属、机械	3.59	2.61	1.90
蔬菜油、油籽、坚果	3.71	3.87	4.12	化肥	0.89	0.68	0.70
谷物	2.61	2.15	2.84	水泥	0.77	0.55	0.34
纺织品	2.45	2.12	1.82	煤	0.77	0.45	0.30
矿物	2.30	2.09	1.32	铁路建材	0.64	0.43	0.23
其他	5.65	4.79	4.54	其他	0.24	4.71	3.91
合计	21.62	19.08	17.95	总计	12.90	9.43	7.38

---

① 1932年数据:二千三百六十三万两千吨。——原注

特定货物通过苏伊士运河时的吨税负担随具体情况不同而改变。无论货船的载货空间是否全部被占用，都按照船的所有可用空间征收吨税。因此，一艘船可能在尚有空位的状况下被按照"满载"征收吨税。如果船舶空载驶出满载返回，显然空载运费要从所载货物的运费中承担。客货都载的船存在一个问题，在载客空间装货到底是应该按照客人的标准还是按照货物的标准征收吨税？还是把货物吨税转嫁到运费，并把乘客吨税转嫁到船票？从这个角度来说，货物的吨税负担是无法被准确界定的。以下简表总结了1929年、1930年、1931年和1932年的相关统计数字：

(1)	(2)	(3)	(4)	(5)	(6)	(7)	(8)	(9)	
								(10)	(11)
1929	6 274	33.47	34.52	1100	737	32.88	31.88	22.04	21.36
1930	5 761	31.67	28.51	1023	718	32.30	35.88	22.68	25.20
1931	5 366	30.03	25.33	918	612	30.58	36.26	20.39	24.17
1932	5 032	28.34	23.63	784	505	27.65	33.16	17.83	21.36

（1）年份；（2）船（艘）；（3）净吨位（百万吨）；（4）货物（百万吨）；（5）吨税（百万法郎）；（6）盈余利润（百万法郎）；（7）每净吨吨税（法郎）；（8）每吨货物吨税（法郎）；（9）盈余利润（法郎）；（10）每净吨；（11）每吨货物

如果把每年的汇率因素考虑在内，可以得到以下折合成先令的数据：

年份	吨税		盈余利润	
	每净吨	每吨货物	每净吨	每吨货物
1929	五先令三点六便士	五先令一点七便士	三先令三点七便士	三先令五点三便士
1930	五先令二点六便士	五先令九点五便士	三先令七点九便士	四先令零点八便士
1931	五先令三点五便士	六先令三点三便士	三先令六点三便士	四先令二点二便士
1932	六先令二点四便士	七先令四点八便士	四先令	四先令九点五便士

自从英国放弃金本位制[1]后,英国船的吨税负担就更重了。当时,一英镑可以兑换八十九点一九五法郎[2],六个金法郎的吨税经过换算可得二十九点五五纸法郎,折合英镑六先令七点五便士每净吨(苏伊士运河吨),比1929年时的六点九法郎(五先令五点八便士)贵五分之一。1932年6月,国际苏伊士运河公司发布的1931年年报中评论道:"英镑贬值将加重大多数苏伊士运河船主客户的负担。吨税负担也许是暂时的,但肯定影响很大。"出于这一考虑及经济大萧条因素的影响,1931年11月15日,吨税从六点六五法郎下调至六法郎。但同样由于上述原因,吨税的下调和先令贬值幅度并不一致。

每吨货物吨税的计算是基于"所有货物都被以货物标准计费"的假设——实际情况并非如此。然而,煤是一种典型的"满载货物"。如果我们以一艘净吨位两千九百吨[3]的煤船为例,该船在1929年应缴吨税两万五千五百三十金法郎或一千零一十二英镑。总重七千一百二十吨的货物将以每吨两先令十便士的标准计费,如果按照1932年六法郎的吨税缴费标准,则应缴二十二万两千法郎[4]。1929年,约十一万两千吨煤从英国运到锡兰,1932年则是三十七万吨,离岸价格将为每吨十九先令三便士。如果算上运河吨税,则1929年的离岸价格会上升七分之一,1932年会上升六分之一。

1931年,共有净吨位为三千零二万八千吨[5]的船经行苏伊士运河[6]。因此,六法郎每苏伊士运河吨的价格如果换算成英吨,则涨价到七点一一法郎[7]。如

---

[1] 金本位制,以黄金为本位币的货币制度。——译者注
[2] 1932年平均汇率。——原注
[3] 约三千七百苏伊士运河吨。——原注
[4] 按照当年平均汇率计算约合一千二百二十六英镑,即船舶每航行一百英里,每吨货物的运输成本就是三先令五点三便士。——原注
[5] 苏伊士运河吨,折合英吨数约为四千一百七十四万三千吨,即每一百苏伊士运河吨等于一百三十九英吨,或者六十点七英吨。根据国际苏伊士运河公司测量方法,一百净吨可能相当于一百一十八点五苏伊士运河吨。——原注
[6] "大体上说,一艘船总吨位的百分之六十一要被征收吨税,而苏伊士运河要征收百分之七十二。"(B.奥尼·休,《美国出口商》(1914年版),第20页)。"一美吨相当于一吨净重的百分之六十六。"(B.奥尼·休,《美国出口商》(1914年版),第23页)。——原注
[7] 根据1932年平均汇率折合七先令十便士。——原注

果将上面的数据作为吨税平均费率,不算未占用的载货载客空间,则英国进出口货物每吨费率及所需装载空间如下表所示:

商品名	每吨所需存放空间（立方英尺）	吨税	1932年每吨商品价值
澳洲小麦	50—53	四先令五便士	六英镑六先令二便士（到岸价格）
澳洲羊毛	240	十八先令九点五便士	八十三英镑十先令九便士（到岸价格）
澳洲黄油	52—55	四先令二点二五便士	九十五英镑十四先令一便士（到岸价格）
澳洲冻牛肉	95—98	七先令六点七五便士	二十九英镑十二先令七便士（到岸价格）
油籽	58—75	五先令二点五便士	七先令四便士（到岸价格）
黄麻	60—64	四先令十点二五便士	十八英镑四先令二便士（到岸价格）
椰仁干	80—120	七先令十便士	十四英镑十四先令九便士（到岸价格）
铁路建材	12—18	一先令二便士	九英镑六便士（离岸价格）
棉布	80—84	六先令五便士	二百二十七英镑十九先令（离岸价格）
羊毛料	80—84	六先令五便士	六百二十七英镑十四先令十便士（离岸价格）
纺织机器	100—120	八先令七点五便士	八十七英镑七先令八便士（离岸价格）

英国通过苏伊士运河出口的货物年均吨位只有进口货物的一半到二分之三。因此,出口货物时,英国船里没有占用的载货空间自然增加了。此外,因苏伊士运河测量法得出的数据比英制测量法数据多出三分之一而不是百分之十八点五,某些型号的蒸汽轮船遭受了沉重损失。

利物浦汽船主协会1930年的报告指出,很多船已改道巴拿马运河。即使国际苏伊士运河公司在1931年下调了吨税,1932年利物浦汽船主协会的报告还是声称"众所周知,目前我们靠不通行苏伊士运河降低成本"。与1929年相比,

1931年通过苏伊士运河的船数量下降了百分之十四点五，净吨位下降了百分之十点三，载货量下降了百分之二十六点六。由于即使没有载货也要对载货空间征收吨税，船主只比以前少缴纳了百分之十六点五的费用。然而，船主不能对载货空间收费，只能收货物运费，并且当时全世界的贸易额严重下降，实际无法将轻载船的运营成本转嫁给货主。船主对1930年的情况难免怨声载道，但国际苏伊士运河公司的董事充耳不闻。国际苏伊士运河公司1931年报告中的字句正体现了他们的这种态度——"我们拒绝屈服于这种降费要求"。随着贸易恶化，这种带点傲慢的态度必须改变，而有人提出"船主不再生国际苏伊士运河公司的气了，客户恢复了与国际苏伊士运河公司之间多年来的良好关系"的说法。这样的说法掩盖了国际苏伊士运河公司所做的让步。然而，船主无法为自己争取到因国际苏伊士运河公司让步而可获得的权益，并且当时运输能力过剩问题严重，船主之间的合作受到了限制。

早在1883年，人们已经在设想把吨税降低到每吨五法郎。1929年，吨税还是六点九金法郎，折合每净吨均价为六点六七六金法郎。在此基础上，如果把吨税真的降低到五法郎，国际苏伊士运河公司的利润会减少三点零三亿法郎，股东的利息比例将从百分之四十三下降到百分之二十六。一方面，即使吨税降低到五法郎，船主可能会被迫将吨税转嫁给客户而不会受益——靠降低成本、刺激交换货物实现。另一方面，在一个货币价值已被彻底改变的世界，像1904年那样超过百分之二十五的理想股息（实现了十年）是否还可以用黄金等价物获得值得商榷。利物浦汽船主协会估计，1931年船舶吨税支出占总运费收入的百分之十四以上，而1932年的平均运费水平比1931年低百分之五。这代表船主的负担增加了。得到英国航运商会支持的利物浦汽船主协会寻求达成1883年"五金法郎"的最低吨税设想，但国际苏伊士运河公司总裁英奇凯普伯爵詹姆斯·麦基回复说[①]："自1883年以来，苏伊士运河利润的增加让股东得

---

① 1931年5月31日《泰晤士报》。——原注

到了五千九百万英镑的收益，让船主得到了六千万英镑的收益。自1920年起，股东得到的利润增长了一千三百七十万英镑，而船主因吨税下调收益达到了一千一百七十英镑。然而，如果股息保持1913年的水平不变，股东自1913年以来得到的收益则比船主少二百四十万英镑。"但1911年到1913年苏伊士运河的利润率达到百分之三十三，并不是百分之二十五。因此，这个问题就这样被回避了：一个垄断公司有权以牺牲使用自己服务的客人及客人所服务客户的利益为代价赚取巨额红利并进行分配吗？

表一 1870年到1932年苏伊士运河收入表（单位·百万法郎，下同）

年份	货物及导航吨税				投资收入等	土地收入	其他收入[①]	合计
	货物吨税	乘客吨税	导航吨税	合计				
1870	4.35	0.26	1.11	5.72	0.22	0.29	3.04[②]	9.27
1871	7.6	0.46	1.19	9.25	0.08	1.07	2.88	13.28
1872	14.34	0.68	1.57	16.59	0.46	1.06	0.21	18.32
1873	20.83	0.73	1.64	23.2	0.45	0.98	0.2	24.83
1874	22.65	0.74	1.72	25.11	0.48	0.50	0.64	26.73
1875	26.43	0.84	1.85	29.12	0.63	0.85	0.25	30.85
1876	27.63	0.72	1.80	30.15	0.29	0.54	0.19	31.17
1877	30.18	0.73	2.04	32.95	0.25	0.54	0.24	33.98
1878	28.34	0.99	1.96	31.29	0.44	0.52	0.25	32.50
1879	27.13	0.85	1.90	29.88	0.35	0.44	0.28	30.95
1880	36.49	1.01	2.49	39.99	0.56	0.55	0.72	41.82
1881	47.19	0.91	3.64	51.74	1.91	0.55	0.48	54.68
1882	55.43	1.31	4.34	61.08	1.31	0.54	0.48	63.41

① 包括之前年份的收益。——原注
② 订单收据数据是二百六十七万四千法郎。——原注

续表

年份	货物及导航吨税				投资收入等	土地收入	其他收入	合计
	货物吨税	乘客吨税	导航吨税	合计				
1883	60.55	1.19	4.40	66.14	0.91	1.09	0.38	68.52
1884	58.63	1.52	2.49	62.64	0.94	1.43	0.40	65.41
1885	60.06	2.06	0.36	62.48	0.98	1.18	0.41	650.05
1886	54.77	1.71	0.32	56.80	1.00	0.69	0.53	59.02
1887	55.99	1.83	0.30	58.12	0.92	0.84	0.63	60.51
1888	63.04	1.84	0.36	65.24	1.15	0.83	0.48	67.70
1889	64.41	1.81	0.97	66.59	1.40	1.29	0.48	69.76
1890	65.43	1.61	0.39	67.43	1.67	0.89	0.47	70.46

年份	货物及导航吨税				投资等收入	土地收入	其他收入	结转	保证金支取	总计
	货物吨税	乘客吨税	导航吨税	合计						
1891	81.54	1.95	0.46	83.95	1.82	0.63	0.47	……	……	86.87
1892	72.61	1.9	0.38	74.89	1.69	0.78	0.45	……	……	77.81
1893	68.86	1.87	0.38	71.11	1.55	0.69	0.49	……	2.74	76.58
1894	72.12	1.66	0.35	74.13	1.38	0.53	0.91	……	……	76.95
1895	75.93	2.17	0.32	78.42	1.15	0.29	0.84	……	……	80.70
1896	76.49	3.08	0.39	79.96	1.19	0.32	0.75	……	……	82.22
1897	70.92	1.91	0.38	73.21	1.29	0.33	0.77	……	1.60	77.20
1898	82.66	2.20	0.47	85.33	1.40	0.25	0.93	……	……	87.91
1899	88.70	2.21	0.45	91.36	1.92	0.16	0.88	……	……	94.32
1900	87.28	2.83	0.60	90.71	1.68	0.13	0.93	0.99	……	94.44
1901	97.04	2.70	0.60	100.34	1.61	0.16	1.01	0.35	……	103.47
1902	101.03	2.23	0.44	103.70	2.01	0.42	0.72	0.01	……	106.86
1903	100.94	1.96	0.69	103.59	2.42	0.26	0.61	1.24	……	108.12
1904	113.18	2.11	0.68	115.97	2.33	0.27	0.61	0.28	……	119.46
1905	110.62	2.53	0.72	113.87	2.46	0.33	0.65	0.15	……	117.46
1906	103.70	3.54	0.86	108.10	2.70	0.45	0.74	0.02	3.80	115.81

续表

年份	货物及导航吨税				投资等收入	土地收入	其他收入	结转	保证金支取	总计
	货物吨税	乘客吨税	导航吨税	合计						
1907	112.80	2.44	0.84	116.08	2.76	0.49	0.79	0.06	……	120.18
1908	105.40	2.19	0.85	108.44	1.86	0.30	0.89	0.05	7.00	118.54
1909	117.76	2.13	0.80	120.69	1.61	0.24	0.94	0.18	……	123.66
1910	127.20	2.34	0.86	130.40	2.07	0.25	0.98	0.40	……	134.10
1911	131.04	2.75	0.97	134.76	2.23	0.16	0.89	0.22	……	138.26
1912	132.93	2.50	1.00	136.43	2.34	0.13	1.02	0.34	……	140.26
1913	122.99	2.65	1.04	126.68	2.09	0.10	1.06	0.47	3.5	133.90
1914	117.31	3.73	1.10	122.14	1.70	0.07	1.21	0.06	……	125.18
1915	90.28	2.01	1.67	93.96	2.66	0.08	1.53	18.70	……	116.93
1916	76.12	2.80	1.56	80.48	6.80	0.07	1.70	11.45	……	100.50
1917	61.08	1.41	1.59	64.08	5.66	0.11	2.18	10.34	……	82.36

年份	货物及导航吨				投资等收入	交易收入	土地收入	其他收入	结转	保证金支取	总计
	货物吨税	乘客吨税	导航吨税	合计							
1918	79.34	1.05	3.01	83.4	5.92	0.4	0.13	3.12	3.98	6.5	103.45
1919	136.97	5.16	2.96	145.09	7.38	28.88	0.58	2.78	0.53	……	185.24
1920	144.59	4.75	2.58	151.92	10.88	101.77	1	1.89	0.51	……	267.97
1921	144.59	2.73	2.07	149.29	9.05	98.61	1.01	2.17	0.32	……	260.45
1922	162.61	2.55	1.69	166.85	9.55	126.17	1.06	1.83	0.95	……	306.41
1923	171.96	2.28	1.53	175.77	12.59	228.17	1.02	1.70	2.11	……	421.36
1924	182.57	2.45	1.47	186.49	4.80	314.60	0.96	1.74	3.73	……	512.32
1925	189.43	2.49	1.54	193.46	27.41	384.80	1.14	1.87	2.50	……	611.18
1926	183.87	2.64	1.58	188.09	24.22	531.08	1.21	1.95	2.07	……	748.62
1927	203.97	3.17	1.55	208.69	28.82	543.99	1.14	1.95	0.92	……	785.51
1928	1 057.52	14.25	7.62	1 079.39	44.18	26.76	6.04	10.74	3.15	……	1 170.26
1929	1 100.34	14.84	9.29	1 124.47	49.05	……	5.66	10.74	4.11	……	1 194.06

续表

年份	货物及导航吨				投资等收入	交易收入	土地收入	其他收入	结转	保证金支取	总计
	货物吨税	乘客吨税	导航吨税	合计							
1930	1 022.96	13.84	7.32	1 044.12	37.97	……	5.84	10.62	5.26	……	1 103.81
1931	918.38	12.24	6.42	937.04	26.08	……	6.14	10.61	1.44	50	1 031.31
1932	783.50	11.82	4.89	800.21	19.66	……	5.92	8.37	3.09	11.45	849.51

注：从1928年开始数据为法郎新币。每四点二五法郎新币等于一金法郎

表二 1870年到1932年苏伊士运河支出表（单位：百万法郎）

年份	管理支出	运输支出	维护支出	土地、水源支出	投资与支取		储备金	总计
					债券	股票、票券等		
1870	1.07	1.22	2.76	3.27	10.54	……	……	18.86
1871	0.96	1.72	1.8	0.88	10.56	……	……	15.92
1872	0.9	1.61	1.57	0.75	11.42	……	……	16.25
1873	0.92	1.53	2.31	0.86	11.73	5[①]	……	22.35
1874	0.94	1.51	3.04	0.80	12.38	10	……	28.67
1875	0.97	1.58	2.83	0.98	11.58	12.25[②]	0.06	30.25
1876	1.06	1.56	2.30	0.71	11.64	11.79	0.11	29.17
1877	1.14	1.62	2.28	0.76	11.66	11.78	0.24	29.48
1878	1.17	1.60	1.87	0.64	11.62	11.78	0.19	28.87
1879	1.07	1.54	1.78	0.48	11.41	11.78	0.14	28.20
1880	1.14	1.56	2.08	0.69	11.59	11.78	0.65	29.49
1881	1.14	1.67	1.97	0.54	11.60	11.78	1.30	30.00

① 1870年7月票券。——原注
② 含四十六万六千英镑偿债基金（1870年到1874年）。——原注

续表

年份	管理支出	运输支出	维护支出	土地、水源支出	投资与支取		储备金	总计
					债券	股票、票券等		
1882	1.28	2.43	2.14	0.79	11.63	11.80	1.67	31.74
1883	1.49	2.34	2.24	1.17	11.73	11.80	1.89	32.66
1884	1.44	2.28	1.90	1.00	11.92	11.80	……	30.34
1885	1.41	2.43	2.06	1.23	12.09	11.80	……	31.02
1886	1.45	2.27	2.10	0.80	12.24	11.80	……	30.66
1887	1.42	2.41	1.54	1.15	12.20	11.80	……	30.52
1888	1.54	2.61	1.99	1.29	12.20	11.80	……	31.43
1889	1.73	2.82	2.34	1.60	12.24	11.80	……	32.55
1890	1.58	2.89	2.42	1.45	12.19	11.80	……	32.33
1891	1.66	3.24	2.50	1.78	15.30	11.80	1.5	37.78
1892	1.82	3.27	2.09	1.25	15.85	11.80	……	36.08
1893	1.85	3.30	2.16	1.09	15.76	11.80	……	35.96
1894	1.53	3.12	2.07	1.32	15.99	11.80	0.75	36.58
1895	1.47	3.03	3.48	1.52	16.14	11.80	1.29	38.73
1896	1.46	3.00	3.80	1.48	16.17	11.80	2.23	39.94
1897	1.46	2.92	2.58	1.26	16.27	11.80	……	36.29
1898	1.64	2.84	2.34	1.44	16.21	11.80	5.02	41.29

年份	管理支出	运输支出	维护支出	土地、水源支出	投资与支取		保证金（法定、特别折旧等）	结转	总计
					债券	股票、票券等			
1899	1.79	3.18	2.47	1.2	16.22	11.8	5.13	0.99	42.78
1900	1.63	3.21	3.03	1.15	16.62	11.8	5.08	0.35	42.87
1901	1.62	3.16	3.35	1.22	16.39	11.8	4.59	0.01	42.14
1902	1.72	3.02	3.75	1.2	15.31	11.88	7.24	1.24	45.36
1903	1.81	3.04	3.96	1.31	15.30	11.88	5.97	0.28	43.55

续表

年份	管理支出	运输支出	维护支出	土地、水源支出	投资与支取		保证金（法定、特别折旧等）	结转	总计
					债券	股票、票券等			
1904	1.86	3.15	3.93	0.92	15.30	11.88	11.34	0.15	48.53
1905	1.86	3.07	3.72	0.91	15.29	11.88	9.54	0.02	46.29
1906	2.04	3.26	4.69	0.98	15.28	11.88	6.24	0.06	44.43
1907	2.04	3.45	5.41	1.09	15.27	11.88	9.60	0.05	48.79
1908	2.21	3.50	6.70	1.20	15.26	11.88	6.16	0.18	47.09
1909	2.09	3.51	5.03	1.38	15.49	11.88	6.40	0.40	46.18
1910	2.27	3.61	4.86	1.55	15.58	11.88	11.70	0.22	51.67
1911	2.30	4.01	5.73	1.55	15.58	11.88	9.79	0.34	51.18
1912	2.29	4.10	6.30	1.59	15.57	11.88	10.77	0.47	52.97
1913	2.36	4.03	7.60	1.55	15.56	11.88	3.00	0.06	46.04
1914	2.61	4.10	5.63	1.45	16.15	11.88	3.00	18.70	63.52
1915	2.32	4.54	4.37	1.39	16.41	11.88	3.00	11.45	55.36
1916	2.38	4.63	5.15	1.62	19.79	11.88	1.00	10.34	56.79
1917	2.59	4.78	4.82	1.74	23.21	11.88	……	3.98	53.00
1918	3.10	5.97	4.39	2.01	19.15	16.38	2.00	0.53	53.53
1919	4.69	8.24	10.40	2.90	15.90	20.37	18.00	0.51	81.01
1920	6.29	11.40	16.65	4.13	18.14	19.38	48.00	0.32	124.31
1921	7.71	13.05	17.31	5.89	17.91	18.37	30.00	0.95	111.19
1922	8.35	12.93	17.68	5.69	16.93	10.08	40.00	2.11	113.77
1923	8.54	13.25	14.37	5.49	16.84	10.08	85.00	3.73	157.30
1924	11.29	13.24	13.07	5.79	16.78	10.08	85.00	2.50	157.75
1925	10.01	13.15	18.09	6.09	16.92	10.08	70.00	2.07	146.41
1926	13.22	13.16	20.04	6.39	16.92	10.08	69.00	0.92	149.73
1927	12.86	13.01	15.84	7.01	16.92	10.08	70.00	3.15	148.87
1928	31.20	66.63	77.52	35.37	83.16	10.08	150.00	4.11	458.07
1929	34.77	76.38	80.67	36.33	83.09	10.08	130.00	5.26	456.58

续表

年份	管理支出	运输支出	维护支出	土地、水源支出	投资与支取		保证金（法定、特别折旧等）	结转	总计
					债券	股票、票券等			
1930	38.12	73.65	83.05	36.00	83.16	10.08	60.00	1.44	385.50
1931	38.73	73.37	66.32	33.88	83.15	49.64	70.00	3.9	418.99
1932	34.387	61.30	64.52	25.70	83.16	49.64	21.00	4.53	344.23

注：从1928年开始数据为法郎新币。每四点二五法郎新币等于一金法郎

表三 1870年到1932年苏伊士运河盈余利润分配表（单位·百万法郎）

年份	总计	股东（71%）	埃及政府（15%）	创始者股份（10%）	诸董事（2%）	员工（2%）
1870	—9.59					
1871	—2.64	赤字由"创始者股份"承担				
1872	2.07					
1873	4.55	从此开始赢利。"特别基金"				
1874	2.61					
1875	2.55					
1875	1.06	0.75	0.16	0.11	0.02	0.02
1876	2.00	1.42	0.3	0.2	0.04	0.04
1877	4.05	3.2	0.67	0.45	0.09	0.09
1878	3.63	2.58	0.55	0.36	0.07	0.07
1879	2.75	1.95	0.41	0.27	0.06	0.06
1880	12.33	8.75	1.85	1.23	0.25	0.25
1881	24.68	17.52	3.70	2.47	0.50	0.49
1882	31.67	22.49	4.75	3.17	0.63	0.63
1883	35.86	25.46	5.38	3.58	0.72	0.72

续 表

年份	总计	股东（71%）	埃及政府（15%）	创始者股份（10%）	诸董事（2%）	员工（2%）
1884	35.07	24.90	5.26	3.51	0.70	0.70
1885	34.03	24.19	5.10	3.41	0.68	0.68
1886	28.36	20.13	4.25	2.84	0.57	0.57
1887	29.99	21.29	4.50	3.00	0.60	0.60
1888	36.27	25.75	5.44	3.63	0.72	0.73
1889	37.21	26.42	5.58	3.72	0.74	0.75
1890	38.13	27.07	5.72	3.81	0.77	0.76
1891	49.09	34.86	7.36	4.91	0.98	0.98
1892	41.73	29.63	6.26	4.17	0.84	0.83
1893	40.62	28.84	6.09	4.06	0.81	0.82
1894	40.37	28.66	6.06	4.03	0.81	0.81
1895	41.97	29.80	6.30	4.20	0.84	0.83
1896	42.28	30.02	6.34	4.23	0.84	0.85
1897	40.91	29.05	6.14	4.09	0.82	0.81
1898	46.62	33.10	6.99	4.67	0.93	0.93
1899	51.54	36.60	7.73	5.15	1.03	1.03
1900	51.57	36.61	7.74	5.16	1.03	1.03
1901	61.33	43.54	9.20	6.13	1.23	1.23
1902	61.50	43.66	9.23	6.15	1.23	1.23
1903	64.57	45.84	9.69	6.46	1.29	1.29
1904	70.93	50.36	10.64	7.09	1.42	1.42
1905	71.17	50.53	10.67	7.12	1.42	1.43
1906	71.38	50.68	10.71	7.14	1.43	1.42
1907	71.39	50.68	10.71	7.14	1.43	1.43
1908	71.45	50.73	10.72	7.14	1.43	1.43
1909	77.48	55.01	11.62	7.75	1.55	1.55

续 表

年份	总计	股东（71%）	埃及政府（15%）	创始者股份（10%）	诸董事（2%）	员工（2%）
1910	82.43	58.53	12.36	8.24	1.65	1.65
1911	87.08	61.83	13.06	8.71	1.74	1.74
1912	87.29	61.98	13.09	8.73	1.75	1.74
1913	87.86	62.38	13.18	8.79	1.75	1.76
1914	61.66	43.78	9.25	6.17	1.23	1.23
1915	61.57	43.71	9.24	6.16	1.23	1.23
1916	43.71	31.03	6.56	4.37	0.88	0.87
1917	29.36	20.84	4.40	2.94	0.59	0.59
1918	49.92	35.44	7.49	4.99	1.00	1.00
1919	104.23	74.00	15.64	10.43	2.08	2.08
1920	143.66	102.00	21.55	14.37	2.87	2.87
1921	149.26	105.98	22.39	14.93	2.98	2.98
1922	192.64	136.78	28.90	19.26	3.85	3.85
1923	264.06	187.48	39.61	26.41	5.28	5.28
1924	354.57	251.75	53.19	35.45	7.09	7.09
1925	464.77	329.99	69.71	46.47	9.30	9.30
1926	598.89	424.21	89.83	59.89	11.98	11.98
1927	636.64	452.02	95.50	63.66	12.73	12.73
1928	712.19	505.66	106.83	71.22	14.24	14.24
1929	737.48	523.61	110.62	73.75	14.75	14.75
1930	718.31	510.00	107.75	71.83	14.36	14.37
1931	612.32	434.75	91.85	61.23	12.25	12.24
1932	505.28	358.75	75.79	50.53	10.10	10.11

注：从1919年开始，股息分配从金法郎改为纸法郎，直到1928年5月法郎币值稳定为止。1928年5月以后改用法郎新币。每四点二五法郎新币等于一金法郎

表四 1870年到1932年不同国家船经行苏伊士运河数据表（单位·千吨）

从1884年开始，国际苏伊士运河公司中代表英国政府的英国董事都要向英国外交部汇报通过苏伊士运河船的国籍和净吨位数据。本表给出了1884年以前的数据[①]。主要大国船吨位数量变化的情况在本表中也有体现。在世界大战期间，奥匈帝国的数据没有被录入，从1915年开始，奥匈帝国表格的位置载入的是丹麦的数据。

年份	总计	英国	法国	荷兰	德国	意大利	奥匈帝国	西班牙	挪威	俄罗斯帝国	日本	美国
1870	436	289	85	……	……	6	19	1	……	1	……	……
1871	761	546	89	7	2	27	39	3	1	5	……	4
1872	1 439	1 060	163	26	12	48	53	8	4	13	……	1
1873	2 085	1 500	222	73	36	59	91	31	9	14	1	2
1874	2 424	1 797	223	106	40	63	84	50	13	12	1	……
1875	2 941	2 181	226	131	46	80	92	44	21	25	1	5
1876	3 072	2 344	237	147	41	82	76	55	21	24		1
1877	3 419	2 698	234	156	57	86	73	51	21	……		3
1878	3 291	2 630	251	151	31	65	64	56	8	……	9	3
1879	3 237	2 506	262	159	22	94	71	65	9	8	2	2
1880	4 376	3 461	275	173	54	105	116	86	11	47	1	1
1881	5 823	4 832	290	188	61	116	127	102	14	49	1	……
1882	5 075	4 126	286	188	127	108	88	57	26	23	……	……
1883	5 776	4 406	557	229	157	132	99	107	24	28	4	1
1884	5 872	4 467	568	264	169	114	103	96	24	30	13	5

---

① 其中摘自埃及内政部报告发表的关于1881年的数据有一些争议：埃及蓝皮书所记录的总吨位数据是五千八百二十三万吨，而国际苏伊士运河公司资料称是五千七百九十四万吨。净吨位数据是四千一百三十七万吨，而"官方数字"只有三千二百一十六万吨。由此可见，"官方数字"是英吨，而净吨位是苏伊士运河吨。——原注

续表

年份	总计	英国	法国	荷兰	德国	意大利	奥匈帝国	西班牙	挪威	俄罗斯帝国	日本	美国
1885	6 336	4 864	574	252	199	159	120	59	38	47	4	3
1886	5 768	4 437	476	230	210	125	137	62	35	36	5	6
1887	5 903	4 517	384	221	220	252	141	65	36	34	3	1
1888	6 641	5 223	387	218	238	267	123	63	49	28	6	1
1889	6 783	5 353	362	262	289	187	117	72	66	34	4	2
1890	6 890	5 331	366	249	491	144	118	70	57	35	4	1
1891	8 699	6 838	407	269	596	180	112	69	84	39	8	……
1892	7 712	5 827	416	320	554	128	125	69	108	44	4	1
1893	7 659	5 753	461	327	556	120	167	71	89	54	1	3
1894	8 039	5 997	467	357	626	119	188	82	68	77	12	3
1895	8 448	6 063	673	366	694	146	166	96	109	87	2	2
1896	8 560	5 818	532	380	806	392	158	182	74	134	30	……
1897	7 899	5 139	520	382	859	129	184	138	87	144	114	4
1898	9 239	6 298	572	382	970	137	213	149	81	153	183	2
1899	9 896	6 586	599	419	1 071	133	266	114	124	172	225	68
1900	9 738	5 605	752	507	1 466	159	341	110	68	307	246	54
1901	10 823	6 253	757	509	1 763	176	409①	113	76	364	237	45
1902	11 248	6 773	769	520	1 707	167	418	96	75	329	232	47
1903	11 907	7 404	781	549	1 773	149	407	87	71	349	221	24
1904	13 402	8 834	778	583	1 970	205	455	88	146	154	21	24
1905	13 134	8 357	884	578	2 113	190	458	75	116	177	……	13
1906	13 446	8 300	856	561	2 456	181	483	81	80	330	147	68
1907	14 728	9 496	807	632	2 254	202	440	75	54	239	259	13

① 在标注所示时期，奥匈帝国政府为悬挂奥匈帝国国旗的船支付了所有吨税。(《英国议会议事录》，1907年6月11日）——原注
② 1919年的三十一万七千吨和1920年的五十二万六千吨被称为"协约国间吨位"。——原注

续表

年份	总计	英国	法国	荷兰	德国	意大利	奥匈帝国	西班牙	挪威	俄罗斯帝国	日本	美国
1908	13 633	8 302	815	744	2 311	190	388	78	62	252	286	……
1909	15 408	9 592	802	801	2 382	208	520	76	77	222	358	……
1910	16 582	10 424	833	855	2 564	218	643	71	46	288	351	9
1911	18 325	11 716	820	971	2 791	202	622	72	60	311	362	2
1912	20 275	12 848	799	1 240	2 852	368	814	73	91	363	320	3
1913	20 034	12 052	928	1 287	3 352	291	846	76	93	341	343	7
1914	19 409	12 910	800	1 389	2 119	369	632	72	97	200	354	3
							丹麦					
1915	15 266	11 656	666	1 334	……	363	166	73	136	60	566	3
1916	12 325	9 788	774	643	……	439	145	66	167	27	70	35
1917	8 369	6 164	579	126	……	778	35	21	66	1	155	28
1918	9 252	7 356	380	3	……	477	……	26	83	……	502	8
1919	16 014[②]	11 355	475	755	……	317	315	98	257	55	1 450	168
1920	17 575	10 838	775	1 426	15	606	230	72	172	46	1 601	724
1921	18 119	11 397	968	2 032	171	934	232	31	259	12	1 042	672
1922	20 743	13 383	997	2 161	735	858	280	46	309	41	928	668
1923	22 730	14 264	1 294	2 178	1 214	1 043	300	37	331	74	986	614
1924	25 110	14 995	1 497	2 488	1 647	1 483	345	52	367	62	872	795
1925	26 762	16 016	1 628	2 699	1 791	1 416	360	68	372	35	1 067	812
1926	26 060	14 969	1 736	2 859	2 154	1 348	331	49	452	44	946	710
1927	28 962	16 534	1 807	3 025	2 764	1 514	292	30	662	59	914	682
1928	31 906	18 124	1 927	3 330	3 300	1 650	354	18	687	68	940	729
1929	33 466	19 114	2 166	3 544	3 455	1 525	404	18	702	104	952	705
1930	31 669	17 600	2 002	3 313	3 389	1 503	432	9	966	130	939	670
1931	30 028	16 624	2 084	2 848	3 315	1 424	366	……	746	175	1 153	625
1932	28 340	15 721	2 037	2 364	2 506	1 609	438	……	861	274	1 440	526

轮船通过苏伊士运河

表五 1890年到1932年经苏伊士运河通往东、南半球国家吨位数据表（单位·千吨）

国际苏伊士运河公司报表数据给出1890年到1932年的相关数据。如下：

年份	总计	(1)	(2)	(3)	印度		(6)	(7)	(8)	(9)	(10)
					(4)	(5)					
1890	6 890	……	149	……	1 988	1 882	879		716	928	348
1891	8 699	……	219	……	2 610	2 297	1 113		799	1 167	494
1892	7 712		232		2 083	2 150	966		795	1 105	379
1893	7 659	……	172		2 239	1 833	1 028	798	1 234	355	
1894	8 039		193		2 106	2 242	970	798	1 347	383	
1895	8 448	……	357	……	2 015	2 417	1 003	840	1 400	416	
1896	8 560	……	269	……	1 649	2 411	1 085	871	1 578	697	

(1) 红海及亚丁湾；(2) 东非（好望角）及群岛；(3) 波斯湾；(4) 西海岸；(5) 荷属东印度、缅甸及锡兰；(6) 法属印支那及暹罗；(7) 海峡及荷属东印度地区；(8) 澳大利亚、新西兰及新喀里多尼亚；(9) 中国、日本、西伯利亚及菲律宾；(10) 其他订单港口及地区

续 表

年份	总计	(1)	(2)	(3)	印度 (4)	印度 (5)	(6)	(7)	(8)	(9)	(10)
1897	7 899	……	303	……	1 269	2 419	1 033	845	1 705	325	
1898	9 238	……	341	……	2 034	2 652	1 048	820	1 851	492	
1899	9 896	……	378	……	1 846	2 892	1 265	922	2 175	418	
1900	9 738	……	404	……	1 128	2 763	1 372	864	2 756	451	
1901	10 824	……	382	……	1 675	3 106	1 504	972	2 710	475	
1902	11 248	……	397	……	1 962	3 478	1 539	981	2 486	405	
1903	11 907	……	477	……	2 405	3 481	1 435	926	2 665	518	
1904	13 402	……	450	……	3 033	4 006	1 722	924	2 665	602	
1905	13 134	……	482	……	2 623	3 722	1 671	995	2 943	698	
1906	13 445	……	484	……	2 557	3 817	1 537	1 155	3 299	596	
1907	14 728	……	454	……	3 329	3 823	1 708	1 318	3 375	716	
1908	13 633	……	436	……	2 193	3 769	1 945	1 234	3 489	567	
1909	15 407	……	454	……	2 114	4 214	1 655	1 544	3 874	552	
1910	16 582	……	510	……	3 359	4 300	1 987	1 704	3 977	745	
1911	18 325	……	710	……	3 723	4 639	2 331	1 904	4 060	958	
1912	20 275	……	747	……	4 812	4 947	2 435	2 037	4 202	1 095	
1913	20 034	……	816	……	4 129	5 058	2 383	2 104	4 548	996	
1914						数据未公开					
1915											
1916											
1917											
1918											
1919	16 014	84	1 372	646	2 604	3 289	265	2 144	2 595	2 615	400
1920	17 575	141	1 586	666	2 986	3 753	403	2 523	1 359	3 796	362
1921	18 119	526	893	1 253	2 802	3 786	625	2 398	2 097	3 699	40

(1) 红海及亚丁湾；(2) 东非（好望角）及群岛；(3) 波斯湾；(4) 西海岸；(5) 荷属东印度、缅甸及锡兰；(6) 法属印支那及暹罗；(7) 海峡及荷属东印度地区；(8) 澳大利亚、新西兰及新喀里多尼亚；(9) 中国、日本、西伯利亚及菲律宾；(10) 其他订单港口及地区

续表

年份	总计	(1)	(2)	(3)	印度		(6)	(7)	(8)	(9)	(10)
					(4)	(5)					
1922	20 743	489	841	1 956	3 436	4 338	270	2 455	2 406	4 472	80
1923	22 730	554	1 051	2 301	3 709	4 399	500	2 587	2 477	4 979	173
1924	25 110	512	1 123	2 607	4 116	5 016	480	2 693	2 529	5 671	363
1925	26 762	456	1 303	2 960	3 610	5 460	614	2 802	3 388	5 709	460
1926	26 060	400	1 475	3 384	2 819	4 932	598	2 847	3 163	5 888	554
1927	28 962	530	1 682	3 615	3 399	5 619	694	3 094	3 473	6 383	474
1928	31 906	507	1 832	3 876	3 659	5 970	901	3 955	3 435	7 186	585
1929	33 466	680	1 928	4 190	3 321	5 925	854	4 475	3 942	7 669	482
1930	31 669	502	1 875	4 517	2 988	5 588	827	3 912	3 703	7 350	407
1931	30 028	355	1 750	4 326	2 951	5 280	864	3 214	3 601	7 243	444
1932	28 340	599	1 624	4 589	2 445	4 486	875	2 836	3 334	7 102	423

(1) 红海及亚丁湾；(2) 东非（好望角）及群岛；(3) 波斯湾；(4) 西海岸；(5) 荷属东印度、缅甸及锡兰；(6) 法属印支那及暹罗；(7) 海峡及荷属东印度地区；(8) 澳大利亚、新西兰及新喀里多尼亚；(9) 中国、日本、西伯利亚及菲律宾；(10) 其他订单港口及地区

注：1914年到1918年数据未公布。[①]

---

① 在作者所处的20世纪30年代未公布。——译者注

第 9 章

世界大战中的苏伊士运河

精彩看点

战争突发时的局势——敌人的商船——奥斯曼帝国苏丹宣战——运河的防御——运河防务——间谍活动——约翰·马克斯韦尔爵士接管防御——奥斯曼土耳其帝国进攻——敷设雷区——组织前进防线——放弃加利波利的影响——在坎塔拉修建海洋码头——P.G. 艾古中校的评价

在德国人眼中，苏伊士运河一直是英国的"咽喉"。对苏伊士运河的工作人员来说，苏伊士运河既独特又带点争议的国际地位往往掩盖了战略和政治行动的真实意图，导致在世界大战刚爆发时他们没有完全搞清楚自己的职责是什么。世界大战直接导致船主无法像往常一样在巴黎缴纳吨税，进而导致许多船舶严重延误。这样一来，英国政府不得不进行干预，引导国际苏伊士运河公司将收款授权下放给国际苏伊士运河公司设在伦敦的办事处。这一过程一开始并不顺利，后来甚至招致众怒，不过问题还是得到了解决。

当时，英国的最大关切可用一句拉丁语概括："aperire terrain gentibus"，换句话说，就是根据《君士坦丁堡公约》和1904年英国和法国协议的条款保障苏伊士运河的安全与开放。这需要在运河区占领一些要地，虽然占领行为违反《君士坦丁堡公约》，但情有可原。

世界大战爆发后不久，就有一批同盟国商船躲到塞得港和苏伊士港避难，以免被俘。当时，同盟国船是允许到苏伊士运河避难的，直到后来发现有几艘同盟国船非法使用无线电设备，被国际苏伊士运河公司强制拆除为止。约翰·马克斯韦尔爵士还记录了一件事：一个德国水手绕一艘英国军舰游泳，一边挥舞着德国国旗一边高声大叫。当时，还有其他类似事件发生，不乏程度更严重、性质更怪诞者。当时，各国在塞得港和苏伊士港的部队和战舰都没被禁行，是可以自由通行的。借官方历史的话来说，国际苏伊士运河公司是"敏感的"：即使法军总司令可以指挥英国地中海舰队，并且有几艘英国巡洋舰在苏伊士运河南部巡弋，还是担心自己的安全问题。苏伊士运河在世界大战期间面临的困难和疑虑要等到奥斯曼帝国参战才能被解决。很快，苏伊士运河被裁定不具有庇护权。埃及政府呼吁避难的同盟国船离开苏伊士运河水域，并动用炮艇将其送出三英里距离。接着，这些同盟国船就被协约国俘获。

为防苏伊士运河被破坏，协约国采取了以下预防措施：埃及骆驼军在苏伊士运河两岸巡逻，随后，印度比卡内尔骆驼军[①]抵达；接着，来了替代英国守军的印度师。埃及的协约国武装部队由曾于1882年在泰勒凯比尔作战的少将约翰·马克斯韦尔爵士指挥。

1914年10月，一个德国人和一个亚历山大港警察被捕。从这个警察身上搜出苏伊士运河的地图、大量雷管和一个密码。这个警察是奥斯曼帝国的间谍。埃及到处是同盟国的间谍：除了从俘获的同盟国船上抓的两百人，最起码还有六百人[②]。国际苏伊士运河公司的很多领航员是奥地利人，显然，他们中的大部分人1916年时还在工作。时至今日，我们不知道是该赞许国际苏伊士运河公司不对工作人员搞国籍歧视，还是批评它让这些奥地利人"背叛"对自己国家的忠诚，只专心为国际苏伊士运河公司服务。但国际苏伊士运河公司宣布，不能没有这些奥地利人，并且以公司名义保证他们一定会忠于职守（事后看来也确实如此）。

1914年9月，约翰·马克斯韦尔爵士接管苏伊士运河防务。归他指挥的部队的主力于1914年10月到达苏伊士运河。1914年12月，对苏伊士运河的布防开始。整个防御被分为三段：苏伊士—苦湖段，大苦湖以北的德佛索尔—法尔达内段，法尔达内—塞得港段。协约国将指挥部和总预备队设在伊斯梅利亚，并组织小型特遣队守卫淡水运河和补给站。1915年1月，防御部队组建骆驼运输队。

[①] 比卡内尔骆驼军，来自印度为大英帝国服务的部队，在第一次世界大战和第二次世界大战中为协约国作战。——译者注
[②] 埃及有七万土耳其人，但有潜在危险的只是一小部分人。——原注

英国和法国将一些老式军舰长期停泊在苏伊士运河的泊位中——这些泊位是专门挖掘疏浚过的——充当浮动炮台,还配备了一些英国和法国飞机。世界大战爆发之初,对英国来说,苏伊士运河与最前沿防线战壕前的障碍一样。但这种定位可能导致苏伊士运河,换句话说,英国最重要的交通线被切断。然而,当时没有别的替代办法。

1914年冬的降水比往年多。1915年1月,一支约五千人的奥斯曼帝国军队突然出现在足以突击苏伊士运河的地方。奥斯曼帝国军队要与埃及的民族主义者配合,攻击苏伊士运河的同时在埃及国内制造起义,并且杀害埃及的欧洲主要领导人。所幸,这一阴谋被埃及的澳大利亚军队粉碎。

1915年2月3日,奥斯曼帝国军队勇敢地发起进攻。三艘奥斯曼帝国浮船虽然努力试图在蒂姆萨湖和苦湖间渡过苏伊士运河,但失败了。不过,一个土耳其一百五十毫米炮队在九千二百米距离上重创英国运输船"哈丁"号和法国军舰"鲨鱼"号,几乎将它们击沉。奥斯曼帝国士兵向英国船"克里奥"号开火。根据英国历史官方记载,奥斯曼帝国炮兵的射术格外精准。

奥斯曼帝国没有反复发动进攻。苏伊士运河交通只是在1915年2月3日白天和几个晚上稍微中断后再次恢复。在战斗中,一位平民受伤。此人叫乔治·卡鲁,是苏伊士运河的领航员。他腿上中了一枪,胳膊也断了,但将"哈丁"号安然带入蒂姆萨湖。后来,乔治·卡鲁为此荣获荣誉军团勋章。

苏伊士运河面临的直接威胁就这样被消除了。不过,还有三万人的奥斯曼帝国军队部署在更远的贝尔谢巴。并且在奥斯曼帝国的船从亚喀巴出发前往红海和苏伊士湾布雷时,出现了要发动新一轮进攻的迹象。当时,西奈地区降雨充沛,为同盟国的所有行动提供了便利。1915年3月,奥斯曼帝国军队开始了新一轮袭击但被击退。1915年4月8日,一个同盟国巡逻队出现在坎塔拉附近,因此,协约国向东追踪十五英里,并在当地的沙丘中发现了一个大储货箱。协约国随即在苏伊士运河进行打捞,并在1915年4月10日晚捞起了水雷。在此期间,有几艘船通过了苏伊士运河。1915年4月28日,同盟国在伊斯梅利亚轮渡哨所附近再次发起袭击,被协约国击退。1915年5月30日,同盟国对苏伊士运河开展了新一轮军事行动。当时,有人发现一队人马正接近苏伊士运河。这些人把地雷埋在距离运河东岸零点七五英里的沙漠后就撤退了。1915年6月30日,霍尔特班轮"忒瑞西阿斯"号在由三艘海军武装快艇定期巡逻的小苦湖触雷。当时,"忒瑞西阿斯"号船身打横堵住了运河河道,但苏伊士运河当晚就恢复了通行。

后来,奥斯曼帝国暂时放弃了在苏伊士运河方向上的所有努力,主要在达达尼尔海峡活动,还把在西奈半岛对抗协约国军队的大部分正规军都调到了达达尼尔海峡战场。英国政府已经考虑放弃加利波利①,还想与法国探讨如何决策才能更好地确保苏伊士运河未来的安全。首先,协约国考虑在亚历山大港湾切断通往巴勒斯坦的铁路的行动,但随即放弃这一计划。接着,协约国制订了在苏伊士运河以东一万两千码处建立长达八十七英里防线的计划。这个计划需要五个骑兵师、八个步兵师、十九个攻城炮和重型火炮队、装甲车、飞机,以及辎重、铁丝网、电话电缆通信设施、供水设施和轻轨铁路系统。虽然这一计划最终也作罢,但显示了防御苏伊士运河的艰难程度,也显示了其地位的重要性。

1915年12月,加利波利被放弃。苏伊士运河再次成为潜在的重要战区,从

---

① 此处指第一次世界大战时期的登陆战争加利波利之战,也称达达尼尔战役和恰纳卡莱之战。协约国寄希望于通过这次登陆行动打通博斯普鲁斯海峡通道,从而快速打进伊斯坦布尔击败奥斯曼帝国。但奥斯曼帝除了最开始被协约国打得乱了阵脚,很快就冷静下来,甚至多次反扑协约国登陆部队。1915年11月,在经历了一系列意外、僵持与挫折后,协约国选择撤退,也就是正文中的"放弃"。讽刺的是,这次撤退行动反倒是整个军事行动过程中最"成功"的一次,因为协约国的伤亡人数只有十人。在行动中,协约国投入了近五十万军队,其中四万多人阵亡、九万多人受伤,不仅四艘军舰在最初的行动中触雷受损,英国战列舰"歌利亚"号、"凯旋"号和"威严"号更是相继被击沉,连英国海军上将萨克维尔·卡登也在首轮登陆行动中受伤。然而,奥斯曼帝国军队伤亡人数不到协约国的四分之一,受伤人数更是只有协约国的九分之一。不少后来震撼世界的政治、军事人物都在这次战役中崭露头角,如率兵在后来的索姆河战役及第二次世界大战中建立功勋的新西兰将领伯纳德·弗赖伯格,以及被称为"土耳其之父"的穆斯塔法·凯末尔·阿塔蒂尔克等。澳大利亚和新西兰至今把登陆日(4月25日)作为法定节日纪念。——译者注

赫伯特·基奇纳伯爵

加利波利撤退的协约国军队被派往埃及。现在，奥斯曼帝国苏丹阿卜杜勒·哈米德二世可以放手攻打苏伊士运河了。这令赫伯特·基奇纳伯爵很惊讶。赫伯特·基奇纳伯爵了解埃及，并且和约翰·马克斯韦尔爵士的想法一样：一旦苏伊士运河处于奥斯曼帝国军队的攻击范围之内，当地人的防御是靠不住的。据估计，1916年4月，奥斯曼帝国如果要在苏伊士运河地区与协约国作战，可以投入十三万人的兵力。

阿奇博尔德·默里爵士

协约国重新部署了驻地中海部队的防务，中将阿奇博尔德·默里爵士负责苏伊士运河的防务。《官方战争史》第一卷第九十五页记载了阿奇博尔德·默里1916年1月9日刚到战场时的发现：

> 苏伊士运河热闹非凡。从尼罗河来的三角帆船队携带着石料和铁路建材，已从尼罗河来到苏伊士运河。这些材料要被送到苏伊士运河东岸的公路和铁路终点去。铁道将铺入沙漠，与运河河道形成九十度夹角。尼罗河三角洲的轻便铁道已被转移到运河区。每天有数百条这样的三角帆船运载各种建材从塞得港出发，在运河各处卸下，然后他们前往苏伊士获取修路用的铺路石。印度来的管道最长，约有一百三十英里。其余必须从美国买，还要焦急地等待发货。这个

时候，哪怕一艘德国潜艇都可能会使所有计划无法进行，令施工进度推迟数周。

好在约翰·马克斯韦尔爵士制订了防御计划。这个计划需要整个政府通力合作——所有人的才干、资源、努力和只有经验才能积累出来的机敏紧密结合。新来的指挥官或参谋会发现，让这台巨大的防御机器动起来非常困难——仅凭一厢情愿，当然不可能在当时获得如此巨大的成就。

阿奇博尔德·默里爵士指挥的部队现在充当英国战略预备队的角色。从地理角度来看，没有比塞得港更适合作为部队登陆或者上船的地方了。英国海

约翰·马克斯韦尔爵士

陆军部队的装卸、整备和燃料加注都需要与国际苏伊士运河公司工作人员密切合作——他们也出色完成了任务。通过苏伊士运河的商船仍川流不息，没有使军事工作遭遇延误，也没有使股东的股息受到影响。

经国际苏伊士运河公司同意，坎塔拉建起了海洋码头，通过铁路与埃及铁路连接，也成为苏伊士运河东岸军列系统的终点站。每天，六十万加仑淡水从坎塔拉通过向东进入沙漠的管道被抽取出来；为了防止同盟国用炮火袭击苏伊士运河，协约国在沙漠中建造了精心设计、远离苏伊士运河的防御系统。

1916年3月到1917年10月，在埃及，有十五万到二十万英军士兵需要供应补给，可能还有大批埃及士兵在领取军饷。

1917年6月，埃德蒙·艾伦比替代阿奇博尔德·默里爵士主持军务。英军推进到阿里什，并将同盟国军队赶出西奈半岛。苏伊士运河已经彻底安全了。

1915年到1916年，曾在塞得港执行任务的P.G.艾古中校写下一段文字，记录了国际苏伊士运河公司向英国远征军提供的服务。

> 在军事占领苏伊士运河的日子里，英军指挥官总是与国际苏伊士运河公司保持紧密联系。因此，这些军官不仅可以对运河防务做出自己的判断，还能得到国际苏伊士运河公司这个专业的伙伴帮助，这是欲求却难得的。国际苏伊士运河公司丰富的资源和高效的工作人员令协约国海陆军官感到无比惊奇与钦佩。对守军来说，国际苏伊士运河公司拥有庞大的资源是很幸运的。后来，国际苏伊士运河公司将这些资源慷慨地交给英国军方使用，但获得的回报少得可怜。英军尽管答应会把使用物资的数额做成正式清单寄回来，并且如数归还，但最后往往忘了自己的承诺。在军事占领初期，这种事接二连三地发生。高级军官曾慌忙到塞得港，向国际苏伊士运河公司借船；后来，这些军官反倒忘记履行合同上的义务了。

国际苏伊士运河公司对协约国军队的慷慨贯穿世界大战的全过

埃德蒙·艾伦比

程。不管协约国军队要使用码头还是仓库,国际苏伊士运河公司都一概照准,并且分文不取。1914年8月到1916年12月,英军的确直接保护国际苏伊士运河公司的财产。没人因此提出国际苏伊士运河公司应出资支持昂贵的、维持防御用的军费,应该也是希望国际苏伊士运河公司将自己的资源免费赠予英国司令部。但从1917年开始,新情况出现了。英国远征军深入巴勒斯坦,苏伊士运河摆脱了可能遭到进攻的危险。如果国际苏伊士运河公司从当时开始要求军方付款,军方是很难拒绝的——但这种事从未发生过。后来,停战协定都签署好几个月了,英国陆军继续占领广阔的仓储区,给国际苏伊士运河公司的收入造成了损失。如果不是国际苏伊士运河公司为了自保定下了确切日期的"逐客令"——要求英军部队要么撤退,要么付费,只怕英军到现在还没离开那里呢。

P.G.艾古中校说的话可能有点以偏概全,但起码是苏伊士运河工作人员光荣服务的美好见证。约翰·马克斯韦尔爵士在1915年2月16日的公文中的一番话,也算对国际苏伊士运河公司为英军做出奉献的肯定。"我要借此机会向战争大臣赞扬塞里昂伯爵和国际苏伊士运河公司工作人员的出色服务——他们做出了巨大贡献。国际苏伊士运河公司工作人员对我们毫无保留;我们可以召唤工作人员服务,也可利用公司的全部资源,他们的友好合作对我们防御的成功帮助很大。"

第 10 章

竞争对手：巴拿马运河

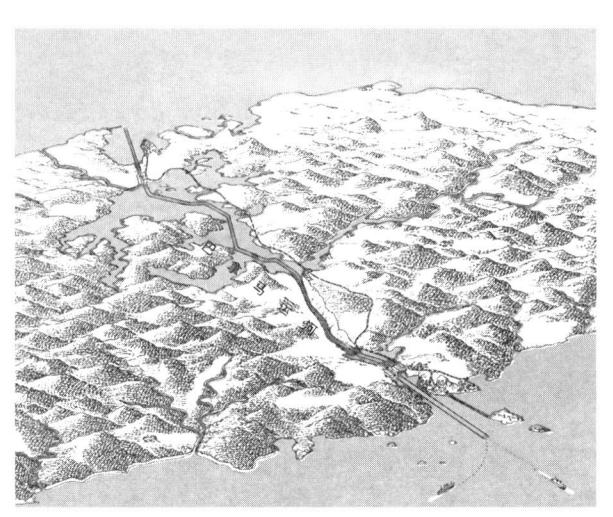

精彩看点

巴拿马运河与苏伊士运河的对比——交通运输系统——船舶国籍——就相对距离而言,两条运河对美国贸易产生的影响苏伊士运河于1869年投入使用，巴拿马运河则在1914年投入使用。与苏伊士运河不同，巴拿马运河属美国国有。美国政府出资建造了巴拿马运河，并根据一系列国际条约对其进行维护和运营。苏伊士运河长约一百英里，巴拿马运河则长约五十英里。苏伊士运河高于海平面，因此，可以忽略地中海潮汐的影响[①]。巴拿马运河的两端通过三座船闸使运河水面抬升到海拔八十五英尺的高度。苏伊士运河的总造价为三千万英镑，巴拿马运河的总造价为七千五百万英镑。从比例上说，两条运河的运维成本大致相同。两条运河的末端都与铁路连接。苏伊士运河并不设防。换言之，一个国家无论是否处于战争状态，只要商船能驶到苏伊士运河并付得起费用，就可以使用它。巴拿马运河是美国政府出动军队占领的守备区，是巴拿马共和国境内的"国中国"。[②]巴拿马运河区由美国总统任命的官员管理，受美国法律管辖。主管官员的薪资人约是每年两千五百英镑，约合一万美元，比国际苏伊士运河公司三十二名董事中的任何一

[①] 红海潮汐很小，只有约五英尺。——原注
[②] 自20世纪60年代以来，为了收回运河，巴拿马人民和美国政府做了艰苦卓绝的斗争。1977年，吉米·卡特政府与巴拿马政府签订条约，答应在21世纪归还运河。但后来的美国政府依然寄希望于通过培植傀儡政府来拖延归还时间。然而，由于"傀儡首脑"曼努埃尔·安东尼奥·诺列加软硬不吃，美军开展了入侵巴拿马的"正义事业"行动，一度解散巴拿马国防军，抓捕曼努埃尔·安东尼奥·诺列加。但最终，美国还是如期归还了巴拿马运河。——译者注

位都要低。苏伊士运河区是埃及国土的一部分；国际苏伊士运河公司仅在业务需要时才管理苏伊士运河区。

收费：1901年，英国和美国签署的《海-庞斯富特条约》规定，巴拿马运河应在完全平等的条件下对所有国家的商船和军舰自由开放，不在交通条件或收费上搞差别对待——在这方面，苏伊士运河也是如此。

巴拿马运河通行费为每净吨位一美元，空载时每净吨位六十美分，净吨位由专用的《巴拿马运河计量规则》规定[①]。20世纪30年代，苏伊士运河的通行费分别为每净吨六或三（空载）金法郎，由苏伊士运河规则确定。

如果讨论英国被迫退出金本位制之前的时期，并以1929年、1930年和1931年上半年的平均汇率将美元和法郎转换为英镑后，我们得到了关于苏伊士运河和巴拿马运河吨税之间的比较。见下表：

运河／其他各项数据	年份	船舶每净吨位收费（先令）	每吨货物收费（先令）
苏伊士运河	1929	5.302	5.140
	1930	5.215	5.793
	1931	5.289	6.271
巴拿马运河	1929—1930	3.716	3.712
	1930—1931	3.649	4.045
	1931—1932	4.176	4.982

1931年，苏伊士运河船舶每净吨收费比巴拿马运河高出百分之二十五以上，所运载每吨货物收费比巴拿马运河高约百分之三十，具体数字未在资料中显示。

利物浦汽船主协会在1930年报告中称："苏伊士运河的税费比巴拿马运

[①] 以货船为例，按照英国规则确定的净吨位约为总吨位的百分之六十一，美国规则产生的净吨位约为总吨位的百分之六十六。苏伊士运河规则令使用该运河的所有船的平均净吨位为总吨位的百分之七十二。（艾默里·约翰，《就巴拿马运河交通交国会的报告》，1914年）——原注

河的税费高很多。根据苏伊士运河计算净吨位的方法算出来的结果也比使用英国政府标准计算出来的高。巴拿马运河则不然，计算出的净吨位少一些……由于通行费存在差异，很多船转而使用巴拿马运河。此外，美国大西洋海岸通过巴拿马运河与东方进行贸易具有运费较低的优势；日本、印度和美国太平洋海岸进行的贸易则完全没有此类支出。在与东方的贸易中，英国背负了沉重的负担，但英国的竞争者得以部分甚至全部摆脱这种负担。"

下表列出了与巴拿马运河交通状况有关的一些主要细节，时间跨度为十二个月，起止日期为每年的6月30日：

明细	单位	1929—1930	1930—1931	1931—1932
付费通过的船	艘	6 185	5 529	4 506
免费通过（美国公务船）		600	568	473
船净吨位	千吨	29 981	27 792	23 625
船舶载货		30 030	25 083	19 808
吨税收入	千美元	27 077	24 645	20 707
每净吨位收费	美元	0.903	0.887	0.876
每吨货物收费		0.902	0.983	1.045

笔者收集到的苏伊士运河同类数据如下表所示，时间跨度为十二个月，起止日期为每年的12月31日：

明细	单位	1929 年	1930 年	1931 年	1932 年
付费通过船	艘	6 274	5 761	5 366	—
免费通过船		无	无	无	无
吨位（新标准计算）	千吨	33.47	31.67	30.03	28.34
吨税收入	百万法郎	1 100	1 023	918	784
每净吨位收费	法郎	32.88	32.30	30.58	27.65
每吨货物收费		31.88	35.88	36.26	33.16

船舶吨税单价的下降反映了空载运输的增加；货物吨税价格上涨则表明，1931年和1932年，船舶的载货量比过去少了。

下表显示了截至1932年巴拿马运河的财务状况：

明细（数字单位：百万美元）/年份	1929—1930	1930—1931	1931—1932	1914—1932总计
吨税收入	27.1	24.6	20.7	292.6
证件等杂费收入	0.3	0.4	0.3	4.5
运河净收入	27.4	25.0	21.0	297.1
运河净支出	9.3	10.4	9.8	143.0
净利润	18.1	14.6	11.2	154.1
固定资本费用	15.2	15.2	15.1	174.2
交易赤字（含运河、铁路及商务等）	—①	0.8	4.2	13.3②

1931年到1932年巴拿马运河支出明细如下表所示：

明细（数字单位：千美元）/项目	支出	收入	净利润
执行部门	672.4	238.5	433.9
会计部门	572.0	373.4	198.6
华盛顿办公室	284.7	40.4	244.3
文职部门	1 383.2	90.6	1 292.6
卫生部门	1 648.3	873.7	774.6
技术部门	231.8	131.6	100.2
公共建筑	375.9	169.9	206.0
海事部门	1 456.0	843.5	612.5
船闸等事务	1 531.1	12.4	1 518.7

---

① 赢利二百七十万美元。——原注
② 如果算上营业利润，赤字就下降到九百三十万美元。——原注

续 表

明细（数字单位：千美元）/项目	支出	收入	净利润
清淤部门	2 502.5	97.1	2 405.4
市政支出	224.9	……	224.9
杂项	1 827.6[①]	……	1 827.6
共计	12 710.4	2 871.1	9 839.3

因此，自1914年8月15日通航起的十八年中，巴拿马运河获得的总收入为二点九七一亿美元[②]，其中二点九二六亿美元是通行费。巴拿马运河净支出为一点四三亿美元，净利润为一点五四一一亿美元。巴拿马运河以本金的百分之三支付了大约一点七四二亿美元的利息；扣除商业利润后，计算出赤字约为一千三百三十万美元，约合二百七十三万英镑。苏伊士运河投入运营的前十八年收入为七点三零三亿金法郎，其中六点九二三亿金法郎来自通航收费；支出九千七百七十万金法郎[③]，净收入六点三二六亿金法郎。在以百分之三的利率支付约二点零九六亿法郎的债券，以百分之五的股息支付一点六八七亿法郎，以股票分红并向储备金分配八百四十万法郎后，收入仍然有二点四五九亿法郎，约合九千五百七十五万英镑，由股东、埃及政府、创始人、董事和公司职员共同分配。

从20世纪初开通以来至20世纪30年代，巴拿马运河的净支出占总收入的百分之四十八以上；苏伊士运河的总支出——不包括债券利息——则低于百分之十三点五[④]。在过去的十个会计年度中，巴拿马运河的净支出不到收入的百分之三十七，而苏伊士运河的总支出——不包括债券利息——约为收入的百

[①] 固定资产折旧一百万零六千美元，每年交给巴拿马共和国二十五万美元；为一般物资支出约三十万美元。——原注
[②] 截至1932年6月30日。——原注
[③] 扣除记入资本账户的、1870年和1871年的一千二百二十万金法郎赤字。——原注
[④] 1887年，为改进苏伊士运河，以债券形式筹集的三千九百万法郎的贷款不算在内。——原注

分之十六到十八。然而，1931年到1932年的运河净支出总额的九百八十三万九千美元中，约有四百零五万五千美元用于与文职部门、卫生部门和其他与运河不完全相关的运营项目中。如果不算这些金额，巴拿马运河支出只占1931年到1932年运河本身及其商业收益的百分之二十七，而1931年苏伊士运河的同类数据为百分之二十到百分之二十二，1932年为百分之二十二点三。1931年到1932年，巴拿马运河的赤字总额为四百一十六万两千美元。

1928年到1929年，通过巴拿马运河，从东往西运输的货物共计九百八十八万两千吨，其中钢铁二百三十五万吨。1929年共一千二百九十万吨的物资经过苏伊士运河往东运输，其中有三百五十九万吨的金属和机械及六十四万吨铁路建材。类似轨道等钢铁制品都是密集码放的，因此，作为成本之一的吨税的重要性就不那么大；但对机械来说，特别是较精密款式的，每运载一吨需要一百立方英尺到一百二十立方英尺，或更大的空间。这时，吨税在运输成本中就会成为重要因素，即使交的吨税与货物的价值相比不算什么。对重量大、价值低的物品而言[①]，吨税成本就成了决定性因素。1929年通过苏伊士运河往西运输的货物中，五分之一是矿物油，即两千一百六十二万吨的货物约有四百九十万吨是矿物油，1931年这组数据分别降至一千七百九十五万吨与三百三十一万吨。1928年到1929年，约八十万七千吨矿物油从东向西运输，运输货物总量九百八十八万三千吨；另有五百一十九万八千吨通过巴拿马运河从西往东运，运输货物总量两千零七十八万吨。1931年到1932年，经苏伊士运河运载的石油为五十一万八千吨，货物运输总量五百六十三万五千吨；经巴拿马运河运输的石油为三百一十一点七万吨，货物运输总量一千四百一十七万三千吨。巴拿马运河承担着比苏伊士运河更重要的运载石油的使命。1928年到1929年，油轮支付的费用占巴拿马运河通行费收入的百分之十八点九，1931年到1932年为百分之十五点四。当然，其中大部分船都往来于美国东西海岸之间。

---

① 1932年，水泥在英国以外的离岸价格是每吨三十七先令三便士、盐的离岸价格则是四十五先令九便士。——原注

尽管下面的账目记录的不是同一段时间,难以就两条运河的业绩进行细致比较,但表中数据依然很重要:

运河	苏伊士运河				巴拿马运河			
计算标准	正常年份计算				以每年6月30日为起止日			
年份	1929	1930	1931	1932	1930	1931	1932	1933
使用运河的船舶吨位（净千吨）	33 466	31 669	30 028	28 340	29 981	27 792	23 625	
载货（千吨）	34 520	28 510	25 330	23 630	30 030	25 083	19 808	
每净百吨载货（净吨位测量因标准而异）	103.14	90.02	84.35	83.36	100.17	90.25	83.84	
每吨应缴吨税	32.88 法郎	32.30 法郎	30.58 法郎	27.65 法郎	91.76 美分	88.68 美分	87.65 美分	
每净吨货物应缴吨税	31.88 法郎	35.88 法郎	36.26 法郎	33.16 法郎	90.16 美分	98.26 美分	104.54 美分	
每净吨应缴吨税（净吨位测量因标准而异·先令+便士）	5先令 3.6便士	5先令 2.6便士	5先令 3.5便士	6先令 2.4便士	3先令 9.3便士	3先令 7.8便士	4先令 6.8便士	
每净吨货物应缴吨税（先令+便士）	5先令 1.7便士	5先令 9.5便士	6先令 3.3便士	7先令 5.2便士	3先令 6 便士	4先令 0.8便士	5先令 4.4便士	

巴拿马运河的收费标准为,向装有货物的船收取每净吨一百二十美分,向空载船收取每吨七十二美分,但向装有货物的船收取的费用不得超过每净吨一百二十五美分,空载船每吨不得高于七十五美分。由于巴拿马运河的净吨测量值比美国标准的测量值高约百分之三十五,后者成为常被选择的测量标准。美国标准几乎与英国标准一样,可能平均下来美国标准低百分之零点七五,因具体船舶类型而异。因此得出,巴拿马运河的吨税为英吨每净吨一百二十六美分,折合七先令二点二五便士;苏伊士运河的吨税按英吨计为平均每净吨七先令十便士[①]。按票面价值和每英吨净吨计算,价值六法郎的苏伊士运河吨税相

---

① 以1932年的平均汇率将法郎和美元转换为英镑。——原注

当于五先令九点六便士,而一百二十六美分的巴拿马运河吨税相当于五先令二点一便士。1929年苏伊士运河吨税为六点九法郎,折合每英吨净吨六先令五点八便士,而巴拿马运河吨税单价仍在五先令二便士至五先令三便士间波动。这些计算与巴拿马运河的最高限价有关。1931年到1932年,巴拿马运河的实际平均收费为巴拿马运河净吨八十七点六五美分,折合英吨每净吨一百一十九美分[①]。1931年,苏伊士运河吨税为三十点五八法郎每苏伊士运河吨,或每英吨净吨三十六点二四法郎,折合六先令三点二便士,具体数据详见上一幅表格。美元对英镑的贬值很可能产生了影响,除非相应减少苏伊士运河吨税抵消,否则就会鼓励商人通行巴拿马运河而不是苏伊士运河。例如,1933年8月6日是周日;而过去的这一星期,一英镑平均可兑换四点四九七美元或八十四点七六法郎。据此,在当时每英吨净吨的最高收费方面,苏伊士运河收费约为八先令三便士,而巴拿马运河约五先令七便士。

除通行费外,其他因素也能对运输成本产生重要影响,如燃料成本,中途港口货物及天气等因素。从利物浦经苏伊士运河到悉尼的距离比经巴拿马运河少一百五十英里,到新西兰则要远一千英里;从香港行驶到纽约通过巴拿马运河会更近,到新加坡则通过苏伊士运河更近。如果从横滨驾船到利物浦,通过苏伊士运河比通过巴拿马运河近七百英里。从上海驾船经巴拿马到纽约和通过苏伊士到利物浦的距离差不多。因此,在与东亚大陆的交往方面,北美东部沿海地区与西欧处于均势;与日本的交流这方面,北美东部沿海地区则稍占优势。目前,巴拿马运河的燃料价格比苏伊士运河便宜。造成这一现象最重要的因素仍是可用货物的数量,其次重要的因素则是运河吨税产生的影响。与以前相比,现代船舶支出中的运营支出要少得多,港口费用和运河吨税则要高得多。因此,重视苏伊士运河和巴拿马运河运价间的比较很重要。

正如预期,巴拿马运河对美国的贸易产生了非常有利的影响。世界大战以

---

① 即六先令一点五便士,汇率取十二个月的均价。——原注

前,美国进口商品有百分之四十八来自欧洲,百分之十六来自亚洲。1924年,美国进口商品有百分之二十九来自欧洲,百分之三十一来自亚洲。自巴拿马运河开通以来,中国、日本和澳大利亚从北美进口商品更多,而在欧洲的购买量减少了。

1914年,日本向欧洲的出口额占本国总出口额的百分之二十三,1924年就只占百分之六了,这是很值得注意的。

然而,苏伊士运河航线通常为船舶不停赚取运费和保持满载方面提供了更好的机会。

1929年到1930年,根据巴拿马运河测量标准,通过巴拿马运河的船舶吨位数达到顶峰两千九百九十八万一千吨。1931年到1932年,这一总量下降至两千三百六十二点五万吨,是1924年到1925年以来的最低水平。1929年到1930及1931年到1932年,通过巴拿马运河的船的国籍及吨位状况如下表所示:

国别／吨位	1929—1930 (千吨·巴拿马运河标准)	1931—1932 (千吨·巴拿马运河标准)
美国	14 534	10 791
英国	8 007	5 906
挪威	1 660	1 530
德国	1 433	1 281
日本	803	980
荷兰	671	553
法国	628	455
瑞典	572	539
意大利	429	479
丹麦	382	561

蒸汽油轮一直是两条运河运营的支柱。1924年,蒸汽油轮占巴拿马运河船舶通过量的近百分之四十,1928年只占百分之二十。目前,蒸汽油轮约占苏伊士

运河船舶总通过量的百分之十五，但随着伊拉克管道的建成，这一比重可能会减少。但实际上，这一比重已经减少了，因为为了规避缴纳吨税，蒸汽油轮都驶向开普敦了。

下表摘自查尔斯·W.霍伯格关于苏伊士运河和巴拿马运河比较研究中有价值的部分，显示了两条运河在里程方面的相对优势。

航线名称	通过苏伊士运河更节省（海里）	通过巴拿马运河更节省（海里）
伦敦—费里曼图	5 210	—
纽约—费里曼图	593	—
伦敦—墨尔本	1 803	—
纽约—墨尔本	—	2 294
伦敦—悉尼	28	—
纽约—悉尼	—	2 460
伦敦—惠灵顿	—	1 077
纽约—惠灵顿	—	4 597
伦敦—加尔各答	9 310	—
纽约—加尔各答	4 790	—
伦敦—新加坡	7 339	—
纽约—新加坡	2 819	—
伦敦—马尼拉	4 700	—
纽约—马尼拉	180	—
伦敦—香港	4 729	—
纽约—香港	219	—
伦敦—上海	4 989	—
纽约—上海	—	1 081
伦敦—横滨	1 748	—
纽约—横滨	—	2 772
伦敦—科罗内尔	—	837
纽约—科罗内尔	—	3 118

续 表

航线名称	通过苏伊士运河更节省（海里）	通过巴拿马运河更节省（海里）
伦敦—瓦尔帕莱索（智利）	—	1 417
纽约—瓦尔帕莱索（智利）	—	3 732
伦敦—旧金山	—	5 538
纽约—旧金山	—	7 853

两条运河航线在东方的分界线似乎在香港—马尼拉之间。对包括澳大利亚但不包括新西兰在内的欧洲与东亚贸易，巴拿马运河无法与苏伊士运河竞争——唯一得与苏伊士运河竞争的地方是东北亚、澳大利亚东部、新西兰及南北美的西海岸。

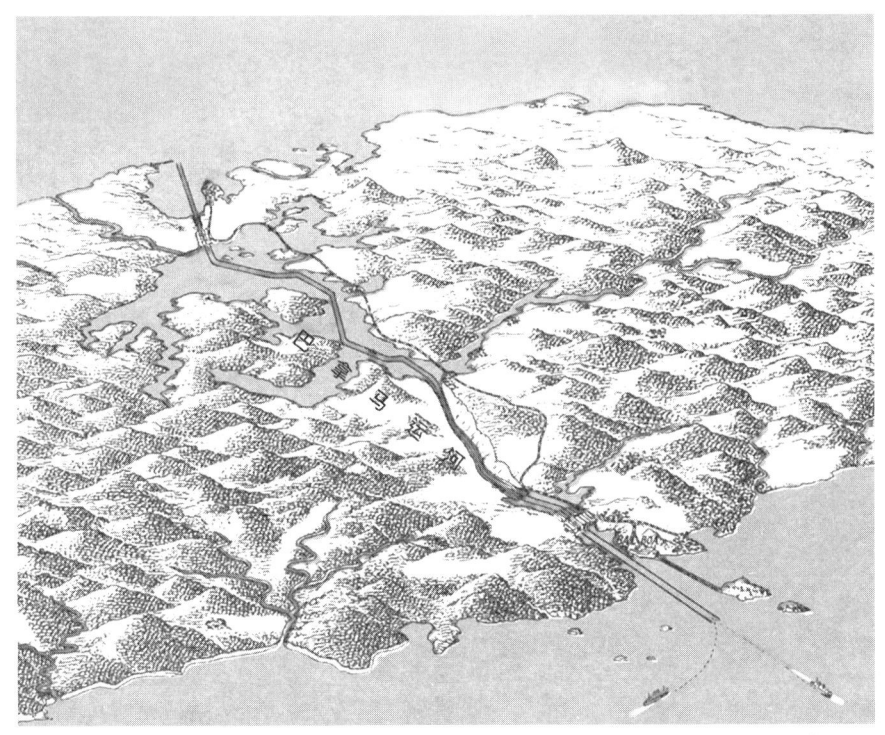

巴拿马运河

显然，巴拿马运河是美国总统手中的"利器"。虽然他不能给美国船以财务上的优惠，但应缴吨税越低，美国航运业相比欧洲就越有竞争力。因巴拿马运河，大部分亚洲贸易已经从欧洲转移到美国——欧洲只能吃"哑巴亏"。苏伊士运河和巴拿马运河之间在吨税水平上的差距越来越大，更加剧了这一趋势。除非有所修正，否则这一趋势终将对欧洲产生严重影响。

第 11 章

议论、批评与回应

精彩看点

战后运输量的回落——利物浦汽船主协会抗议——国际苏伊士运河公司的回复——英国船运及商业利益的抗议——英奇凯普伯爵詹姆斯·麦基的回复——利物浦汽船主协会的反驳——议会问答

从1920年开始，航运业的繁荣景象逐渐衰退，这不可避免地导致船主等各方面限制管理费用支出。为了缓解困境，各方审查了所有管制海员薪资、港口及灯标费用的国际、国家间协议，并采取了一揽子措施"救市"。这些措施包括消除竞争性服务，以更加经济的新船替换旧船等。虽然租船运货还是要交运费，但价格低廉。船多了，海运交通的数量未必会上升——毕竟船是用来运货的。在利润较小的情况下，贸易具有竞争力的关键就落在金额较小并固定的运河及港口吨税上。价格是商业世界的唯一语言。按价值计算，海运至少占国际贸易的五分之四。运输为贸易服务，并受一般经济形势的影响：不同服务间的竞争不仅受到服务提供者能控制因素的影响，还受到各国航运补贴、港口优惠及灯标费用及不同国家区别对待等因素影响，并且后面几个因素往往起决定性作用。

因此，《凡尔赛条约》第二十三（e）条款恳请各立约国订立条约，确保国际联盟成员之间交通运输自由、贸易待遇平等。这也就决定了肯定要调查国际苏伊士运河公司征收的吨税。不过，直到1931年，有关各方对苏伊士运河昂贵吨税的批评才引起关注。1931年3月23日，在由F.J.马奎斯和霍尔特航运公司股东伦纳德·克里普斯少校召集的利物浦船主会议上，关于苏伊士运河吨税的问题被提了出来。

F.J.马奎斯说："英国政府在苏伊士运河中持股达到百分之四十四，靠股息赚了三千六百万英镑。但政府买股票不是为了挣钱,是为了保护英国的利益。我们兰开夏郡人认为,现在要问英国政府,它在获得经济利益之余,是否已经忘记了自己买下股份的真正目的。我们知道,本届政府成员——特别以格雷厄姆为代表——在利用苏伊士运河的垄断价值方面有独到见解。英国政府能肯定自己作为苏伊士运河的主要股东,正在对苏伊士运河的垄断行为做职责范围内的应对吗?

"1929年,国际苏伊士运河公司不仅赚足了维持公司运营的钱,还以百分之二百六十七的比率分配了股息。国际苏伊士运河公司的管理部门设在巴黎。巴黎人在公司财务管理中占主导地位。法国不是一个以海运经济为主的国家,主要收入也并非来自对远东的出口贸易。在过去十年,法国表现出的是财政上的极度保守。我们发现,法国正因自己的极度保守而付出代价。英国商人普遍认为,英国政府根据法国立场做出的财政考量不切实际。现在是时候敦促英国政府维护自己的权利,承认自己的义务,并确保应向巴黎明确提出'现在苏伊士运河的收费水平是在滥用垄断,既对贸易不利,也违背现代良心'的申述。"

伦纳德·克里普斯少校说:"即使因货币贬值,国际苏伊士运河公司在1929年分配的利润比率也在百分之五十以上,但吨税还是高达每吨六点六五金法郎。只有作为公司最大股东的英国政府插手干预,船主才有可能公平竞争,1883年《伦敦协议》才有可能得到履行。如果保持目前做法不变,只会损害英国的贸易,并且让英国政府作为一条'国际通道'大股东的国际身份蒙羞。"

议员R.J.霍尔强调苏伊士运河高昂的吨税给英国北部的纺织业和廉价商品产业带来的负担比给英国南部生产价格更高又更加轻小的商品带来的负担沉重得多。苏伊士运河对每吨钢铁、煤炭或者镀锌钢板征收的吨税在三便士到一先令之间。对英国北部产业来说,这个价格意味着贸易阻碍和市场丧失。

以下仅摘录国际苏伊士运河公司在几天后发布的一则官方回复:

苏伊士运河对通过运河的大量货物征收的吨税只占这些货物

价值的百分之一到百分之二。因此，吨税对通过运河的全部贸易产生的费用影响是微不足道的。目前对经过苏伊士运河开往欧洲的船来说，是这样。

因此，即使现在承认减少吨税将对仅占整体一小部分的某些小业务有利，也只会在目前的经济形势下牺牲公司股东的利益，而损害股东的利益不会从整体上使商业受益，即使通过增加运河的交通总量也无法弥补股东的损失。

一方面，与1928年相比，1929年英国与远东主要市场的贸易确有减少，出口下降特别明显；另一方面，1929年欧洲其他地区与远东主要市场的贸易出口比1928年增加了。这种差异明显不会与吨税有关，而与英国及欧洲其他国家生产成本的差异有关。

1930年发生的事就是对上述结论的佐证。英国向远东的出口减少的幅度比美国更大，美国贸易的缩减程度又比德国大很多。因此，除苏伊士运河吨税外，各种商业活动都是更重要的、对出口造成影响的原因。如果要找到出口下降的真正原因，就必须到出口国或托运货物的国家中寻找。

还有人说，部分原本航行苏伊士运河的船已改道巴拿马运河，但分析商业活动后就会清楚发现，苏伊士运河船舶通行量中能与巴拿马运河形成竞争的吨位只占苏伊士运河船舶通行总吨位的很小一部分，根本没法拿来对比。此外，还有一点值得注意，那就是尽管巴拿马运河比苏伊士运河的吨税略低，但在船舶交通总吨位数据的变化情况方面两者很相似。

这里有必要对以上意见交换做出一些评述。国际苏伊士运河公司称"征收的吨税只占这些货物价值的百分之一到百分之二，产生的影响微不足道"。实际上，这个观点根本站不住脚——实际占比在百分之三到百分之三十不等。

正如R.J.霍尔议员所说,在世界市场竞争如此激烈的情况下,一个产业能否获得大订单,是生存还是灭亡,也就由这一先令左右的运费决定。

"巴拿马运河比苏伊士运河吨税略少"的说法也不足信。巴拿马运河的吨税最少要比苏伊士运河吨税低百分之二十,现在跟苏伊士运河相比,已经降低约百分之三十三①。1930年,德国出口状况相对稳定是因国内压力,意大利商业活动较活跃是因意大利政府为所有意大利船舶付了吨税。因此,认为"苏伊士运河吨税产生的影响微不足道"与事实不一致,因为早在1931年人们就知道,来自爪哇、菲律宾的糖浆运载船和波斯湾的油轮都走好望角到达欧洲,而来自澳大利亚墨尔本的谷物运输船通过直布罗陀到达的里雅斯特和亚历山大港。

1931年4月22日,国际苏伊士运河公司伦敦委员会主席英奇凯普伯爵詹姆斯·麦基会见了代表英国航运和商业利益的代表。当时,苏伊士运河的政府董事不在场。这些代表敦促国际苏伊士运河公司应立即采取措施减少应收税款,并且双方应就未来的解决方案达成共识。英奇凯普伯爵詹姆斯·麦基承诺,他和英国同事将在1931年5月于巴黎举行的董事会议上向董事会转达代表的意见,并希望有关协会能暂停批判正提供最有价值的公共服务的国际苏伊士运河公司。相关代表非常赞赏英奇凯普伯爵詹姆斯·麦基的承诺,并同意等待1931年5月董事会结果出台。

1931年5月13日,在法国,经过英国和法国同事的一致同意,英奇凯普伯爵詹姆斯·麦基发表了自己1931年5月11日写给利物浦汽船主协会会长的信。在长篇大论地讨论了苏伊士运河过去的历史和所进行的众多改进后(要是没有这些改进,苏伊士运河早就停止赢利了),英奇凯普伯爵詹姆斯·麦基说,鉴于目

---

① 目前,苏伊士运河的吨税是每苏伊士运河吨六法郎,根据1933年7月31日到1933年8月6日的一周平均汇率,折算英镑是每英吨八先令三便士(八十四点七六法郎兑换四点四九七英镑)。巴拿马运河同期吨税单价则是五先令七便士。如果扣除某些苏伊士运河征收而巴拿马免收的固定费用,则同一船舶上通过巴拿马运河吨税只有在苏伊士运河塞得港缴纳吨税的三分之二,甚至更少。——原注

英奇凯普伯爵詹姆斯·麦基

前实际和未来的预期情况，通过苏伊士运河的船舶吨位和公司的收入均在下降，因此，不可能立刻下调吨税。

"他们像大多数英国董事一样对航运感兴趣，因此，必须和国际苏伊士运河公司董事一起考量所有相关利益。1930年9月苏伊士运河吨税的下调是由于得到英国董事的帮助。法国董事本着默许降价的态度接待了英国代表。双方同意在合理的情况下进一步下调吨税。吨税问题其实从未被限定死，谈判的大门一直是敞开的。国际苏伊士运河公司的现行机制是为根据实际情况的需要就现行收费标准与公司盈利的关系向董事会提建议而服务的。笔者相信，如果遵守规则、照章办事，董事会将同意进一步下调吨税，并在合适的条件下使其尽快生效。然而，船主鼓动应立即减少吨税，还要减少股息；有的法国股东意识到1968年特权法案即将到期，他们就会疏远这些船主，因为在特权法案到期后股东必须提供几乎全部的摊销费用。

"国际苏伊士运河公司指出，运输吨税只占通过运河商品价值的约百分之一到百分之二，根本就是'微不足道'，而从南向北航行的船在这方面甚至更少。目前，有人指出吨税单价是特权法案规定的最高价格的三分之二。自1883年以来，苏伊士运河利润的增加让股东获得了五千九百万英镑的收益，船主则获得了六千万英镑。自1920年起，股东获得的利润增长了一千三百七十万英镑，而船主因吨税下调收益达到一千一百七十英镑。然而，如果股息保持1913年的水平不变，股东自1913年以来得到的收益则比船主少了二百四十万英镑。与1929年付给股东的股息相比，1930年的会有所减少；就算是以降低的利率计算，国际苏伊士运河公司也只能通过减少工厂折旧摊销来支付股息。

"我们的法国同事对过去十年吨税在减少，但人们依然不满足的情况表示痛心。我在信中冒险给利物浦汽船主协会提出的建议可能并不能完全使他们满意。然而，为了英国的运输和贸易利益，我真诚地希望船主可以停止将愤怒倾泻在国际苏伊士运河公司及其股东身上，以避免带来不幸的结果和吨税降价的延迟。"

1931年5月16日，利物浦汽船主协会回信，对国际苏伊士运河公司没有响应自己降低吨税的要求表示极度失望。

国际苏伊士运河公司愈发像一家垄断公司：谦虚地自称业绩"不错"，在贸易大萧条时期竟然每年都能分红。当然，这些红利的每个钢镚儿都是船运行业贡献的。本会认为，为减轻船运行业正遭受的萧条困境，要求国际苏伊士运河公司做一些小牺牲是合理的。

本会无意批评苏伊士运河服务的效率，也不是提出苏伊士运河工作人员"只有礼貌服务和义务"的无理要求，但本会认为大人①您应该注意一件事，那就是国际苏伊士运河公司董事会对吨税的重要性完全没有兴趣。

大人要考虑这么一个事实，1968年特权法案到期后，国际苏伊士运河公司的投资者实际上要因此全额提供摊销费用。这意味着什么呢？如果考虑英国政府的持股情况，那么以下所述内容就肯定是原始股东的真正立场：1875年，本杰明·迪斯雷利代表英国政府购买了国际苏伊士运河公司百分之四十四的股份；英国政府收购这些股份花费了四百万英镑，此后赚到了三千八百万英镑；如果每年收的吨税不超过货物总价值百分之一，这笔赚来的钱在二十年前就会被摊销完。

那么购买国际苏伊士运河公司初始股份的投资者面对吨税下调有申诉的理由吗？那些在市场上公开购买苏伊士运河股份的投资者或投机者有权只因特权法案将于1968年到期而期望国际苏伊士运河公司的利润水平维持现状吗？他们在购买股票时就应该知道特权法案将于1968年到期，这一事实肯定也会影响股票的价格吧？

---

① 指英奇凯普伯爵詹姆斯·麦基。——原注

  本会注意到"货运吨税只占货物价值很小比例"的说法又被提出来了，但除以目前情况考虑即使最小幅度的减免对贸易很重要之外，国际苏伊士运河公司的声明并没有回应"吨税占运费收入的百分之十四"这一点。

  本会还希望我强调一件事，即尽管与1929年的股息分配相比，1930年股息分配在总额上有所减少，但普通股东仍可在每支面值二百五十法郎的股票上获分按比例增长利率的利息。这个数字在1929年是五百三十法郎，1930年则是五百七十七法郎。

  关于大人复信中提到的"自1883年以来，苏伊士运河利润的增加让股东获得了五千九百万英镑的收益，船主则获得了六千万英镑"一事，本会指出一部分吨税下调是在1883年《伦敦协议》签署时发生的，根据此协议的条款规定，苏伊士运河公司必须在支付百分之二十五的股息后，将剩余部分利润用于降低吨税，直到降到每吨五金法郎。本会更在意的是，今天苏伊士运河的吨税是每吨六点六五金法郎、利润率百分之四十六，而不是协议里的五法郎和百分之二十五。

  1931年11月15日，苏伊士运河吨税从六点六五金法郎暂时下调至六金法郎。然而，这时的英国被迫退出金本位制，因此，每艘通过苏伊士运河的英国载货船实际应缴吨税比以前高了一先令。

  1931年12月10日，英国议员J.R.罗宾逊提问政府是否将采取措施采取细分控股权，以求充分利用投票权，以求调查国际苏伊士运河公司的管理，并减少其管理开支及运河吨税收费。

  J.R.罗宾逊议员还问了"政府是否会利用投票权削减国际苏伊士运河公司管理开支，包括董事薪资"的问题。

  时任英国财政大臣的阿瑟·内维尔·张伯伦回答说，英国政府最近已获得国际苏伊士运河公司"尽力让经济效率与工作和人力效率相适应①"的保证。通过运河船及近期所得吨税的减少将导致国际苏伊士运河公司董事薪资减少，此时调查国际苏伊士运河公司管理无济于事。

1932年6月14日，阿瑟·内维尔·张伯伦在答议会提问时说，苏伊士运河吨税的现状和未来是否下调吨税不是英国政府而是国际苏伊士运河公司的事。这种态度很难与本杰明·迪斯雷利及之后的一些政治家的主张相协调，因为

阿瑟·内维尔·张伯伦

---

① 国际苏伊士运河公司尽管遵循保证，已经采取了所有可能的节约措施，但实际上在1932年和1933年又进行了大幅度的开支削减。——原注

这些政治家主张购买国际苏伊士运河公司股份不能出于商业目的,而要出于政治目的,后来发生的事情也证明确实如此。从议会多年来的问答中寻找"代表英国政府的董事进入国际苏伊士运河公司董事会有什么目的"的答案也不容易。1925年6月16日,英国首相斯坦利·鲍德温将其中两个董事形容为"通过长期在政府部门和议会服务积累的公共事务经验,为董事会的各项事务提供帮助,例如,第三任董事约翰·戴维斯爵士就是一名公职人员"。斯坦利·鲍德温还补充说:"作为大股东的英国及其政府只要涉及国际苏伊士运河公司纯粹的航运和商业活动,就会受到英国非政府背景董事的密切关注——他们在这方面都是行家。"

斯坦利·鲍德温

值得注意的是，这一回复表明，作为退休议员或公职人员的英国董事可以协助国际苏伊士运河公司进行管理，并且认为没有政府背景的英国董事虽不是英国政府提名，也会因特定的利益驱动保证英国及政府的利益安全——这里海外殖民地不算在内。这里足见爱德华·格雷爵士的议论之高明：苏伊士运河问题非常复杂，须加以解释。

1933年3月，在一个公开午餐会上，笔者再次讨论了这个问题。在抱怨了向议会提供的与苏伊士运河问题相关的资料太少，并按照本书第八章的内容列举了一些数据后，笔者把苏伊士运河描述为"一条重要的运输动脉，曾一度对海外贸易有益，如今却成了海外贸易生命线的寄生虫"。近几年，国际苏伊士运河公司支付的股息与吨税净利润的减少都是成比例的。自1918年以来，除英国外——反而减少百分之二十，所有海洋大国的商船数量都有所增加。英国还是唯一一个不补贴商船的国家，而其他国家为此在1931年花费了至少几百万美元，其中三分之二被用于为企业提供与英国企业直接竞争时的航运补贴。

笔者提醒听众，当1931年利物浦的船主呼吁降低吨税时，国际苏伊士运河公司用垄断者的口吻宣布自己"不太愿意反复降低吨税"——1931年，六个海洋大国向亨德森提出"吨税太高"的非官方抗议、阿瑟·塞缪尔爵士感到有必要指出"国际苏伊士运河公司采取的策略正迅速成为引起国际摩擦的原因"也就不足为奇了。

埃及和国际苏伊士运河公司足以自持，英国则需要得到更强有力的支持。帝国航运委员会当时至少进行过相关讨论，现在是时候"旧事重提"，并确保英国在国际苏伊士运河公司董事会的代表不只是那些退休的官员——不管他们曾做出了多么卓越的业绩，印度和英国各属地、殖民地都应在董事会里享有代表权。

接下来的几周，笔者收到了四十或五十封信（其中很多写信的人都在国内外的政治、外交、领事和商业领域担任要职），他们敦促笔者将自己的论点详加阐释，以引起公众注意。随即，1931年4月5日，笔者向皇家中亚学会致辞，希望引起他们对国际苏伊士运河公司的一些反对或批评。就以下几个观点，笔者进行了详细阐释。

第一，1873年发生的事①开创了海洋大国如果不满国际苏伊士运河公司征收的吨税，可向对苏伊士运河拥有主权的国家——过去是奥斯曼帝国，现在是埃及——申诉的先例。

第二，大国之间基本达成一致。人工修建的苏伊士运河相当于跨越地中海和红海的一方浅浅的海峡。因此，运河事务属于国际事务。各大国承认，在得到埃及赫迪夫颁发的特权法案许可，又经奥斯曼帝国苏丹确认后，国际苏伊士运河公司是有权征收吨税的，但在船舶吨位的测量方法上要和国际通行测量方法保持一致。同时，苏伊士运河的运作实际上——即便形式上并非如此——是服从国际法的，因为各大国当时就此事和国际苏伊士运河公司谈判。这相当于承认了国际苏伊士运河公司国际组织的地位。

第三，特权法案并非对主权中"重要的领土权"的贬损，例如，从特权法案中的固有义务到权利，及特权法案的修改或废除，都要对埃及政府有利。如果世界希望降低吨税，那么在采取措施时就要注意是否影响埃及利益。

第四，埃及政府可能会根据总体开销状况要求，甚至是强令国际苏伊士运河公司，修改公司章程中"公共事业"和"私营企业"等条目。这是正常现象。如今，国际苏伊士运河公司条例中的很多细则在过去的任何国际法或国内法中都没有先例可循。

第五，如今，国际苏伊士运河公司董事会②对公司章程的一些细则意见不一，其人员组成还违反了特权法案中的一项条款。这里笔者要引用法国人米莫的发现："1905年，勒萨热写道，国际苏伊士运河公司董事会相当于一个外交会议，其人员构成体现了使用苏伊士运河最频繁的几个国家——英、法、德、

---

① 请回看第5章。——原注
② 董事会有二十一名法国人，十名英国人和一名荷兰人。——原注

荷四国。"勒萨热说到这里还清点了一番法国董事在外交领域拥有的头衔——放到现在无疑更受欢迎：这些董事中有大使、前外交部部长和前议会主席。勒萨热可能会把前共和国总统也补充进去。他还说道：

"此外，在国际苏伊士运河公司董事会，英国主要是以商人为代表的，法国人则主要以政治家为代表，并且毫不掩饰与法国政府的联系。

"法国没有失去从斐迪南·德·雷赛布的坚韧和成功中获得的道义和威望，英国人对此也没有任何贬损行为。国际苏伊士运河公司在埃及政府的特使是法国人，所有高级职员也是法国人。一位法国人最近还当上了苏伊士运河区的主教。

"关于埃及，有人说英国和法国团结和国际苏伊士运河公司的繁荣是由埃及付出代价而换来的，但埃及赫迪夫持有的股份被出售使埃及免于破产甚至免遭更大的危险。埃及的利益绝不止有埃及赫迪夫的持股——埃及政府的利润份额出现在年度资产负债表中，但现在不得不放弃权利……

"然而，国际苏伊士运河公司为埃及注入了新的活力。一旦特权法案到期，埃及是可以重新获得运河主权的……

"当前，苏伊士运河的政治经济状况虽有不尽如人意之处，却符合斐迪南·德·雷赛布的设想及德比伯爵爱德华·斯坦利的梦想。当前的国际政治体制也满足为国际苏伊士运河公司带来福祉的三个主要条件。

"苏伊士运河问题是一个受各大国政治影响的商业问题。如果德国是因自己的过错被排除在董事会之外，那么董事会仍具有国际性：因为三个主要的海洋大国在其中都有代表。这意味着这些国家可以守卫自己和世界航海的利益。"

以下摘录的发表于1933年6月的文章都是沃居埃侯爵的手笔。笔者把它以一份重要备忘录的形式收录在本书，保留了原文的小标题，并且以脚注形式加了自己的评论。

"特许商"还是"代理人"？

"据称，国际苏伊士运河公司是埃及政府的'代理人'。严格来说，斐迪南·德·雷赛布被授予'为突破苏伊士地峡而组建国际苏伊士运河公司'的权力时，可能就自称为埃及总督的'代理人'了。不过，国际苏伊士运河公司一旦成功按照埃及总督的意思建立起来①，那就是一家私有并特许经营的公司了。②"

领土主权问题

更严重的问题是，有人建议即便当事方严格遵守特权法案的条款，政府也可以任意、片面地修改甚至废除与私营公司订立的合同——当前的情况正是如此。对文明国家而言，这纯粹就是抢劫。

不过，不管是当时的埃及总督还是后来的继任者，都没有提出改约或者废约的要求③。

特权法案及章程的修改与现代化

我们担心某些大国，特别是英国干预国际苏伊士运河公司的经营。这些大国认为由于种种政治和战略原因英国的角色会起到特殊作用，毕竟英国承担了保护苏伊士运河这条水道的责任。

---

① 1856年的特权法案已经批准。——原注
② 参见1856年1月5日特权法案第二十条中将斐迪南·德·雷赛布称为"代理人"的条款。穆罕默德·赛义德帕夏批准的特权法案构成了国际苏伊士运河公司特权法案的基石。——原注
③ 然而，有充分理由认为国际苏伊士运河公司实际上并未遵循特权法案规定，尤其是国际苏伊士运河公司章程（特别是第二十四条有关董事会组成方面）。国际苏伊士运河公司董事会成员的国籍根本就不满足相关条款，并且根据1854年11月30日特权法案第二条规定，"国际苏伊士运河公司董事人选应始终由埃及政府提名，并尽可能从对企业最感兴趣的股东中选。"（参见附录1）。主权国家拥有在给予赔偿条件下修改或者废止特权法案的固有权力——近些年来总有这样的案例，并得到《国际联盟盟约》第十九条的承认。《国际联盟盟约》第十九条给予埃及将已经不适用并且继续执行可能危及世界和平的国际协定交给国际联盟成员审议的权利。1874年7月7日，德比伯爵爱德华·斯坦利在给H.埃利奥特爵士的信中说："鉴于苏伊士运河在国际上很重要，如果国际苏伊士运河公司的管理影响了国际利益，运河管理者就不能只把对自己管理规定的违反简单看作一个司法行为。"——原注

这里有一个思维混乱的问题：大国已经靠保持苏伊士运河中立解决了战略上的保护问题。战略问题与国际苏伊士运河公司的运营或者管理没有关系。①

英国政府持股划分拟议

根据英国政府一贯的理解，自己在与国际苏伊士运河公司打交道时身份只是股东。根据国际苏伊士运河公司章程第五十一条，在股东大会上，单一股东最多投十票——这和许多主流观点一样，都是希望避免出现"大股东"权力不受限制的情况。

斐迪南·德·雷赛布希望国际苏伊士运河公司具有国际性：也就是说，任何国家、任何机构及任何大亨都不可能在公司内部一家独大。英国政府通过购买埃及赫迪夫的股份，严格来说是继承了赫迪夫的权利，而埃及赫迪夫批准的国际苏伊士运河公司章程第五十一条恰能限制大股东权力。如果没有这种限制，考虑到苏伊士运河是重要的海上航线，任何一方坐大都将严重威胁运河运作。

通过"变卖"股份，任何政府——包括但不限于英国政府——都可能获得对运河事务的排他控制权，这与埃及总督和斐迪南·德·雷赛布的意愿背道而驰。在目前情况下，限制投票权符合大多数人的利益；假设有人违反国际苏伊士运河公司章程第五十一条，在法律上是不可接受的；如果这件事真的发生，会很危险，肯定会引起激烈的外交反应。提出英国政府应将其份额分配给七百零六个代理人"高论"的人忽略了上面的所有问题，忘记了根据国际苏伊

---

① 关于苏伊士运河的战略保护问题不是由各大国决定，而是由英国在亚洲的重要地位这一不可避免的事实决定的。如果不考虑世界贸易的广泛利益，就不能公正透明地处理国际苏伊士运河公司征收天价吨税的问题。——原注

士运河公司章程的第四十四和第四十五条,即股东大会由所有至少持二十五股的股东组成,并且除非本人是股东,否则不能代人出席董事会会议,更不得以直接或间接方式拥有超过法定的最多十票的投票权①。

股息支付

国际苏伊士运河公司虽然在世界大战期间因交通量的突然下降而提高了吨税,但涨价幅度很小,涨价收回来的钱远远不能弥补交通减少带来的损失。世界大战期间,国际苏伊士运河公司收入减少,损失惨重。即便如此,它也暂时不全以自己的利益为重,几乎是在战争结束的同时立刻将吨税恢复到1913年以前的水平,并在大多数海运公司都获得可观利润时再次下调吨税。

用战前的金法郎表示的总股息在1925年后才再次达到1913年的水平。即便在当下,股东也发现增加的股息几乎还是不能弥补世界大战期间自己的损失②。

净利润率

我们的评论家似乎是根据1928年到1931年财年期间分配

---

① 其实,这非但不是反驳,反倒更加说明英国应该找代理人分散持股:英国政府被允许这么做,只要按照当前的市场价格分二百五十批,打包出售给七百名感兴趣的持股人(自然人或法人)就可以了。只要这些买主彼此通气,就可以拥有七千张选票,足以在股东大会上行使控制权。——原注

② 1914年到1919年,平均利润率为百分之二十二点九(参见第8章),1911年到1913年则为百分之三十三;吨税则从1914年的六点二五法郎上调至1918年的八点五法郎。无论是在战时还是战后,船主总体上都赚不了这么多利润。这暗示着,苏伊士运河的股东以牺牲"战争期间被削弱"的世界航运为代价来赚得可观的利润——这是不合理的。——原注

给股东的平均净利润（即四百九十五法郎）算出后与股票的面值（一千二百五十法郎）进行比较后得出的净利润率。这是评论家要引用数据时，唯一可以快速算出收入百分比的方法。

在比较利润数据时，我们不仅要比较名义资本，还要比较实际全部投资资本，即要比较建设苏伊士运河的原始资本，并且在此基础上增加苏伊士运河在建设和改造上花费的利润比例。1932年12月31日，在建设和改造上，苏伊士运河实际投入了二十五亿六千零二十六万八千六百法郎。由此算出，截至1932年利润分配的比例仅为百分之十五到百分之十六。

此外，将股息与原始名义资本，甚至与实际投入资本进行任何比较都没有意义[①]。

船主的待遇

从《伦敦协议》实施到1932财年，包括1932财年，一方面，国际苏伊士运河公司向股东支付的股息总额增加；另一方面，由于吨税连年降低，出现了船主收益的金额超过了股东分得红利的份额。

从1929年1月1日开始，由于国际苏伊士运河公司多次下调吨税，

---

① 国际苏伊士运河公司说了一句正确的话：它保持了苏伊士运河的良好状态，并为改造运河花了一笔总数超二十二亿法郎的钱——这笔钱来自获得的利润。花这么多钱，首先只是因正常的生意需要；其次，认为这笔钱中很大一部分可以作为利润来分配的想法很愚蠢。关于降低吨税的解决办法，约翰·斯托克斯爵士有这么一条，就是同意每年花一笔钱改造苏伊士运河。1883年，各国船主都在抱怨苏伊士运河运力不足。随后，由于要对奥斯曼帝国苏丹政府在"申请一条新运河的特许权"上施加威胁，国际苏伊士运河公司才被迫增建设施并限制分红。英国律师认为斐迪南·德·雷赛布获得垄断权的想法是对的，但这种观点从未受过可靠的检验。问题的关键在于，苏伊士运河的改造成本跟高额的利润分配不相上下，但这笔钱来自船主的口袋。可以说，古老的苏伊士运河已经消失了（消失好几次了），今天的运河是用船主及其客户的钱建造的。根据年报，在为维持较高股息率做出贡献的经济体"几乎完全取消了新的改造工作，而已经在进行的改造工作速度也减慢"。为这类改造工程提供的资金降低到"极低的一千万法郎"实在是令人生疑。——原注

英国政府收入因此减少六百二十三点八万英镑,这意味着英国人纳税额同比例增加了。吨税每下调零点五法郎,意味着英国人要多纳税二十五万英镑。这个数据基于对1932年通过苏伊士运河船舶的吨位的估计,并且一英镑兑换八十七点五法郎[①]。

国际苏伊士运河公司购买的设施

"国际苏伊士运河公司的工厂设施、服务船队等几乎都是法国制造"——没有什么观点比这个更能彻底引起英国的误解了。

---

① 1933年2月,尼克拉·默里·巴特勒说:"公众很关心一个问题:财富通过流行的企业组织和管理形式被集中在少数人手中,并且被广泛分配。"沃居埃侯爵在撰写1932年苏伊士运河年报时称股东"报酬丰厚"。过去的几年(除了世界大战时),股东的利润都在不断增加。沃居埃侯爵提了一个设问:"今天的利润分红高得过分吗?——不!"沃居埃侯爵解释道,利润分红之所以不高,一是因为前文提过的"利润投入改造",二是因为"我们还要考虑到现在股东不是之前的股东了。随着国际苏伊士运河公司企业价值的逐步提升,其所做工作的价值及证券的价值却没有提升。将苏伊士运河股票作为遗产继承的人看到,这些股票每次在被继承时,估计和实际缴纳的税负都增加了。我们知道,谁用钱买下这些股票,谁就可以指望公司政策延续为自己带来收益。指责股东的分红就是伤害了他们应得的权益,这就意味着犯错,是对股东信心的欺骗,促使他们改变现有政策。"虽然这么说很坦白,但这是不会被普遍接受的极端资本主义观点。过去,斐迪南·德·雷赛布尚且抗议苏伊士运河股票市场投机者的贪婪,而最广泛的公众舆论不太可能宽容私人公司奉行顽固主义经济政策,会攻击它。在世界经济萧条时期,控制原材料或垄断运输方式的公司不应该(也很少)剥削客户。国际苏伊士运河公司在过去四年中每二百五十法郎股份所赚取的报酬如下表所示:

年份	金额(法郎)
1929	667
1930	650
1931	605
1932	510

1931年6月和1932年6月,国际苏伊士运河公司分别从特别储备金中提取了五千万法郎和一千一百五十万法郎(早年的盈余利润)。在四年空前的经济大萧条时期,国际苏伊士运河公司的股票平均利息率如果超过百分之二十四可能会引起其他人的嫉妒和评论。如果有人回应,这些钱是以仅价值折合战前法郎五分之一的贬值法郎支付的,那么就可以回答"当法国政府为了国家利益而让法郎贬值时,国际苏伊士运河公司为什么还希望保留旧经济优势"的问题了:收支必须以当今世界的而不是以不再流通的货币来结算。也许,还会有人提这样的问题:19世纪60年代法国是以金法郎还是银法郎为主?——原注

过去十年，国际苏伊士运河公司购买法国设备花费两亿法郎，购买英国设备花费一点六亿法郎[1]。

国际苏伊士运河公司的管理

"高昂的管理费消耗了一大笔国际苏伊士运河公司的利润。不过，国际苏伊士运河公司在1931财年及1932财年中各方面共节省了六千七百万法郎（节省了百分之二十五），减少了百分之二十七的人事开支，并将代理人人数减少了百分之二十二[2]。"

1933年6月12日，国际苏伊士运河公司年度股东大会议事录因其总裁所做的进一步辩解而增加了不少内容，措辞与1933年6月9日备忘录中"针对英国公众"相比，更适合法国听众。国际苏伊士运河公司总裁谴责"错误和恶意的记录"。在傲慢地做了"我们认为，可以不去理会这种可笑的攻击"的声明后，他又断言道："攻击我们的言论至少证明攻击者无视或并不了解自己讨论的话题，或者要用这么一次糟糕的争吵为自己打一场漂亮的选战。[3]"

沃居埃侯爵为苏伊士运河的辩护像往常一样引用早期斐迪南·德·雷赛布反抗英国时的反对意见。在所有人看来，他鼓动大小法国资本家为苏伊士运河提供资本——这很冒险。有人问，这样的胆量和信心难道不值得得到回报吗？我们要接受这些对英国政治家

---

[1] 这些数据以前从没被公开过，我很乐意在此发表。英国下议院的质询未能引出相关信息，而伊恩·马尔科姆爵士发送给媒体的众多稿件中从未提过这些信息，海外贸易部也没有。——原注
[2] 我很高兴能发布这些统计数据。正巧，伊恩·马尔科姆在《国家评论》发表的文章在后来的版本（似乎是转载自国际苏伊士运河公司资料的）被收录。世界大战后的几年里，国际苏伊士运河公司员工数量稳步增长，而英国财政大臣阿瑟·内维尔·张伯伦在1931年12月表示，国际苏伊士运河公司当时已经尽一切努力减少支出。——原注
[3] 笔者尊重北、西赫特福德郡选民的公平、机智和公心，但必须代表这些选民否认沃居埃侯爵的看法——笔者关于苏伊士运河的看法对他们近期的决定没有任何影响。1933年3月，笔者发表对苏伊士运河问题的深思熟虑的意见；当时，克纳布沃思勋爵在数月后就去世了，当时有进行选举的可能性。——原注

的指责，也必须由衷钦佩斐迪南·德·雷赛布的天才和法国投资者的勇气。19世纪70年代中期，国际苏伊士运河公司处于财务崩溃的边缘，还按自己的意愿改变了吨税收费标准，并因此与欧洲船主和特权法案的授权方"高门"发生了冲突。这时，身为皇家工程师的约翰·斯托克斯爵士与英国和奥斯曼帝国政府就自愿和解条款进行了谈判，使国际苏伊士运河公司能稳固财务状况，并且改造运河。谈判所列的条件中包括征收三法郎每净苏伊士运河吨的暂时附加税，以及特权法案中规定的最高十法郎的吨税。附加税得以缓慢下调，直到1884年才再次调到十法郎。1874年到1883年，使用苏伊士运河的英国船舶的吨位平均占全球通过苏伊士运河船总吨位的百分之七十八点三。因此，附加税不仅仅是一种"姿态"，而是由英国船主做的坚实贡献。鉴于19世纪50年代和60年代的激情已经消逝，附加税可能被视为对以前不足的弥补。国际苏伊士运河公司总裁还坚持："如果考虑了物价水平就可以知道批评者的观点站不住脚。1932年是物价水平很低的一年，吨税才超过了物价水平的百分之三。人们可能认为吨税的影响很大，但它对物价的影响远比不上关税和货币。"

人们希望看到"无可争辩的数据"，而统计学家却很少看。在任何情况下，一般税率——无论是百分之三还是其他——的数字都没有价值，因为人人都知道，价值不大的大宗商品甚至承受不了较低的税率，而对相对数量较少的高价值商品来说，即使税率较高也能承受。经济萧条时每一项支出都是负担，在经济繁荣时却感觉不到这些负担。沃居埃侯爵可能对法国的关税水平作了评述，而笔者意在让民意的力量对国际苏伊士运河公司产生影响。

沃居埃侯爵还提到了苏伊士运河吨税没有伤害国际贸易的观点："虽然现在确实出现'日本来欧洲的船增加两倍而欧洲前往日本的船减少'的情况，但吨税不是完全没有好处。"真实情况却恰恰相反，即使不是在萧条时期，欧洲经苏伊士运河驶出的船载重总是比驶入欧洲的船要轻得多。在后来的几年中，由于经济大萧条，制造业国家的出口一直在下降，空出来的载货空间使所载货物的重量承受过重的费率负担（因为货物总价值比原来减少了）——负担之重很容易让人受不了。与此同时，日本之所以实现出口增长是因为受到了货币贬值和其他因素的影响。

沃居埃侯爵还辩解道："英国贸易部数据显示，1931年到1932年，英国进口下降百分之十八点四，而苏伊士运河沿岸国家只下降了百分之三点八。英国出口整体下降了百分之六点六，而苏伊士运河沿岸国家反倒增加了百分之四点六。这样看来，苏伊士运河带来的真可算是'消极影响'了。"

这种辩解可谓是"单因谬误[①]"的范例。只有在各种商品在任何情况下都受到同样的价格变动影响时，沃居埃侯爵的观点才正确。为了进一步论证这个观点有误，呈上一份记录英国和外国船在英国港口活动状况的表。

1931年12月到1932年12月英国贸易航行相关细目表				
国别	入港		清关	
	1929	1932	1929	1932
东非、波斯湾、印度、东亚及太平洋岛国	3 625	3 151	2 943	2 310
	2 430	2 323	1 974	1 827
苏伊士运河以东国家	6 055	5 474	4 917	4 137
澳大利亚及新西兰	2 263	2 732	2 059	1 532
各地区总计	62 701	56 060	68 680	53 390

---

① 一种"认定一件事情由一个单独原因造成，却不考虑可能是由许多原因共同导致"的非形式谬误。——译者注

这与前文提到的价值比例所反映的情况截然不同；将价值比例作为衡量贸易规模的一种方法也不可信。来自东非和亚洲的船到英国被认为可能经过苏伊士运河，这些船的数量在1929年到1932年下降了百分之九点六，而进入英国港口船的总数下降了百分之十点六。同样，清关数据分别减少了百分之十五点九和百分之二十二点四。从中可以得出结论：在亚洲和东非以外的其他地区，出现了能影响贸易缩减的更强因素，甚至比减免吨税的影响程度还大。

在考虑与地球另一端国家进行的贸易时，沃居埃侯爵不得不承认通过苏伊士运河的船吨位数据有所下降。1929年，通过苏伊士运河的船吨位是三百九十四万两千吨，1931年是三百六十万一千吨，1932年是三百三十三万四千吨。然而，这种走低的数据竟可以被大胆地用来为苏伊士运河作辩护："苏伊士运河具有的垄断性是假象，因为海上还有其他航线，而我们的一些客户不在意交通时间长短，更喜欢走好望角航线。"

有报告指出，来自澳大利亚的小麦和爪哇的糖经好望角航线运输的情况"比过去多得多"。为此，苏伊士运河方面辩解道："在萧条时期船主对于在苏伊士运河行船能节省时间的优势其实不感兴趣。"准确地说，对船主和货主来说，尽管长程航行开支相对较高，但通过苏伊士运河的吨税更高——这正是批评者一直坚持的观点。与此同时，矿物油的运输从1931年的三百三十一万吨增加到1932年的三百八十二点三万吨（波斯湾的石油）。多亏了苏伊士运河航线，许多油轮才在1931年放弃了开普敦航线，但无人为此做出任何解释。

1933年5月19日，笔者在皇家文艺学会朗读了论文《苏伊士运河与巴拿马运河对比》[①]。1933年6月1日，笔者在《19世纪及之后》发表了《苏伊士运河：航路还是障碍？》，对本书观点简单做了总结。如今已是1933年10月，还没人回答我在那篇文章中提出的问题。本书绝没有也提不出什么高论，只是如实记录历史事实罢了。

---

① 大概就是本书第10章的内容。——原注

第 12 章
结 语

精彩看点

苏伊士运河具有垄断特征——英国政府拥有苏伊士运河百分之四十六的股份,却没有相应的投票权——苏伊士运河问题的最终解决涉及英国和法国之间的谈判——苏伊士运河实际承载的交通量逐渐下降——苏伊士运河逐渐失去重要地位——苏伊士运河的管理需要进行必要变革现在，我们需要将前面详谈过的若干论点联系在一起。外交官、工程师、军事家和金融家在19世纪中后期种下的因已经在20世纪30年代结出了果。总体而言，这些成果是配得上人们的劳动的。然而，现在是时候做改变了：打个比方说，如果果园里果树枝叶的生长要牺牲果实的养分，那么就应该剪掉某些不需要的根和枝叶。

苏伊士运河是法国的工程技术、管理技能及埃及和法国资本的共同结晶，是斐迪南·德·雷赛布个人想象力、眼界及在外交和财务方面的远见——与他结识并支持他的埃及赫迪夫在某种程度上也具备这些特质——结合而成的一项工程杰作。事实证明，对股东来说，苏伊士运河非常有利可图。除某些短暂时期外，股东都得到了足够多的股息。苏伊士运河几乎具有垄断的特征；正如笔者提到的，运河所有者实际上收取的费用有时甚至超过了使用苏伊士运河船应该缴纳的费用。

英国政府拥有苏伊士运河百分之四十六的股份，却没有相应的投票权。换句话来说，就是国际苏伊士运河公司董事会中没有与英国股份相称的英国代表，这就不会产生本杰明·迪斯雷利预期中的影响。因此，笔者建议应将英国政府持有的股份每二百五十股为一单位以现价出售，卖给忠于英国的个人或法人团体——他们可以作为股东，采取集体行动，以获得对国际苏伊士运河公司的控制权。正如沃居埃侯爵所料，靠集体行动争夺控制权无疑会引起激烈的外交反应；随后，苏伊士运河控制权的问题将会以符合世界解决欧洲和亚洲间航运、贸易利益的方式解决。20世纪30年代，世界贸易总量继续下降；英国的航运、保险业、银行业和港口利益的近期前景也并不乐观。为应对各国不惜一切奉行孤立主义政策的趋势，必须清除所有阻碍贸易运行渠道的障碍。20世纪30年代，苏伊士运河无疑是最大的贸易通道之一。如果本书提出的论据能站得住脚，那么最大的障碍之一就是苏伊士运河目前高昂的吨税。

其他调整现有吨税的方法确实早已被提出。或许，可以援引《国际联盟盟约》第十九条，但没人认真尝试过援引这一条款，人们对这一条款解决苏伊士运河问题的效果也不看好，因为一旦成功实施《国际联盟盟约》第十九条，和平改革之门就会打开，会让很多人不知所措。

有人建议，苏伊士运河问题可以交给国际联盟交通运输委员会解决，但从该机构已经取得的成果及组成来看都难以成功解决这个问题。还有人建议在下一次世界经济会议召开时把苏伊士运河问题列入议程。然而，这明显也行不通。

埃及政府可能会像1873年时一样，通过向海洋大国发通函的方式来提出这个问题。然而，埃及的国际地位及其与英国的特殊关系使人不禁怀疑，这么做是否有用。

最后，就海洋大国采取的官方行动而言，苏伊士运河问题或可自解。赞成"自解"的人认为，如果通过苏伊士运河所需的税费太高，使用苏伊士运河的船将减少；而国际苏伊士运河公司就会因更多的船改道巴拿马运河或开普敦而被迫降低费率，或根据每艘船上货物的性质和数量，按某种简单的从价计算征税。这种改进措施掌握在托运人和船主的手中，具有一定的吸引力。航海时间的延长意味着更大的海船需求及更多的船员就业机会。让船动起来比停在港口不动更好，能构成在有需要时能用于其他方向的机动"预备队"。如果所有来往于英国和亚洲的货船——不是客轮——都希望绕过好望角，总的来讲这可能对英国有利，但在某些市场上，就会因通过巴拿马运河而面临与美国的竞争。然而,国际苏伊士运河公司可以向通行船舶(客船和往返于印度港口和锡兰的船)征收更重税费来补偿自己,而很多船必须经过苏伊士运河,它们必须不计成本地缴纳吨税。

这些都只是暂时的解决方案,因为它们既没有考虑到埃及在1968年就要收回苏伊士运河,也没有采取如通过限制利润来维护国际贸易、采用类似免役税的方式固定给埃及一笔钱、考虑苏伊士运河为英国带来的管理及其他义务等策略,但只有做这些事情才能为特权法案的延长打下坚实基础。苏伊士运河问题的最终解决涉及英国和法国之间的谈判。这种谈判开始得越早就越可能成功,各方也会越满意。20世纪30年代,苏伊士运河正处于一个预期中的"黄金时代",但实际承载的交通量逐渐下降。正如罗马诗人维吉尔在自己的第四首牧歌中所写:

维吉尔

>……海上交通由此荒废
>
>船舶不再运输货物
>
>各地完全孤立自足……

自1854年以来,苏伊士运河的法律地位发生了变化,但管理制度一直保持不变,已经不再适合世界需求,换句话说就是过时了。与生物物种的演变相比,政商组织更容易发生变化。生命是什么?生命就是变化,而静止的事物失去了适应环境的能力,在不断变化的世界中必然消亡,还会在消亡的过程中影响许多其他利益。

摆在英国人眼前的任务,就是在苏伊士运河的管理中进行必要变革,使其能在未来继续发挥曾经的重要作用。笔者写这本书,就是为了刺激人们投入行动,此外,别无目的。

附录1 埃及总督授予修建和运营苏伊士运河及地中海到红海之间的附属设施的特许权

是斐迪南·德·雷赛布先生让我们注意到，从地中海到红海之间修建一条可供大型船航行穿越的水路将为埃及带来优势，也是他让我们得知了相关工程建成的可能性。我们收到了一个由各国资本家组成的公司提交的请求，并通过以下条款赋予这个打通地中海与红海之间地峡的、具国际性质的公司对运河建造和管理的专属权。运河施工建设部门及为公共事务征召劳动力的赔偿金需该公司自行事先组织和筹集，一切行为须遵守下列条款。

第一条 我们将委托斐迪南·德·雷赛布先生组建国际苏伊士运河公司并掌握领导权，以实现突破苏伊士地峡打开一条海运通道的目标。基本目标是修建一座双向通道的运河，一处入口在地中海，另一处则在红海，并建立一个或两个港口。

第二条 国际苏伊士运河公司董事人选应始终由埃及政府提名，并尽可能从对企业感兴趣的股东中选。

第三条 本特权法案有效期为九十九年，自运河通航首日开始计算。

第四条 修筑运河所需的费用由国际苏伊士运河公司承担，不是私人所有并且为施工所必需的土地都免费划给国际苏伊士运河公司。埃及政府决定，国际苏伊士运河公司将不负责修建防御工事。

第五条 除因持有国际苏伊士运河公司发行的股票而获得利息外，埃及政府还能获得公司每年净利润的百分之十五,并且不为工程执行和公司运营做任何担保。其余净利润分配方式为,百分之七十五归公司所有,百分之十归公司创始人所有。

第六条　国际苏伊士运河公司的代理人与埃及总督之间协调,并达成一致,认为苏伊士运河通行费标准将对各国一律平等。

第七条　如果国际苏伊士运河公司认为有必要开辟直接连接尼罗河河道的水道(水源来自尼罗河),并且与苏伊士运河海上部分相连,埃及政府就会将所需土地出让给国际苏伊士运河公司。现在,因修筑运河而未耕种的公共土地将由国际苏伊士运河公司支付相关费用或代为管理。自运河开放之日起,国际苏伊士运河公司十年内使用土地免税,在其余八十九年的有效期中只向埃及政府支付少量费用。本法案到期后,国际苏伊士运河公司只有在向埃及政府缴纳一笔与对同一类型土地征收的税额相同的税款后,才能继续享受土地的使用权。

第八条　为了避免埃及政府将土地交割给国际苏伊士运河公司时出现困难,国际苏伊士运河公司总工程师路易·李南特·莫里斯·阿道夫·利南·德贝勒丰先生拟订的计划将标明已出让的土地,包括运河的渡口、沉降点及衍生出的尼罗河补给运河(本条款配合第七条使用)。此外,现在禁止利用特许出让的公共土地进行任何投机活动,并且以前由个人拥有的土地及所有者以后要通过苏伊士运河水灌溉的,要支付使用费,以"费丹①"为单位计算。②

第九条　国际苏伊士运河公司被授予可以从属于公共区域的矿山和采石场免费使用自然资源的权利。根据本特权法案,运河施工、建筑所依赖的所有必要材料及从国外带来的、用于施工建设的一切机器和材料都能免费进入埃及领土。

第十条　在特许权期满时,埃及政府将毫无保留地收回国际苏伊士运河

---

① 费丹,埃及面积单位,一费丹约为零点四公顷。——原注
② 第七条、第八条被1866年2月22日公约的第三条废止。——原注

公司依照特权法案享有的所有权利，并将完全拥有苏伊士运河及所有附属设施。就国际苏伊士运河公司放弃的设备或动产的赔偿事宜，双方可以达成友好解决办法或者提起仲裁。

第十一条　国际苏伊士运河公司章程由其董事提交给埃及当局，并由当局批准——以后可能对章程做出的任何修改都必须得到批准。国际苏伊士运河公司章程将包括一份列举创始人姓名的名单，埃及将保留是否批准这份名单的权利。这份名单应包括所有曾为苏伊士运河工作、研究、维护或曾对苏伊士运河大型企业筹资做出贡献的人。

第十二条　埃及政府及其全体官员承诺，将良好、忠诚地配合特权法案的实施。

开罗，1854年11月30日

致埃及总督亲爱的、高贵的朋友斐迪南·德·雷赛布先生：

授予国际苏伊士运河公司特权将由奥斯曼土耳其苏丹批准，现将这份副本交给您以供保管。至于与运河挖掘相关的工作，只有在"高门"批准后才能开始。

（埃及总督印章）

伊斯兰历1271年[1]斋月[2]3日

---

① 伊斯兰历1270年就是1854年。——译者注
② 伊斯兰历法一年中的第九个月。——译者注

附录2　埃及总督授予修建苏伊士运河及其附属设施的特许权及施工作业规范

埃及总督穆罕默德·赛义德帕夏：

鉴于1854年11月30日发布的特权法案已经授予了我们的朋友斐迪南·德·雷赛布，因此，他获得了建立和管理一家跨国公司的特许权，以实现突破苏伊士地峡打开一条可供大型船航行的海运通道的目标。计划修建一座双向通道的运河，一处入口在地中海，另一处在红海，并建立一到两个港口。

斐迪南·德·雷赛布曾向我们表示，为了前面所说的跨国公司以通常采用的形式和条件建立起来，最好事先做出更加详尽的规定，即一方面规定该公司应承担的责任、义务和费用；另一方面规定该公司应享有的优惠、豁免权和利益，以及授予公司管理方面的便利。

特此约定构成这些条件的特权法案如下。

义　务

第一条　公司是由我们的朋友斐迪南·德雷赛布根据1854年11月30日发布的特权法案建立起来的。为了执行以下工程，公司必须独立承担以下支出、施工及危险。

1.修建一条位于红海的苏伊士和地中海的培琉喜阿姆湾之间,供大型海船航行的运河。

2.修建将尼罗河与海上运河连接起来的,并同样适用于尼罗河航运的灌溉渠[①]。

3.修建两条分别流向苏伊士和培琉喜阿姆的、从上述运河延伸出来的用于农牧业的支渠。

除非不可抗力因素,运河应在开工之日起六年内完工。

第二条　公司有权寻找承包商施工,资费标准或由埃及政府监管定价,或由承包商之间搞竞争性招标,或由双方商定。然而,不管何种条件,至少有五分之四的劳工须是埃及人。

第三条　应该按照国际科学委员会程序议定的宽深挖掘这条适用于大型海船航行的运河。按照该计划,应该以苏伊士港为起点进行挖掘,沿途经过"苦湖盆地"和蒂姆萨湖,以培琉喜阿姆湾的某处为出口使运河汇入地中海,具体由公司工程师拟订的最终计划确定。

第四条　根据上述计划,适用于河流航运的灌溉渠起点应在开罗附近,沿图米拉特干河谷——古老的"歌珊地"——延伸,并与大型海上运河在蒂姆萨湖相交。

第五条　运河的两条支渠将从蒂姆萨湖入口上方流出,河道与运河平行,分别流向苏伊士和培琉喜阿姆。

第六条　蒂姆萨湖地区将被建造为可容纳最大型船的内陆港。此外,如有必要,将在培琉喜阿姆湾海上运河入海处建一个港口;改善苏伊士的港口和路基,以便为那里的船提供庇护。

第七条　公司应始终保证海上运河、所属港口及与尼罗河和灌溉渠连接的淡水运河状况良好,为此产生的费用由公司自理。

---

① 因1866年2月22日公约第一条废除。——原注

第八条 希望通过公司修建的运河取水灌溉其土地的河岸土地所有者,可向公司支付补偿金或费用来获得许可,收费标准以下文第十七条为准。

第九条 我们保留在公司行政总部任命一个由该公司支付薪资,并代表埃及政府执行本特权法案规定的权利与利益的特别专员的权利。如果公司的行政总部建在国外,就应在亚历山大港安排一个能确保运河正常运行并协调公司与埃及政府关系的高级代理人。

特　权

第十条① 作为对前述条款中所提运河和附属设施建设的回报,埃及政府允许公司在必要情况下免费使用一切不属私有的土地,还允许公司使用所有尚不属私人所有的未耕种的土地。公司将自费灌溉、耕种这些土地,但有以下要求:第一,从公司耕种开始,这些土地只能保持十年免税;第二,此后直至特权法案到期,这些土地需要承担与埃及其他省一样的义务和税款;第三,之后,公司可以自行或委派他人保留对该土地及其施肥所需的供水设施的占有权,但须向埃及政府缴纳在同等情况下应缴纳的税款。

第十一条② 为了确定授予公司土地的范围和限制,在上述第十条第一、第二款的条件下,请参考所附计划。在计划中,应授予符合第一款规定用于建设免收税费的运河和附属设施的土地用黑色标注出来;通过支付符合第二款规定的某些费用授予的耕地用蓝色标注出来。如果私有土地所有人根据公司在1854年11月30日的法案之后的所有行为创造当时不存在或比应得要多的补偿权利,则应被视为无效。

第十二条③ 如果公司已经向私有土地所有人支付了其应得的赔偿,埃及

---

① 因1866年2月22日公约第三条而废除。——原注
② 因1866年2月22日公约第三条而废除。——原注
③ 因1866年2月22日公约第三条而废除。——原注

政府应在情况需要时向公司移交执行特权法案与施工必需的私有土地。双方应尽可能友好协商解决因临时占领或最终征收造成的补偿问题,如有分歧,应在仲裁法院仲裁。仲裁应是即决诉讼,并由这些人员组成仲裁法庭:公司选定的仲裁员;相关当事方选择的仲裁员;双方指定的第三方仲裁员。仲裁结果应立刻生效并不得上诉。

第十三条[①] 在整个特权法案期限,埃及政府允许公司免费从属于公有土地的矿山和采石场中开采供公司设施建设和维护的资料。此外,针对在运河建造或运营过程中因各种需要而从国外带入埃及的所有机械设备和材料,公司享受免税待遇。

第十四条 我们和继任者郑重宣布,作为奥斯曼土耳其苏丹承认的埃及总督,从苏伊士到培琉喜阿姆的海上运河及其所属港口应永远作为中立通道开放,并向所有从此穿行的商船开放。在支付费用、遵守由特权所有人(国际苏伊士运河公司)制定的规则及使用运河及其设施时,不区别对待、排斥任何人和国家。

第十五条 根据第十四条确定的原则,在任何情况下,特权所有人(国际苏伊士运河公司)均不能区别对待任何船、公司或个人。

第十六条 从运河完工、向大型船舶开放之日算起,国际苏伊士运河公司的存续时间为九十九年。一旦到期,埃及政府将收回公司对海上运河的控制权。埃及政府有权接管公司在海上服务中使用的所有物资和设施。作为回报,通过友好协议或根据专家意见,埃及政府应向公司支付与上述物资价值相等的金钱。

第十七条 为了补偿公司因建造、维护和运营运河产生的支出,我们授权公司根据后面的条款和第十六条中列举的一切财产,根据可随时更改的价目表,确定并收取航行、领航、拖船及锚泊费用,但须遵守以下条件:一、以相同

---

① 因1869年4月23日公约第一条而废除。——原注

的条件无差别对船征收费用；二、提前三个月在有关国家的首都和主要商业港口公布价目表；船吨税最高每吨十法郎，旅客吨税每人最高十法郎，不得超过这个价格。针对所有私人方面对供水设施的需求，公司还可以根据本法案第八条按照公司确定的价目表，收取与所使用的水量和灌溉面积成比例的费用。

第十八条 同时，鉴于公司在前述条款中获得的土地和其他好处，为了埃及政府的利益，每年股东大会将净利润的百分之十五分配给埃及政府。

第十九条 埃及政府将在公司成立之前批准为公司的发展做出贡献的成员名单。根据第十八条向埃及政府上缴金额后，公司应将年净利润的百分之十分配给根据规定制定的名单上做出贡献的人，或其继承人和受让人。

第二十条 不管运河工期长短，根据本法案第十六条规定，在九十九年特许期限的头十年，我们的朋友兼代理人斐迪南·德·雷赛布将作为第一创始人管理公司。

第二十一条 兹批准本公司以"国际苏伊士运河公司"的名义设立公司章程；而该公司以公共有限公司形式建立的规章制度，自公司资本全部认缴之日起生效。

第二十二条 埃及政府相信国际苏伊士运河公司会取得成功，并承诺将与该公司精诚合作，并根据特权法案规约明确要求埃及政府各部门的官员和代理人不管何种情况，都要在各方面协助和保护公司。工程师路易·李南特·莫里斯·阿道夫·利南·德贝勒丰和欧仁·穆热尔将受命指导、管理施工，监管工人，并负责实施工作计划。

第二十三条 如果1854年11月30日特权法案中的某项规定及其他条款与本法案条款相抵触，则一概废除，仅以本法案规定为准。

1856年1月5日于亚历山大港

致出身高贵、地位崇高的我重视的朋友斐迪南·德·雷赛布：

由于授予国际苏伊士运河公司的特权法案必须得到奥斯曼土耳其苏丹的批准，因此，我将特权法案正本转交给您，以便您可以建立上述公司。

只要"高门"批准授权，您就可以立刻开始打通苏伊士地峡的施工。

伊斯兰历1272年4月26日[①]于亚历山大港
（埃及总督印章）

[①] 公历1856年1月5日。——原注

附录3 国际苏伊士运河公司章程

一、公司的性质和组成——公司的名称——公司的注册办公室——公司的存续时间

第一条 公司全称为"国际苏伊士运河公司",由认购并拥有公司股份的人组成。

第二条 公司的目标:一、修建一条从红海的苏伊士到地中海的培琉喜阿姆湾的大型海洋运河;二、修建连接开罗和蒂姆萨湖的——将尼罗河和海上运河连接起来——内河航运及灌溉渠;三、修建两条位于蒂姆萨湖入口上方的支渠,分别连接苏伊士和培琉喜阿姆;四、开发运河及各种相关事业;五、开发特权法案出让的土地。根据《埃及总督授予修建和运营苏伊士运河及地中海到红海之间的附属设施的特许权》和《埃及总督授予修建苏伊士运河及其附属设施的特许权及施工作业规范》两大特权法案,埃及总督授予斐迪南·德·雷赛布:一、以第一创始人身份担任总裁管理公司事务的特权;二、特权法案授予国际苏伊士运河公司对运河及附属设施的权利与义务,以及埃及政府应享有的权利与利益。

第三条 国际苏伊士运河公司的总部设在埃及亚历山大港,法律管辖地是法国巴黎。

第四条 自章程签订之日起,公司成立并持股,直到特权法案到期为止。

第五条　埃及总督或斐迪南·德·雷赛布按授予的权力组建公司，董事会会偿还相关债权人债务。

二、公司资金——股份——支付方式

第六条　公司资本为两亿法郎，分作四十万股，每股五百法郎。

第七条　公司董事会决定，股票和债券将以土耳其语、德语、英语、法语、意大利语五种语言发行流通。

第八条　公司股票每股都可从保证金中折现，可以通过现金、储备金或在公司董事会指定于亚历山大港、阿姆斯特丹、君士坦丁堡、伦敦、纽约、巴黎、维也纳、圣彼得堡、热那亚、巴塞罗那等城市的代表处购买股票。使用外汇购股时，汇率采用巴黎还是亚历山大港牌价由国际苏伊士运河公司自行决定。

第九条　按照董事会要求，公司通过在两份报纸上提前两个月刊登公告的方式催款；如果没有合适的报纸，则依据第八条将信息在指定城市的证券交易所进行公示。

第十条　在认购股票时，如果董事会认为无须立即缴付根据本章程第十二条规定的发行不记名证券所需的那部分资金，则首次缴付的金额可由发行临时注册证书予以记录。这些证书带有序列号，并有公司和董事会的钢印及两名董事和一名董事会代表的签名。

第十一条　转让方和受让方可以通过转让方式进行交易，并在必要时到国际苏伊士运河公司办公室或董事会为此目的指定的代表办公室进行登记。董事或代理人应在证券背面注明转让情况。本公司可能会要求核验当事方的签名。

第十二条　原始认购人及其受让人应承担连带责任，直至每股股金被支付百分之三十为止。之后，可以将注册证书换成临时不记名证券。

第十三条　认购人每次支付都在对应的票面有所记录。等所有股金支付完毕，认购人就完全获得了股票所有权。

第十四条　规定时间内未缴清欠款的，按百分之五年利每天加收滞纳金。

此外，股金逾期不交齐的，公司有权出售这部分股票。为此，采取相关行动的顺序应配合第九条的内容予以公示，言明资金滞纳的后果。公示两个月后，国际苏伊士运河公司有权不再做正式通知或不经过手续就出售股票，风险由滞纳者自负。出售滞纳者股票的交易是由股票经纪人在巴黎或伦敦的证券交易所进行的一次或多次交易。因此，滞纳者先前购买的股份被宣布无效，一并归交齐钱款的新认购人所有。因此，任何未列明应付款项的票据都不可再议付。本条所述措施亦不排除公司在认为适当的情况下，对逾期股东采取法律手段的情形。

第十五条　第十四条所出售的股票在扣除本息后，如有剩余应归最初的买家所有，如有赤字，也由他们负责。

第十六条　最终股份为无记名，通过一般方法就可转让。最终股份是从登记册中提取的，由两位董事或一位董事和一位董事会代表签字并编号，并加盖公司印章。

第十七条　董事会可以授权往储备金中存入无记名股票。在这种情况下，采取存款凭证的形式和担保必须符合公司和股东的利益。

第十八条　每股股份都有在社会资产中按比例分配的权利。

第十九条　苏伊士运河不承认单股分割，一只股是完整的，不可分割。

第二十条　股东的权利与义务因持股数量不同而异。拥有国际苏伊士运河公司的股份，就意味着要遵守公司章程及股东大会的决定。

第二十一条　股东的继承人或债权人不得以任何借口要求在公司的财产、证券或收入上加盖印章，要求分割或出售股份，或以任何方式干涉股东的管理。为行使权利，股东必须查阅公司存货和股东大会批准的年度决算。

第二十二条　股东之可提取自己认购股本的金额，不得超支。

第二十三条　董事会可授权提前释放股份，但仅限于适用于所有股东的一般措施。

三、董事会的管理

第二十四条 公司的管理层由董事会组成,董事会由代表公司主要人员国籍的三十二名成员组成。从公司内部选出常务委员会成员,以指导和管理公司事务。

第二十五条 董事因其职责不承担任何个人或连带责任,只执行公务。

第二十六条 董事由股东大会任命,任期八年。因此,董事会八年换届一次。离任的董事靠抽签决定接下来的委任。离任的董事可以继续参加董事会的换届选举。

第二十七条 如果在任内,董事因辞职或死亡造成职务空缺,则由董事会找人顶上,直到下次换届选举。因此情况被任命的董事的任职期限为前任董事剩余的任职时间。

第二十八条 每位董事应该保存一百股公司股份——不可转让,任职期间存于储备金中。

第二十九条 苏伊士运河年净利润的百分之三归董事会所有。在工程期间,如有必要,在运河开通后的头几年,将为董事会每年分发津贴,以代替上述百分之三的部分。这些津贴将包含于管理费,具体数额将由第一次股东大会确定。这笔百分之三利润的具体分配方案由董事会决定。

第三十条 从董事会董事中任命一位管委会主席和三位副主席——可以连选连任。如果总裁和副总裁缺席董事会,董事会应在每次会议上指定一名董事履职。

第三十一条 管委会每月至少召开一次会议。如果总裁要求或者公司利益需要,也要召开会议。会议决策遵循少数服从多数原则。如果出现意见分歧,则最终以总裁意见为主。每次会议至少要有七名董事出席以保证会议有效性。如果只有七名董事出席会议,必须有五名董事投赞成票才可通过决定。

第三十二条 公司秘书长以顾问身份出席董事会会议。

第三十三条 董事会的讨论记录应由董事长和一名会议代表签字确认。

这些会议记录的副本或摘录必须由秘书长确认，在公司或其他地方有效公示。在每次会议后八日之内，应将经适当证明的每次会议所做决定的摘要发送给每位缺席董事。

第三十四条　董事会拥有管理公司事务的最广泛权力。董事会决定根据第三十六条提交股东大会的提案。针对管委会的以下建议，董事会有决定权：一、任免公司代理人和高层，规定他们的职务和待遇；二、资金的临时投资；三、项目施工的计划与细节；四、各类配套；五、销售和交换土地及购置工程实施和企业经营所需的船舶或机器；六、年预算；七、确定和修改根据特权法案获得的任何权利，吨税征收的条件和方式；八、积累储备金；九、分配员工的奖金、救济及养老金；十、管理公司股票和债券。

第三十五条　成为管委会成员，必须得到董事会的任命。董事会可以通过特别命令将全部或部分权力委托给一名或多名董事、公司的管理人员、雇员或其他人，以及划拨一项或多项财产或特定物品。

第三十六条　代理委员会中无人可投票。董事会如果进行审议吨税或修订细则、增加贷款或资本、申请新的特权法案、签订与其他公司的合并协议、解散公司和清算等程序时，必须提前一个月向缺席董事知会审议事项，并邀请其参加表决，或以书面形式向总裁呈递意见，并由总裁在会上宣读。之后，董事会进行投票，以少数服从多数原则进行决策。

四、常务委员会

第三十七条　常务委员会根据本章程第二十四条组建而成，由总裁和四名特命董事组成。

第三十八条　常务委员会主席负责召集委员召开会议，以确保常务委员会顺利履职；每周至少召开一次会议。

第三十九条　常务委员会将保留会议记录，由出席会议的一位董事签名确认。经总裁批准、秘书长认证后，这些会议记录的摘录才能生效并作为呈堂证供。

第四十条　常务委员会有权管理公司事务。常务委员会负责规定义务，执行会议通过的决议及行政委员会的决定。向董事会提交与以上第三十五条所述事项有关的提案。在任何明文规定不需要股东大会或董事会干预的情况下，常务委员会的一名或多名成员在以下事务中代表公司：一、任命和撤销雇员；确定雇员的职责和待遇；二、文职工作；三、法规和服务订单；四、制订计划和支付费用；五、年金，公共债务和贸易转移事务；六、吨税的收取、债务的处理、运河收入、司法和行政事务及保护措施；七、司法辩护、和解、交易及撤出交易；八、交易、贸易、拍卖及设施购买、出借和租赁。与申请人或辩护人相关的法律程序应由常务委员会主席和董事会成员负责。因此，相关通知或服务应由常务委员会代表公司做出并审查。常务委员会的决定及通过的行动和承诺，应由总裁或为此委派的两名委员签字确认。

第四十一条　董事会和董事长可以授权一名或多名董事、公司管理人员、雇员或其他人员为上述行动和承诺授权。

第四十二条[①]　在埃及安排一名高级代理人；代理人掌握全权，代表公司处理与埃及政府及第三方的所有交易。

五、股东大会

第四十三条　定期召开代表全体股东的股东大会。

第四十四条　所有持二十五股以上的股东都参加股东大会。由四十名持股总额达到公司资本百分之五的人组成常务股东大会。

第四十五条　当接到第一次通知后出席会议的股东不具有上述规定的条件构成股东大会的有效性时，股东大会有权休会，时间不得少于两个月。第二次会议应以第四十七条规定的方式举行。第二次会议的审议工作可能只涉及第一次会议议程上的项目。不管出席会议的股东人数和所代表的股份的多少，审议结果都是有效的。

---

① 1874年修改。——原注

第四十六条　股东大会于每年五月上旬召开①。董事会如果觉得有必要，也会召开特别会议。

第四十七条　常规会议和特别会议应在会议召开日期的一个月前，以上述第九条的方法公示。

第四十八条　为了有权参加股东大会或出席股东大会，股东必须至少在会议前五天在公司所在地或向第八条提到的城市的董事会指定代表处提供相关证明。符合要求的股东可以获得记名卡。在股东大会上，持有存款凭证的股东也可由具有法定权利的受托人代表，其形式由董事会决定。

第四十九条　股东大会由董事长或董事会副主席之一主持，如果这类主持人缺席，再改由董事会任命的董事主持。董事长宣布会议开幕，任命两名最大股东当监票员，并指定秘书。

第五十条　会议内容的审议根据第四十八条，遵循少数服从多数原则；如发生意见分歧，总裁做最后决定。

第五十一条　每二十五股等于一票，单位股东最多可以投十票。

第五十二条　超过十名成员提出的议案，可以进行无记名投票。

第五十三条　大会记录由总裁、监票员和秘书长签署的会议记录组成。只有秘书长确认过的大会记录才具有法律效力。

第五十四条　会议纪要附有一份通知表，用于记录参加会议的成员人数和每个成员代表的股份数，并附有缺席股东的名单。该表必须由每个与会股东签字。

第五十五条　大会议程由董事会决定。除议程上的事项外，其他事项不必审议。

第五十六条　大会听取董事会关于公司经营状况和利益的报告，并对此审

---

① 根据以下决议改在每年5月1日到8月1日进行："（1864年8月6日决议）成员们，根据1863年7月15日会议上提出的建议，批准修改章程第四十六条，将每年于5月1日到15日召开的股东大会例会改为于5月1日到8月1日举行。"全体股东一致同意。——原注

议,讨论内容限制在公司章程规定涉及公司所有利益的范围内。股东大会任命新董事替换即将离任的董事。股东大会将酌情为董事会授权,董事会可以对决议采取后续行动。关于以下目的的任何决定,必须获得股东大会的批准:一、制定新的特权法案;二、公司间的合并;三、修正公司章程;四、解散公司;五、增加公司资本;六、借款;七、工程结束时结算账目;八、调整年度账目;九、持有储备金;十、每年的分红。

第五十七条　审议第五十六条所述项目时,如果第一款到第六款获得通过,须至少十分之一股东出席股东大会并有三分之二以上——不少于五十名股东——投赞成票。当出席的股东不满足上述条件时,应按照第四十七条的规定,召开第二次股东大会。不管出席第二次股东大会的股东人数和所代表的股份数目有多少,讨论结果均有效。

第五十八条　股东对股东大会审议的决定负责,即便是反对者和缺席者。

六、年度账目——摊销——利息——储备金——股息

第五十九条　在施工过程中,每年按规定向股东支付股东所支付款项的百分之五作为利息。支付这些利息的资金来自临时投资的基金和其他附属产品的收益,必要时还包括股本。

第六十条　施工完成后,公司制定运行期间的公司收支情况报表,并由董事会提交股东大会。

第六十一条　从运河开放到开始承载大规模航运,每年第一季度都要编制一份截至12月31日的公司资产负债表,并在第二年5月提交给股东大会。

第六十二条　公司的年收支付优先级如下所示:一、运维支出、管理支出及储备金收费;二、可能已签约的贷款的利息和摊销;三、每年用于折旧和未摊销的股本的利息为二十五法郎。根据章程第六十六条的规定,应将每股摊派股票的利息加入偿债基金;四、股本的百分之二十五也要被加入其中;五、根据章程第六十九条的规定,准备或补充应对意外状况的储备金。在扣除各种费用后,年收入的多余部分构成企业的净利润。

第六十三条[①]　公司的净收益分配方案如下：埃及政府分得百分之十五，创始人股份分得百分之十，董事会分得百分之三，百分之二设立基金，由股东大会视情况而定向雇员提供养老金、救济、津贴或酬金等；剩余百分之七十作为股息分配给所有已摊销和未摊销的股份。

第六十四条　利息和股息应留一部分给储备金或支付给董事会指定的第八条中那些城市的代表。每年1月1日及7月1日支付利息，7月1日支付股息。然而，董事会可在其认为适当的情况下授权在1月1日支付股息。每次支付都要按照第九条规定公示。

第六十五条　从公告之日起，五年后未领取的利息和股息将被公司收回。

第六十六条　根据公司章程制订的摊销表，股份的摊销在九十九年内进行。如第六十二条所述，摊销费用主要根据以股本年金和按已偿还股份的百分之五计算的利息确定。如果在一年或一年内，企业的净收益不足以确保偿还要摊销的股票数量，则先从偿债基金中扣除所需款项；如果债偿基金不足以偿还，则优先在分配任何红利前，根据随后几年的第一个可用净收益进行分配。公司指定要赎回的股份，应通过董事会决定每年赎回的时间和形式，并以在公司办公室进行公开抽签方式决定股份赎回事项。

第六十七条　第六十六条涉及的抽签结果应当按照第九条的方式公示。

第六十八条　摊销的股份应当在上述第六十四条规定的利息、股息支付时间支付。摊销股权持有者保留与未摊销股东相同的权利，但已偿还给他们的本金的百分之五利息的部分除外。

第六十九条　根据第六十二条第五款的规定，扣除或增加第一款到第四款的费用后，从年利润的剩余部分中提取百分之五。当储备金达到五百万法郎时，股东大会可以根据董事会的建议减少或中止储备金款项的年度扣除额。一旦储备金低于五百万法郎，便要重新开始从利润中扣除。

[①]　1871年的决议修改了该条内容，赋予董事会百分之二和股东百分之七十一的股份（无论是否摊销）。——原注

第七十条　根据规范，创始人在企业年度利润中所占的份额被特别标出来，其数量、性质和形式由董事会决定。在所有情况下，关于股份的第十七条、第十八条、第十九条和第二十一条的规定也适用于创始人持有的股份。

七、条款修正——清算

第七十一条　如果经验表明修正或增补这些章程是有用的，则股东大会以第五十七条规定的形式做出相关规定，并由出席特别会议的成员以三分之二多数投票通过。这样通过的决议由埃及政府批准后正式生效执行。

第七十二条　公司解散时，根据董事会的提议，股东大会决定清算或新公司的重组方式。

八、管辖权裁决——争议

第七十三条　经埃及政府批准成立的公司，性质类似法国政府批准的股份有限公司。因此，法国相关法律同样适用于本公司。虽然本公司总部在埃及亚历山大港，但选定巴黎作为行政及所属司法管辖地，一切诉讼公文都要送到巴黎。

第七十四条　股东之间如果对章程执行和公司运营有争议，可各自选择一位仲裁人裁决；如果对仲裁结果不服，可到巴黎法院上诉。

第七十五条　关于公司集体利益的争议，可以在通过股东大会集体审议之后提出，既可由个人董事提出，也可由全体董事会提出。任何股东如有问题，必须在股东大会召开前至少十五天向董事会通报，并得到至少十名有资格参会股东的签字支持，然后要求董事会将该问题列入会议议程。如果该提议被会议否决，任何股东都不能在法庭上为其特殊利益提出重审要求；如被接受，则股东大会将派遣一名或多名常务委员来跟进事宜。这些程序只适用于上述委员，不适用于股东个人。

九、埃及政府特派员

第七十六条　埃及政府可派一名特派员在亚历山大港。为了让特权法案得以执行，特派员可以过问公司的一切活动，并且向埃及政府做各种必要报告。

十、过渡性规定——第一届董事会

第七十七条 除章程第二十条、第二十六条、第二十七条、第三十条和第五十六条及特权法案第二十三条规定的董事会权利外,在海上运河开通后的头五年,董事会的权利如下所示:

董事会拥有独立于第三十四条和第三十五条赋予的权利的、确保公司履行承诺的权利。因此,董事会可以选择它认为最有利的方式:既可以获得土地,也可以转售土地;既可以购买材料,也可以实施工程,还可以供应各种材料。董事会可授权拍卖全部或部分工程,取得特许权覆盖范围内的运河和附属设施的建造和营运所必需的一切动产和不动产,并可为同一目的,与施工企业就工程的全部或者部分签署协议。

在本条规定的特别任期内,应授权第一届董事会填补其职位空缺。

十一、刊物

第七十八条 探险家可在亚历山大港及任何需要的地方出版手稿。

在阅读了由斐迪南·德·雷赛布呈交的《国际苏伊士运河公司章程草案》后,埃及总督穆罕默德·赛义德帕夏宣布批准上述章程,使其成为特权法案的附件。

伊斯兰历1272年4月26日于亚历山大港

(埃及总督印章)

附录4　埃及总督与国际苏伊士运河公司间的公约（节选）1866年2月22日于开罗签署

一方面，埃及总督伊斯梅尔帕夏和国际苏伊士运河公司的总裁兼创始人斐迪南·德·雷赛布有过会谈；另一方面，1864年9月13日，该公司行政部门做出了如下声明：

……

第九条　苏伊士运河及其附属设施仍受埃及警察管辖。埃及警察将在运河区的任何地方自由执勤，并根据埃及法律法规执法，以维持秩序，保证公共安全。埃及政府在苏伊士运河任何被视为是埃及交通或商业与公众自由通行必经的区域享有地役权。对此，国际苏伊士运河公司不得收取任何通行费，或以任何借口收取其他税金。

第十条　埃及政府可以占领任何它认为是捍卫国家所需的位置或战略要点，将其作为运河的附属区域。但占领不应阻碍航行，并且应尊重运河沿岸地区的一切地役权。

第十一条　埃及政府可考虑实际行动的需要，选择在任何合适地点设置行政部门，如邮局、海关、兵营等。在这种情况下，埃及政府应适时向国际苏伊士运河公司偿还从国际苏伊士运河公司处征得的、准备进行相关建设土地的款项。

第十二条　为成功获得工商业利益，任何人都有利用苏伊士运河进行经营的机会，但要获得埃及政府的事先授权、遵守地方当局的市政或行政法规及法律、尊重运河沿海或沿途地方的风俗习惯和税收规约，河岸和纤道除外。地方须根据奥斯曼帝国的规章制度确保这些设施能被自由使用。此外，只能在国际苏伊士运河公司工程师认为不影响运河开发的地区进行经营活动。受益人要向国际苏伊士运河公司支付用于工程建设和土地利用的费用。

第十三条　设立海关机构，绝不侵犯各国船舶以一般过境形式使用苏伊士运河时享有的关税豁免权；对私人或国家的船要一视同仁，不准搞任何形式的歧视排斥或优先待遇。

第十四条　为确保忠实履行与国际苏伊士运河公司的双边协议，埃及政府有权任命一名驻国际苏伊士运河公司及工程所在地特派员，但费用自理。

第十五条　特此声明，如果九十九年特许经营期限到期后，国际苏伊士运河公司未与埃及政府达成新协议，特权法案将自动终止。

第十六条　设在埃及的国际苏伊士运河公司受埃及法律和习俗约束——其公司组织及成员之间的关系受法国一项关于股份有限公司法律通过的特别协议规定。如果这一方面产生争端，由巴黎帝国法院公断人审判，上诉时则由上级公断人审判。国际苏伊士运河公司与个人在埃及发生的纠纷，无论个人的国籍为何都将由当地法院根据埃及法律、习惯及条约制订形式做出裁决。埃及政府与国际苏伊士运河公司的纠纷也由当地法院受理，并根据埃及法律解决。国际苏伊士运河公司工作人员和其他行政人员产生了债务纠纷及矛盾，只要一方是埃及人，就应由当地法院根据当地法律和规约进行判决。如果涉事者无埃及人，则应按照双方既定的规则执行。在埃及，任何有关当事人对国际苏伊士运河公司的通知，必须有效送达公司设在亚历山大港政府的总部。

附录 5　苏伊士运河航行规则（1933 年 1 月）

总　则

第一条　根据规则应遵守的义务。

　　第一款　苏伊士运河向各国所有遵守本规则的船舶开放，但保留拒绝对常规航运构成危险的船舶进入的权利。船长在收到规约副本后要遵守各项规定，尊重国际苏伊士运河公司员工因履职提出的要求，并遵守《信号手册》中给出的所有信号（内附一份副本可供使用）。

　　第二款　邮轮，载油或危险品的船，以及正在检疫的船，必须发送《特殊信号手册》中规定的信号。

　　第三款　载油或危险品的船必须遵守本规约及附录的要求。相关文件会在船入港后发一份副本给船长。

　　第四款　排水量在五百吨及以下的船舶、无甲板船舶的航行受特别规定的管制。

第二条　船舶吃水与适航性。

　　目前，苏伊士运河允许吃水在三十三英尺，即十点零六米及以下的船通行[①]。船最大吃水超限或航行状况不好的，不允许通过运河。

[①]　并非运河最大水深，请勿混淆。——原注

第三条 船长的责任与领航员的职责。

总重量五百吨以上的船在出入塞得港和陶菲克港及在运河航行时，都要接受国际苏伊士运河公司领航员领航，他们将提供关于航道的一切具体信息。国际苏伊士运河公司亦将视情况保留让领航员登上五百吨以下的船舶的权利。领航员利用自己的经验和知识为船长服务，但由于领航员对具体船的特殊性和缺点不熟悉，船长在航行、停船及操纵等方面都负有全部操纵责任。船在航行过程中发生任何意外或损坏，由船长负全责。通常，船一旦进入以塞得港和陶菲克港外的浮标标定的边界范围内，就进入了领航员的服务范围。

第四条 邮船的规定。

邮船是指和政府签订协议，提前预订好到达日期的常设提供邮政服务的船。为证明身份，船主必须将相关合同交给国际苏伊士运河公司工作人员以便核验。

第五条 空载船规定。

空载船是指在航运途中不挣取运费的船，只配备供航行所需燃料及船员供给。在通过运河前卸货下客，事后又装上的不属于空载船。申请"空载船"待遇[1]的船携带煤和油等燃料的体积不得超过机舱容积的百分之一百二十五[2]。船用燃料应该被装载在固定或可移动的燃料舱里，但如果船长的理由充分，就可以放置于甲板或者其他空间。船长应采取一切必要措施，以便于测定船上搭载燃料的体积[3]。

第六条 苏伊士运河吨位。

第一款 通行苏伊士运河的船一律根据1873年君士坦丁堡国际委员会确定的标准测量[4]吨位，以确定需要缴纳的吨税，并妥善录入各国主管

---

[1] 参见第七条。——原注
[2] 苏伊士运河开具的证明上有显示这条规定。——原注
[3] 参见第十六、第十七条测量的相关规定。——原注
[4] 参见后文"吨位测定规则——国际苏伊士运河公司特许的额外削减——甲板空间测量规则。双底船吨位规则"。——原注

当局签发的特别证书上。在评估吨税时，净吨位在上述证书交付后的任何变化都应被考虑在内。

  第二款　苏伊士运河工作人员有权根据船载人载货实际情况与船长出示的相应特别证明决定这部分人或货是否应被计入吨税计算范围。一般而言，工作人员有权复核证明上提供的船空间是否应该被计入吨税计算范围。

  第三款　如果船不具备君士坦丁堡国际委员会开具的吨税特别证明，就由苏伊士运河工作人员依据君士坦丁堡国际委员会规则进行测定。在没有提供吨税特别证明前，船舶的吨税计算以国际苏伊士运河公司工作人员测定的数据为准。

第七条　货运吨税。

  第一款　现行吨税定为每吨六点六五法郎[①]。

  第二款　空载船可以享受吨税半价待遇（每吨三点三二五法郎）。[②]

  第三款　载货船每吨六法郎、空载船每吨三法郎将作为临时价格。本款将一直执行到1933年12月31日。

第八条　乘客吨税。

  第一款　除根据第七条要缴纳货物吨税外，对十二周岁以上的乘客收取十法郎吨税，三至十二周岁每人收取五法郎，三周岁以下免费通行。

  第二款　船员名册中的水手除非在同一船主名下，否则在通过运河时也要被看作乘客征收吨税。

第九条　码头费用。

停泊在塞得港、伊斯梅利亚及国际苏伊士运河公司在陶菲克港码头的船，每天要被征收零点零二法郎每吨的费用，二十四小时内免费。停泊费用十天一付。

[①] 在本规则中，所有吨税（率）的价格都以法国1803年芽月发行的金法郎表示。——原注
[②] 参见第五条。——原注

第十条 领航费用。

船在运河航行时免收领航费。进出塞得港、陶菲克港的船的领航收费标准如下：

情况一：不穿过运河的船。（昼）动力（蒸汽/燃油）船二十五法郎，风帆船十法郎；（夜）①动力（蒸汽/燃油）船五十法郎，风帆船二十法郎。

情况二：穿过运河的船。（昼）免费通行；（夜）动力（蒸汽/燃油）船二十五法郎，风帆船十法郎。

所有总重在五百吨②以上的船都必须执行这一标准。如果领航员超时工作，则须加收每天四十法郎的附加税。

第十一条 第七条费用的减免规则。

如果船并不全程通行苏伊士运河只是半程通行，则允许减半缴纳货运吨税。这是货运吨税唯一的减免方法。费用减免涉及的航段为伊斯梅利亚—塞得港段，或伊斯梅利亚—陶菲克港段。

第十二条 塞得港—伊斯梅利亚交通。

如果船在塞得港—伊斯梅利亚之间以"空载通过、装货返回"的方式航行，全程收取二法郎每吨的吨税；船在航行开始前必须付清全款。其他方面的收费标准与其他船相同。如果船载客，则不适用本条规则。

第十三条 吨税支付方式。

第一款 所有吨税都必须以现金在巴黎、埃及或伦敦支付。

第二款 载货（客）吨税可以提前支付。

第三款 国际苏伊士运河公司会为在巴黎或伦敦支付过吨税的船主拍电报到埃及以资证明，但相关风险和费用由船主承担。

第四款：船主如果发现吨税征收有误，应在船通过苏伊士运河一个月内告知国际苏伊士运河公司。

---

① 指日落之后至第二天日出之前。——原注
② 参见第三条。——原注

船舶通行规则

第十四条 船舶到港规定。

第一款 在靠近塞得港水道的浮标时,想进入苏伊士运河的船应该发送"需要领航员"的信号。领航员一旦上船,会将本规约与一份表格交给船长。船长填完表格后,将表格交回并带领航员下船。

第二款 在进入运河时,船长必须将以下情况清晰告知领航员:一、国际规范中船舶的商业编号;二、根据《信号手册》确定的船种[①];三、如有必要,要在塞得港停留超过十二小时的、需要维修的船也要根据《信号手册》发出对应信号。

第三款 船必须在以下两种泊位引导方式中选择一种:或由国际苏伊士运河公司挂出信号旗,或由国际苏伊士运河公司派船引导。

第四款 入港、更换泊位或离港时,船长系缆必须使用本船搭载的船艇或国际苏伊士运河公司认可公司的系泊船。

第十五条 船舶在港内停留规定。

第一款 船长本人对船在运河港区的系泊负责。

第二款 在港区停留的船必须遵守第三款中的规定。

第三款 将船系泊在浮标上时,必须有人看守系泊绳。如有情况,及时处理,确保工作顺利进行。如果两艘船系泊在同一浮标上,一艘船准备离开,则另一艘船必要时应主动松开系泊绳。

第四款 系泊船的船长须遵循驻埠船长在船停留期间向其提供的建议,特别是在遇到恶劣天气时;须检查缆绳和钩环,必要时须加固。

第五款 如果船尾朝岸,则船长须掌握船尾水位情况,以免船在装货时因船体没入水中而撞上斜坡,或因河岸太近搁浅。

[①] 邮船、近海船、运煤船、油轮、装载爆炸物的船等。——原注

第六款 夜间无论是航行或停泊，为避免与其他船相撞，船都要发出符合国际规则的信号灯。

第七款 一艘船如果自带拖船，并排放置的拖船不能超过两艘；另获授权的除外。

第八款 在发动机预热而领航员不在场，或领航员在场却未被告知预热情形时，严禁启动推进器。

第九款 在没有通知国际苏伊士运河公司的情况下，船的发动机不得停止工作。如果发动机熄火，就应加强系泊设备，以免船因意外遇险。

第十款 船长必须时刻在船上留足船员。这部分船员要能保证系泊状况正常，并且能应对意外失火或泄漏等情况。

第十一款 驻埠船长及其代表登船检查船是否遵守规约、是否状况良好，特别是船上是否夹带危险货物时，不得阻拦。

第十二款 系泊在陶菲克码头的船也要遵守规约的所有条款。此外，禁止船进行降低机动性的维修工作。

第十六条 更换码头的规定。

第一款 如果船长希望更换船停靠的码头，应该知会驻埠船长或其代表，通报船是否做好了换码头的准备，以及是否需要拖船辅助。接着，驻埠船长就会为船更换相应码头。航行过程中会有领航员前往协助。驻埠船长或其代表会为船定好更换码头的时间。

第二款 更换码头时，因船长失误或者报备信息不全而产生的一切额外开销由船长自负。

第三款 动力船舶更换码头的费用是二十五法郎，帆船十法郎。如果轮船因蒸汽不足不得不借助拖船，则根据后文《苏伊士运河设施租赁规定》收费。

第四款 如果驻埠船长认为更换码头有利于维护整体航行秩序，可以安排船更换码头。这种情况免交第三款涉及的费用，并且须尽快进行。

第十七条　港内船通行规定。

　　第一款　港内或进入运河水道的船须遵守相关防碰撞的国际准则。

　　第二款　在港内，在确保能掌舵的情况下，船须以最低速度航行。当船从系泊船旁经过时，为避免撞断缆绳导致碰撞事故，船长应立刻熄灭引擎。

第十八条　船上失火、泄露的处置规定。

　　第一款　如果船在港内出现失火、泄露的现象，船长须立刻告知驻埠船长，同时，须鸣响船上汽笛示警，并且做好随时按指示转移的准备。

　　第二款　事故船周围的船也必须做好转移准备。

　　第三款　苏伊士运河工作人员将协调处理。

第十九条　航行规定。

　　第一款　在塞得港停泊却不进入运河的船必须向港口办公室报备，领取相应的特别证明。

　　第二款　打算出海的船长须提前支付领航和港口使用费——如果相关费用已产生。船长须通过船舶代理人以书面或电话告知形式通知驻埠船长自己的出发时间。驻埠船长会在告知时间的半小时前派领航员到船上协助工作。

　　第三款　在领航员到达前，船不得解除系泊。如果国际苏伊士运河公司没有给出禁行信号，船则可通行。如果几艘船同时准备出发，港口办公室会相应安排好顺序。

　　第四款　船长可以向国际苏伊士运河公司申请拖船协助，计费标准见第二十条。

　　第五款　领航员离船时，船长应该把按要求填好的表格交给他。

第二十条　拖船的规定。

　　第一款　船长可以指挥拖船帮助自己的船出入港口。拖船免费，但不提供缆绳。

第二款 可以按需租用拖船在港内外进行任何必要的拖曳、浮起作业。详见后文收费标准。

第三款 不管国际苏伊士运河公司以何种条件为到来的船配备拖船，该船船长都有权决定拖船的航向和操控，相应地也要承担出现意外和拖船损坏的责任。

第二十一条 禁止条款。

第一款 除非正在进行作业，或处于任何本规约及国际法则允许的状况，否则不许通行船随便鸣响汽笛。

第二款 任何船不得与正在启动或航行的船并排，国际苏伊士运河公司船及某些特殊船——检疫及警用船、系泊船和代理人船——除外。

运输状况

第二十二条 应当履行的手续规定。

打算通过苏伊士运河的船正在系泊时，船长必须在运输办公室登记备案并支付吨税，并在情况必要时支付领航、拖船和码头的费用，并且得到收据一张以资凭证。船长必须以书面形式提交以下信息：船舶名称与国籍（出示相应证件）、船长姓名、船主和承租人的姓名、出发及目标港口、船舶吃水，长度及宽度、乘客名单和人数、显示船员状况的船文件、标注船性能的特别证明文件，以及船长本人的健康证明文件。

第二十三条 进入苏伊士运河的程序。

第一款 准备进入苏伊士运河的船必须将帆桁前倾，放下舷梯和第二斜桅，向内收起小艇，放低阻碍前方视野的吊杆。

第二款 船要做好进入苏伊士运河后快速系泊的准备，为此至少需要四条状态良好的缆绳，放在甲板的各处。根据船身大小，准备一到两艘可以随时降低、携带系泊绳到系泊位进行固定的小艇。

第三款　做好下锚准备。在进入苏伊士运河前，必须确保操舵装置和轮机舱车钟状态良好。

第四款　在进入苏伊士运河之前，船长必须确定甲板上的货物已妥善处理，不会对船的稳定性造成影响或者阻碍船员工作。

第五款　空载船船长必须按照国际苏伊士运河公司工作人员指示的比例为船加注压舱水。

第六款　意欲夜航穿过苏伊士运河的船[①]首先要向陶菲克港或塞得港的苏伊士运河工作人员证明船具有以下能力：一、船轴上要配置能照射前方一千二百米——约一千三百码——的探照灯，可以左右摆动，形成圆心角为五度的照射区；探照灯在摆动时，中间黑暗区域的圆心角也是五度；二、配置足以照亮直径两百米——六百五十英尺——区域的顶灯。苏伊士运河的官员有裁定船配置是否符合苏伊士运河夜航安全标准的权利。尤其要注意，不要让发电机的工作阻碍操舵手的视线。如果船的设备不完善或者有损坏，那么可以中止夜航。

第七款　穿越苏伊士运河期间，船长应允许国际苏伊士运河公司使用船的无线设备，允许领航员自由向国际苏伊士运河公司收发一切与服务有关的信息。在通过苏伊士运河期间，无线电值班作业须根据领航员指示持续进行。

第二十四条　启航的时间与程序。

第一款　船长应在申请出发时间的一个半小时前，清晰地发出需要领航员的信号。

第二款　不得在领航员上船前自行改变船的系泊状态。如果国际苏伊士运河公司没有发出禁行信号，则船可以启程出发。

[①]　见第二十六条相关文字。——原注

第三款　苏伊士运河会为几艘同时做好出发准备的船——不管是前往运河还是大海的——安排启程顺序。为了确保航行安全及令邮政船尽可能快速通过，船的启动的操作步骤由国际苏伊士运河公司决定。任何船不得擅自通过苏伊士运河，在这种情况下造成的延误索赔均不被承认。

第四款　需要移动船时，船长可以租拖船。计费标准见第二十条。

第五款　船长必须日夜派人值班。

第六款　发现前方交通不畅时，所有船都要停下来。在通过码头线、石面河岸或经平整过的河岸，以及沿码头线停泊或者靠近正在航行的漏斗船、挖泥船和其他浮动设施时，船都须放慢速度。

第七款　凡是系泊的船，无论是否在码头线内，都要根据信号要求升起信号旗。为了使拖船、动力快艇、漏斗驳船和其他可能通过的吃水较浅的船自由通过，停泊的船在必要时应松开缆绳。为此，船上必须常留解缆绳的人员。船上的蒸汽引擎必须始终处于准备就绪的状态。

第八款　在运河同向而行的船彼此不允许超越。如要超越，须根据国际苏伊士运河公司指示合理进行。

第九款　除非特殊情况，禁止船长在运河河道中下锚。

第二十五条　速度的规定。

船通过运河时的最大时速通常是十二公里——六点五海里。如果是出于提升船航行性能的目的，则允许适度超速航行。

第二十六条　夜航的规定。

第一款　禁止帆船夜航。

第二款　船夜航时须打开探照灯；必须点亮规定的灯号，并且派人在前方瞭望。

第三款　一艘船——无论进码头线或出码头线——要系泊时，必须立即熄灭探照灯，打开顶灯。完成系泊后，船必须熄灭顶灯和航行灯，并发出《信号手册》规定的信号灯。

第四款　夜间，除位于运河到苦湖交界河道两边各有一排浮标部分的航道以外，船在大苦湖航行都必须熄灭探照灯。

第五款　除非特殊情况，禁止未配备探照灯的船夜航。夜航时，这类船的船长对船可能发生的任何延误、意外事故或任何形式的损坏，以及对其他船——包括国际苏伊士运河公司的船或设施在内——可能造成的事故负全责。在这种情况下，通过苏伊士运河的船必须遵守其他夜航规则。

第二十七条　禁止条例。

特此通知各船长，禁止以下行为：

一、苏伊士运河全程（含港口）禁止随意丢弃沙土、灰烬、煤渣等垃圾。

二、禁止往运河中倾倒各种油料、汽油、重油、燃油、洗涤物或清洗水，或放任其漂浮于运河上；禁止进行液体燃料加注。一般而言，处理液体燃料如卸载作业时，必须避免任何燃料泄漏于运河水域。否则，国际苏伊士运河公司保留让船在进行必要维修前停止此类操作的权利。

三、禁止在没有国际苏伊士运河公司工作人员直接干预的情况下打捞任何可能掉入苏伊士运河或通道港口的物品。如果有任何物品或商品坠河时，必须立即向国际苏伊士运河公司报告。国际苏伊士运河公司如果认为相关方无法在不妨碍运河航行的情况下进行打捞，则它负责打捞，并由相关方支付费用。

四、禁鸣枪炮。

五、禁止在运河河岸进行掩埋作业。

六、禁止拖挂拖船或任何形式的浮器。

第二十八条　意外的处置规定。

第一款　如果有撞船危险，为避免碰撞事故，必要时应主动操控船搁浅。

第二款 船如果在通行时意外停下而后方有船尾随，必须鸣响汽笛——声音要短促尖锐，短促鸣笛四至五次，反复数遍——以示警，直到尾随船重复该信号，并减速、适时停下为止。夜航时，如因意外停船，须立刻将白色尾灯换为红色。如遇搁浅，驻埠船长要立刻根据《信号手册》发出相关信号。

第三款 一艘船搁浅时，为了拯救船，只有国际苏伊士运河公司工作人员有权指挥并监督船的抢救手段——包括必要时进行的卸货和拖曳。事故船长应该全力协助。严禁非国际苏伊士运河公司船自行抢救搁浅船。

第四款 如果船并非因碰撞而意外在运河搁浅的，为了尽快清理障碍恢复河道通行，国际苏伊士运河公司从该船卸载物品时造成了损失，将不接受索赔申请。船如果重新浮起，需要拖船才能继续航行，需要支付相应的拖船费用。此外，事故船必须自行承担维修或因船无法重新启动而进行的修理或整修所必需的一切费用。同时，事故船对因自己搁浅造成的一切破坏和意外事故——无论是何时发生的破坏——负责。

第五款 不管何种原因，当船在水道或港口搁浅或停下，或在运河内因碰撞而搁浅或停下时，产生的一切费用——抢救费、拖船费、卸货费、重装费等——由船自理。根据国际苏伊士运河公司起草的声明，船在离开陶菲克港或塞得港前，必须付清。

拖船和护送规定

第二十九条 拖船或护送规则。

苏伊士运河工作人员可能会下令状况不好或运输危险品的船应由国际苏伊士运河公司拖船拖行或者护送航行。拖船费将根据后文的租赁规则收取。

第三十条 拖船一次性租赁规则。

通过与国际苏伊士运河公司协调,仅靠自己无法通过苏伊士运河的船可以租用拖船,费用一次缴清。

第三十一条 私人拖船的使用规则。

第一款 经国际苏伊士运河公司批准,船主可以在拖曳船时使用自有或者租赁第三方的拖船,并对这些船负全责。

第二款 以第一款方式拖曳的船每吨缴费零点五法郎。

第三款 对经过批准的拖船免予征费。拖船因与将要拖曳或护航的船会合,或为了在拖曳或护航船后返回自己的泊位而进入苏伊士运河时不需承担吨税,但必须有领航员随行,不准拖货或载客;实际有拖货载客情况的,按照正常通行标准收费。

第四款 不属国际苏伊士运河公司所有的拖船虽然享有上述优待,但必须严格遵守本规约中相关航行或停泊的其他条款。

吨位测量规约——1873年君士坦丁堡国际吨位委员会推荐标准
(节选,议事记录第二十一卷,附录二)

总 则

一、船舶的总吨位或总容积是对顶层甲板以下所有位置(全部包含)及该甲板上所有永久性覆盖及封闭处总容积的准确测量。

注意:顶层甲板的"甲板上所有永久性覆盖及封闭处"指所有被甲板或覆盖物或固定隔板隔开的空间。这意味着这些空间可用于载货或增加载货能力及为乘客或船员提供住宿。因此,只要这些由甲板、覆盖物或者隔板隔开的空间存在一个或多个开口,或者在测量后发现甲板缺口及隔板缺失部分可以轻易遮盖并因此更适合载人运货,就要算进总吨位里。

不过,由于遮阳棚下的甲板空间与船体没有其他连接,也不需要靠"隔绝"的空间撑起遮阳棚，再者这部分甲板空间将永久暴露于空气和海水之下，所以不构成总吨位，尽管遮阳棚空间还是有被用作船员及甲板上乘客的住所，甚至堆放"甲板货①"商品的可能。

二、"甲板货"不包含在计算之列。

三、总吨位中，载客或可能被用于载客的空间一并纳入计算范围。

四、扣除煤仓空间的计算可以依据1871年欧洲多瑙河委员会的规则或通过对固定舱室的精确测量标准进行。

规则二：载货船的规定

第九条 如果船因载货或任何其他原因不能通过规则一确定其吨位时，就用以下方法。测量顶层甲板从船首外板到艉柱后方的长度，减去艉柱后方和艉柱的槽口之间与后板交叉处的距离。还要测量船外板或舷沿列板的最大宽度。然后，先在船的外侧，也就是船的两侧，标出上层甲板的高度；从垂直龙骨的方向以最大宽度把船围起来，在船身下方用一根锚链，从一侧标记高度处出发，与另一侧标记高度处连接起来——两点连线要与龙骨垂直。这样取围长的一半，与船主宽度的一半相加，算出总和的平方，再乘以前面提到的船长，然后将积乘以零点一七（木质船）或零点一八（钢铁船）。这就可以大致算出船舶容积，并且分别除以一百或二点八三算出以英制英尺或公制单位米计量的总吨位数。

第十条 对于应被计入总吨位的顶层甲板缺口，船尾或其他永久性掩盖和封闭处，则应将这些空间长、宽、深（高）数据相乘进行计算，并将算出的积除以一百或二点八三，分别算出以英制英尺和公制米为单位的吨位数据，并与其他数据相加，以此确定船舶的总吨位或总容积。

---

① 甲板货，传统意义上指木材、危险品及其他太大不宜装入船舱内的商品，其运输风险由租船人或发货人或提单持有人承担。——译者注

根据总吨位确定净吨位的扣除规则①

第十一条 为了从上述船舶总吨位中算出帆船或蒸汽轮船的正式吨位——或称净注册,必须采用以下计量方式——

帆船的扣除规则

第十二条 以下不算在帆船的净吨位数据以内:专供船员使用并被完全占用的空间,厨房和厕所占用的空间,不管是顶层甲板的上方还是下方都不算在内;如果顶层甲板上有用于操舵、主导轮、锚齿轮,及用于保存海图、信号和其他导航仪器遮盖的封闭空间,也不被算在净吨位以内。以上扣除部分根据每个国家的要求和习惯各有不同,但扣除额不得超过总吨位的百分之五。

第十三条 空间容积的测量应按照顶层甲板有遮盖及封闭空间的测量规定进行。从计算结果中减去扣除份额后得出帆船的净吨位数据。

蒸汽轮船的扣除规则

第十四条 依靠蒸汽和其他形式动力推进船的扣除规则如下。

一、空间类型和最大扣除份额与第十二条内容相同。

二、引擎、锅炉、煤舱、螺杆式蒸汽机轴箱所占据的空间,甲板间及顶层甲板烟囱周围有盖的及封闭式空间——为引光和空气入轮机室,并保证引擎正常工作所必需——都要扣除,但扣除额不得超过总吨位的百分之五十。

第十五条 第十四条第一部分所述部分的测量将根据第十二条、第十三条的规则执行。第十四条第二部分为蒸汽轮船独有的部分将根据以下标准进行测量。

一、配备带活动隔板煤舱的轮船:

---

① 从1873年君士坦丁堡国际吨位委员会最终报告中节选:"第十七款:建议颁布一项惩罚性规定,即如果任何已经被扣除的永久性舱室被发现供载货或载客,或以其他任何盈利方式被用于赚取运费,该舱位不再被扣除,应被计入净吨位中。"——原注

第十六条　在没有固定煤舱,但带有可移动隔板的横煤舱的船中——不管是否有两侧煤舱,测量轮机室的空间容积,与螺杆式蒸汽机体积的百分之七十五或桨式蒸汽机体积的百分之五十相加。轮机舱占用的空间应理解为轮机舱本身加锅炉房一并占用的空间,以及为机械运转所严格要求的空间。对于加上螺杆式蒸汽机轴箱及围绕甲板之间将烟囱围起来的、使空气和光线进入轮机室所必需的空间,测量方式如下:测量引擎和锅炉从机器顶部到舱室顶部的平均高度,在这个高度的中点位置测量三次(在两端和中点各测一次,有必要的话就多测几次)空间宽度,并取平均值;还应测量最前和最后舱壁之间的平均长度或长度极值,引擎和锅炉实际使用或正常工作时所不需要的空间不算在内。将该空间的长宽高相乘得到容积,进而算出机器顶部以下空间的容积。然后,根据具体情况算出上文所述舱顶和最上层或船尾甲板之间空间(如果存在)的容积,也就是允许光线和空气进入轮机室的空间容积。将以上容积数值、轴箱体积数值与锅炉顶部及以下空间体积数值相加,再除以一百或者二点八三,就可以得出以英制英尺或公制米为单位的吨位数据,即轮机室与锅炉房的吨位数值,以此进行净吨位扣除。如果船引擎和锅炉均被安装在单独舱室中,则应根据上述规则,以相同的方式分别测量各自的容积,取结果的总和作为扣除总额的一部分。

二、配备固定煤舱的轮船:

第十七条　在装有固定煤仓的船舶上,测量轮机舱和锅炉房(含煤舱)的平均长度,并确定船三个覆盖引擎的甲板横截面面积[①]。三个横截面的其中一个必须穿过船舶长的中点,另两个横截面则必须穿过两端。将两端横截面面积之和乘以中点横截面面积,再乘以两端间距的三分之一,然后除以一百或者二点八三,就可以得出以英制英尺或公制米为单位的吨位数据。如果引擎、锅炉和煤舱是单独隔开的,则分别测量后将总和相加得出数据。螺杆式蒸汽机轴

---

① 根据第三条、第四条测定总吨位的方法执行。——原注

箱的体积须通过确定平均长度、宽度和高度来测量，相乘后把积除以一百或者二点八三，就可以得出以英制英尺或公制米为单位的数据。对于以下几种处于甲板之间及顶层甲板上有遮盖的和封闭的空间，采用相同的方法确定容积：一、围绕烟囱四周的空间；二、允许空气和光线进入轮机室的空间；三、为引擎正常工作所需的空间。

第十八条　除针对固定煤舱外，第十六条的规定同样适用于带活动隔板的煤舱测量。

第十九条　对于拖船吨位的减免可以不受总吨位百分之五十的限制，机械、锅炉和煤舱所占空间都可扣除。但如果不是专门拖船，则相关扣除额不得超过总吨位的百分之五十。

国际苏伊士运河公司允许的其他吨位扣除规定

在净吨位扣除规则第十二条规定的扣除中，国际苏伊士运河公司允许包括以下类型的船空间，但扣除总额不能超过总吨位的百分之五。

一、图表室，同时用作船长室的也算。然而，如果船长有好几个舱室而其中一个是图表室，仅扣除图表室，但在任何情况下，可供扣除的图表室必须位于顶层甲板上。

二、船医使用的舱室可以扣除。

三、高级船员[①]和工程师专用的厨房——如有两个厨房，一个专供高级船员，另一个专供工程师也可——可以扣除。技术船员专用厨房也在扣除之列。如果载客船舶却不配旅客专用厨房的，则高级船员厨房不在抵扣之列。

四、为船上高级船员、工程师和船员配备的专用盥洗室可以扣除，但如果没有为乘客提供专用卫生间时除外。

---

① 分管理级和操作级两种。在我国，高级船员包括轮机长、大副、二副、三副、大管轮、二管轮、三管轮等。——译者注

五、所有顶层甲板上设置了明显的、常设的专门标志，表明是用于专用存放探照灯、无线电装置和无线电操作员住处的空间都可以被扣除，免缴吨税。

甲板空间测量办法

对于配备上层建筑的船舶，以下规则适用于国家吨位证书不计算在内的空间。

一、仅有一层上层建筑的船

（1）艉楼、船桥和艏楼

允许以下空间免予计算：

①艏楼长度从艏内部木料开始测量，到艏楼高度一半为止，应该等于船舶全长的十分之一。

②引擎空间和锅炉空间的气室中的船桥部分，气室空间不考虑超出锅炉舱的前舱壁和主机舱的后舱壁。

③从艉楼内侧开始，在艉高度一半的测量的长度应等于船舶长度的八分之一。

④以上三种上层建筑都属于船壁开口的部分，无法关闭并彼此相对。

（2）艉（艏）楼与船桥相连

允许以下空间免予计算：

①对应（1）②项中轮机舱和锅炉之间的开口位置。

②是船壁开口的部分，无法关闭并彼此相对。

（3）遮蔽甲板

允许以下空间免予计算：

船舷侧板上的开口部分未设置任何关闭和相对的装置。位于遮蔽甲板内的此类气室空间必须计入轮机舱空间的范畴，并连同轮机舱空间容积的百分之七十五一起从净吨位中扣除。

二、上层建筑有二层及以上的船

（1）上文（1）到（3）的免予计算净吨位的情况只适用于本类船上层建筑中的较低层。

（2）低层以上，仅如船舷侧板上无法关闭并彼此相对的开口部分才能免于被算入净吨位中。

评 论

如果船任何一部分免交吨税的空间（煤舱等）被用于载运旅客或任何种类的货物，那么这些空间就都要被算进净吨位中，并且再不能被免除。

双底船吨税计价方法

如果在苏伊士运河的航行过程中使用双底空间来运油，这部分空间的容积将被算入净吨位。

如果上述部分空间没有被用于实际运输，则相反不会被计入净吨位中。

苏伊士运河设施租赁收费标准

设备	等级	收费标准（小时·法郎）
拖船	一等	250
	二等	140
	三等	70
	四等	50

设备	种类	收费（日·法郎）
驳船	一类	75
	二类	50
	三类	25

设备	计费时间	收费（小时·法郎）
浮动吊机(一百至一百五十吨)	第一个小时	160
	此后每小时（工作）	120
	此后每小时（移动/待机）	40

设备	计费时间	收费（小时·法郎）
立椿起重船（六十吨）	第一个小时	100
	此后每小时（工作）	60
	此后每小时（移动/待机）	25

设备	计费时间	收费（小时·法郎）
立椿起重船（二十五、三十五及四十吨）	第一个小时	80
	此后每小时（工作）	50
	此后每小时（移动/待机）	20

设备	计费时间	收费（小时·法郎）
立椿起重船（十二吨，自行浮动吊机）	第一个小时	100
	此后每小时（工作）	60
	此后每小时（移动/待机）	25

设备	计费时间	收费（小时·法郎）
立椿起重船（八、十吨）	第一个小时	60
	此后每小时（工作）	40
	此后每小时（移动/待机）	15

设备	计费时间	收费（小时·法郎）
潜水设备	租金 注：潜水时间以潜水员入水和出水时刻的间隔时间计算	15

注：如在18时至次日6时租赁立椿起重船或潜水设备，每小时加收零点五法郎

星期日和节假日6时至18时租赁立桅起重船或潜水设备,每小时加收零点五法郎。

拖船自引擎首次点火之后起计租金;其他设施则从离开仓库之时起计费,重新入库时停止。所租赁设备拖曳费还需另行支付。

附录6　关于苏伊士运河吨税的信

以下信很好地体现了英国政府作为苏伊士运河最大股东及英国国王陛下子民[①]仰仗的争取英国货物平等吨税待遇的当局这一"双重身份"的艰难处境。埃及总督建议英国政府动用自己在国际苏伊士运河公司中的影响力降低吨税。国际苏伊士运河公司的英国董事指出，降低吨税可能使英国财收受到损失——财政部观点相仿。英国贸易部和殖民部只能顺从财政大臣的意见。1905年，苏伊士运河可以被用来分配的股息达到百分之二十八后，该数字就一路涨到百分之四十四。1931年，英国的一些殖民地和自治领政府，外加六个海洋大国向英国外交部发起非官方抗议，但无疾而终。

诺思科特勋爵[②]致额尔金伯爵的信

亲爱的大人：

1906年5月15日于悉尼

谨通知阁下，大臣们最近一直就考虑采取改善澳大利亚和英国之间的现有运输方式措施一事进行研究，以期以便宜的费用鼓励贸易和移民。

在研究中，我们发现了一个涉及英国、澳大利亚轮船贸易航线的

[①] 包含英国本土与海外殖民地、自治领的人民。——原注
[②] 诺思科特勋爵指亨利·诺斯科特（1846—1911），曾任澳大利亚第三任总督，是斯塔福德·诺思科特的儿子。——译者注

重要问题，经由好望角到达澳大利亚比经过红海和苏伊士运河到澳大利亚的航行时间要多几天。

我们了解到，由于国际苏伊士运河公司极高的吨税，许多船主不敢走这条距离较短的航线，他们要么被迫提升船票价格和运费来转移吨税成本，要么被迫转入耗时更长但吨税更低的航线。英国和澳大利亚两国间的航行时间的缩短对易坏货物及其他产品的货主很有价值，某些季节更是如此。大臣们虽然尽了一切努力，希望引导船主走苏伊士运河航线，但所有办法都用过了，完全不起效。

大臣们发现苏伊士运河吨税竟然使股东能够获得高达百分之二十八的股息，因此，认为现在已经到了苏伊士运河方面考虑应对吨税费率，并且尽可能下调吨税的时候了。大臣们建议，为了澳大利亚及英国在埃及以东的所有领地，英国政府可能要利用自己的影响力获得一些特许权。这些特许权将对大英帝国各部分之间的贸易及通过苏伊士运河的船舶总吨位产生重大影响。

(签名)亨利·诺思科特

国际苏伊士运河公司英国董事致爱德华·格雷爵士的一封信
(1906年9月4日收信)

先生：

1906年8月31日于巴黎

根据您在发出第十三篇通函时的指示，我们谨提出以下意见供您参考。

我们仔细阅读了公文中的附件，其中澳大利亚总督诺思科特勋爵要求英国政府施加影响，让国际苏伊士运河公司做出让步以下调苏伊士运河的吨税一事引起了我们的特别关注。

诺思科特勋爵手下的大臣就应降低吨税一事提出了四个理由：

1.由于吨税过高，船主不敢走路程较短的苏伊士运河航线。

2.现在股东拿到的股息分配比例高达百分之二十八。

3.如果吨税下调，对大英帝国内部贸易有利。

4.通过苏伊士运河的船舶总吨位会有所提升。

虽然在往来信中，我们与外交部就以上四点已经进行了详细交流，在此还是简要回顾一下以上观点。

第一，就"由于吨税过高，船主不敢走路程较短的苏伊士运河航线"而言，苏伊士运河的航运统计数据所提供的证据是无可争议的，即在苏伊士运河落成以来的三十年中，通过该航线的船舶数量大大增加并且波动很小，从1876年的二百万吨稳步增至1905年的一千三百万吨。尽管可以把这样的增幅看作要求下调吨税价格的合理原因，但两者之间因果关系其实不大，或者说根本没有。确切地说，通过船舶吨位数量的增加似乎与世界海上贸易的增长成正比。看上去这有点自相矛盾，但许多大型船主向我们做过这样的保证，即尽管船主欢迎吨税的降低，但降低吨税实际上对增加通过运河船的吨位，或者说，让船从好望角航线改走苏伊士运河航线没有任何实质性影响。比起吨税的减少，船主更加重视苏伊士运河扩建和加深的状况。这样说来，"吨税吓跑船主"的说法就站不住脚了。不过，我们一直支持国际苏伊士运河公司下调吨税。我们还要指出，1869年最初确定的吨税单价为每吨十法郎，并在1874年提高到十三法郎。目前经过逐年下调，已经低至七点七五法郎，1906年1月1日起是最后一次将吨税单价下调零点七五法郎，1903年1月1日下调了零点五法郎。三年来下调幅度达到百分之十四。

第二，面值五百法郎的国际苏伊士运河公司股票利率达到百分之二十八。这无疑是国际苏伊士运河公司繁荣发展的标志，但不能被视为"利润过高"的证明。1882年，船主与斐迪南·德·雷赛布达成的协议是对这一结果的承认。当时，双方都没有想到这一协议竟会实现。我们要记住，1869年到1870年，股东每年只能拿到最低的百分之五利息。1871年7月到1874年7月，国际苏伊士运河公司甚至没发出股息，只发了后来才兑现的八十五法郎凭证。1874年7月31日，股票的平均利息率才到百分之十六。从国际苏伊士运河公司创立之初到现在，利率整体上只有百分之十二点五；并且由于股票市值大幅上扬，过去一段时间返还给股民的利润在百分之三到百分之四间波动。股东当然有希望维持股利的增长，并且很可能会在股东大会上行使投票权，赞成股息的进一步增加——当然，英国投的票是个例外，但英国能投出的票数跟自己的持股不成比例。然而，我们仍然希望最终会寻求到一种更能被国际苏伊士运河公司客户接受的、盈余利润分配的方法。我们还要记住，国际苏伊士运河公司每年因改造运河花费了大量资金，并且正在进行一项重要的、在扩建运河的同时使运河通行速度更快的工程计划。与此同时，还有能允许大批船运输更多货物、提升船载货能力的加深工程。这进一步增加了船主的运费收益。如果要求甚至是让股东做出更多牺牲，结果可能导致改进工程的拖延甚至完全停止，这完全违背船主意愿。

第三，无疑，"对大英帝国内部贸易有利"是英国各级政府敦促吨税下调的一个好理由，但这对经行苏伊士运河的我国外贸竞争对手有利，我们也无法让欧洲大陆国家强行接受这一观点。

第四，常有人说吨税的降低可以让更多船通过苏伊士运河，但由于我们已经讨论过理由，这一观点并不能完全得到证实。尽管我们并不完全否认吨税的降低导致通过船的数量略有增加，但更显著的结果是运河的收入减少了，1906年，吨税下调零点七五法郎后尤其明显。要不是俄军远东作战部队通过苏伊士运河返回欧洲大大增加了苏伊士运河的运输量，那么国际苏伊士运河公司现在至少损失了四十万英镑。贸易部总是收到外交部各种有关复杂问题影响吨税的消息，其可以对诺思科特勋爵在报告中提的观点发表意见。我们热切支持澳大利亚政府的总体愿望，但作为英国政府财政利益的代表，我们必须保护财政部能获得的大量收入。我们还认为，进一步降低关税实际上是为使用苏伊士运河的船提供补贴，并给英国政府带来沉重的经济损失。

（签名）亨利·奥斯汀·李，约翰·阿尔达，H.T.安斯特拉瑟

英国外交部致英国贸易部

先生：

英国外交部，1906年9月12日

关于1905年7月6日的来信，奉爱德华·格雷爵士指示发送给您，随函附上呈送贸易部的国际苏伊士运河公司英国董事公文的一份副本[①]，该公文内容包括澳大利亚总督塔福德·诺思科特爵士恳请英国政府发挥影响力以减少国际苏伊士运河公司征收吨税的请求。

公文副本亦已传达给财政部，爱德华·格雷爵士要求，必须在财政大臣就此事发表观点前回复澳大利亚总督。

（签名）F.A.坎贝尔

---

① 见1906年9月12日《英国外交部致英国贸易部》信。——原注

英国财政部致英国外交部[①]（1906年10月2日收信）

先生：

英国财政部，1906年10月1日

我已将F.A.坎贝尔先生的第十二篇通函交给英国财政大臣，并附上了国际苏伊士运河公司英国董事寄来的公文副本，内容是澳大利亚政府希望英国政府施加的影响可以用来减少苏伊士运河吨税的请求。

大人们指示我回复阁下，请告知外交大臣，他们同意英国董事表达的意见，对澳大利亚政府的回复将经董事的同意才发出。

大人们虽然完全赞同英联邦大臣们的目标，但认为，追求这一目标如果不充分考虑关心苏伊士运河财务事项人们的利益，则不会获得好处。

(签名) E.W.汉密尔顿

英国贸易部致英国外交部（1906年10月17日收信）

先生：

英国贸易部，1906年10月16日

关于1906年10月11日的来信，谨转达财政部关于澳大利亚政府利用英国政府影响力以减少苏伊士运河吨税要求的信副本。我受贸易部委任转达爱德华·格雷爵士的意见，建议将国际苏伊士运河公司英国董事寄来的公文副本连同外交部第十二篇通函发送给殖民部，并向他们传达财政部来函的实质内容，做出"本部综合考察所有情况默许其中所有意见"的暗示。

[①] 1906年10月11日该件副本到贸易部。——原注

我们很高兴告知你们,爱德华·格雷爵士赞同这一提议。

(签名)瓦尔特·J.豪厄尔

英国外交部致英国贸易部

先生:

英国外交部,1906年10月16日

兹奉爱德华·格雷爵士之命,确认已收到1906年10月16日关于下调苏伊士运河吨税的来函,并声明爱德华·格雷爵士同意贸易部在其中所表达的建议。

(签名)埃尔登·戈斯特

额尔金伯爵致诺思科特勋爵的信

大人:

唐宁街,1906年10月31日

谨随函附上国际苏伊士运河公司的英国董事关于国际苏伊士运河公司收费的信,供澳大利亚大臣参考。

我听说,在英国董事陈述的观点方面,贸易大臣和财政大臣已经达成一致。他们虽然同情贵国大臣们提出的反对意见,但认为,如果不为那些只对苏伊士运河财政状况感兴趣的人考虑,只是一味反对高吨税,即使下调了吨税也不会有实质性收获。

(签名)额尔金

附录7　苏伊士运河对海洋动物迁移影响的笔记[①]

地中海和红海的海洋动物群落存在很大差异,共有的物种相对较少。然而,自苏伊士运河开放以来,大量海洋动植物通过地中海进入红海,或者反之。1896年,在阜姆和突尼斯,能找到以前属于红海特有的生物——可能是附着在船体上带来的。埃及人的主食梭子蟹以前只存在于红海,现在大量出现在亚历山大港和海法。

苏伊士运河并不是外来物种的良好栖息地。不断的挖泥工作、运河底部泥床不断搅动,较高的水温及几乎不存在从一端向另一端的水流都不利于外来物种生存。尽管苦湖的含盐量逐渐减少,但由于从运河汇入的水体混杂了海水,盐度仍然很高。但盐度不一定会阻碍动物迁移,因为苦湖的动物群落平均比地中海或红海地区的动物群落都要大。红海的物种之所以有占主导地位的趋势,可能是因为潮汐带动的水流造成的。

---

① 摘自《1926年伦敦动物学会议事录》第二十二卷。由皇家学会会员斯坦利·加德纳教授组织的剑桥探险队编写。——原注

译名对照表

A.Cayzer	A. 凯泽
A.Sauerbeck	A. 绍尔贝克
Abbas Hilmi Pasha	阿巴斯·希勒米帕夏
Abdel Latif El-Sufany Bey	阿卜杜勒·拉蒂夫－斯法尼·贝
Abdu Latif Bey el Sufany	阿卜杜·拉蒂夫·贝·斯法尼
Abdul Hamid II	阿卜杜勒·哈米德二世
Actes de jouissance	《偿还规定》
Actium	阿克提姆
Ahmad Fathy Zaghlul Pasha	艾哈迈德·法特希·扎格卢勒帕夏
Ahmed Afify Pasha	艾哈迈德·阿菲菲帕夏
Ahmed 'Urabi	艾哈迈德·奥拉比
Ahmed Yehya Pasha	艾哈迈德·叶海亚帕夏
Aida	《阿依达》
Aigle	"艾格勒"号
Aiton	艾顿
Al Qasim	盖西姆省
Alan Anderson	艾伦·安德森
Aleppo	阿勒颇
Alexander Gorchakov	亚历山大·戈尔恰科夫
Alexander William Kinglake	亚历山大·威廉·金莱克
Alexandre Colonna-Walewski	亚历山大·科隆纳－瓦莱夫斯基
Alexandre Lavalley	亚历山大·拉瓦莱

Alexandre Lavalley	亚历山大·拉瓦莱
Alexis de Tocqueville	亚历克西斯·德·托克维尔
Alfred Giles	艾尔弗雷德·贾尔斯
Algeciras Conference	阿尔赫西拉斯会议
Alois Negrelli	阿洛伊斯·内格雷利
Aly Sha`rawy Pasha	阿里·沙拉维帕夏
Amin Bey Aaref	阿明·贝·阿里夫
Amin el Shamsy Pasha	阿明·沙姆西帕夏
Amr ibn al-As	阿姆鲁·伊本·阿斯
Andrew Clarke	安德鲁·克拉克
Antioch	安条克
Aqaba	亚喀巴
Arabian Gulf	阿拉伯湾
Archibald Murray	阿奇博尔德·默里
Arnold Wilson	阿诺德·威尔逊
Arsinoe	阿耳西诺厄城
Arthur Anderson	阿瑟·安德森
Arthur Cohen	阿瑟·科恩
Associated Shipowners' Society	联合船主协会
Attakah	阿塔卡
Aubrey Brocklebank	奥布里·布罗克班克
Austen Henry Layard	奥斯丁·亨利·莱亚德
Austin Friars	奥斯汀托钵修会
Austral	"奥斯特拉尔"号
Baal-zephon	巴尔–齐芬
Babylon	巴比伦
Baron Kylsant	基尔桑特男爵
Baron Rathmore	拉思莫尔男爵
Barthélemy Prosper Enfantin	巴泰勒米·普罗斯珀·昂方坦
Beersheba	贝尔谢巴
Belbeis	比勒拜斯
Benjamin Disraeli	本杰明·迪斯雷利

Berkeley Castle	伯克利城堡
Bitter Lakes	苦湖
Bosnia	波斯尼亚
Boutros Ghali Pasha	布特罗斯·加利帕夏
British Indian Telegraph Company	英属印度电报公司
British Routes to India	《英国通往印度》
Brocket Hall	布罗克堂
Bubastis	布巴斯提斯
C.J.Monk	C.J. 蒙克
C.M.Palmer	C.M. 帕尔默
C.Manby	C. 曼比
C.W.Fremantle	C.W. 弗里曼特尔
Calcutta	加尔各答
Cambridge Expedition	剑桥探险队
Cambyses II	冈比西斯二世
Canal Zone	运河区域
Cannon Street Hotel	坎农街酒店
Captain Moorsom	穆尔森船长
Cassel	卡塞勒
Chalouf	查卢夫
Charles Aime de Lesseps	查尔斯·艾姆·德·雷赛布
Charles Augustus Hartley	查尔斯·奥古斯塔斯·哈特利
Charles Dilke	查尔斯·戴克
Charles Doughty	查尔斯·道蒂
Charles Grant Robertson	查尔斯·格兰特·罗伯逊
Charles Palmer	查尔斯·帕尔默
Charles Rivers Wilson	查尔斯·里弗斯·威尔逊
Charles W. Hallberg	查尔斯·W. 霍伯格
Cheikh Carpouti	谢赫卡普蒂
Cleopatris	克利奥帕特里斯
Clio	"克里奥"号
Comte de Serionne	塞里昂伯爵

Constantinople Convention	《君士坦丁堡公约》
CornhiII	康希尔
Council of Ministers	大臣会议
Count of Chambord	尚博尔伯爵
Court of St. James	圣詹姆斯宫
Couvreux	库夫勒
Damietta	达米埃塔
Damietta River	达米埃塔河
Daniel Lang	达尼尔·朗
Darius I	大流士一世
David Plunket	大卫·普伦基特
Description d'Egypte	《埃及概况》
Deversoir	德佛索尔
Diab Effendi Mohammed Selim	迪亚卜·艾芬迪·穆罕默德·塞利姆
Dirks	迪克斯
Duke of Argyll	阿盖尔公爵
Duke of Sutherland	萨瑟兰公爵
Dupont	杜邦
Dussaud	迪索
E.Gouin	E. 古安
E.J.Standen	E.J. 斯坦登
E.W.Hamilton	E.W. 汉密尔顿
Earl Cowley	考利伯爵
Earl De La Warr	德拉瓦尔伯爵
Earl Granville	格兰维尔伯爵
Earl of Clarendon	克拉伦登伯爵
Earl of Derby	德比伯爵
Earl of Elgin	额尔金伯爵
Earl of Inchcape	英奇凯普伯爵
Earl of Northbrook	诺斯布鲁克伯爵
Eclogue	牧歌
Edmond Jurien de la Gravière	埃蒙德·朱里安·德拉格拉维埃

Edmund Allenby	埃德蒙·艾伦比
Edmund Charles Wyldbore Smith	埃德蒙·查尔斯·怀尔德波尔·史密斯
Edward Cecil	爱德华·塞西尔
Edward Grey	爱德华·格雷
Edward Stanley	爱德华·斯坦利
Edward Starbuck	爱德华·斯塔巴克
El Arish	阿里什
El Ferdane	法尔达内
Eldon Gorst	埃尔登·戈斯特
Ellis Ashmead-Bartlett	埃利斯·阿什米德－巴特利特
Eugène Mougel	欧仁·穆热尔
Eugénie de Montijo	欧仁妮·德·蒙蒂霍
Evelyn Baring	伊夫林·巴林
F.J.Marquis	F.J. 马奎斯
F.R.Chesney	F.R. 切斯尼
Farrer Herschell	法勒·赫舍尔
Fathallah Barakat Bey Pasha	法萨拉·巴拉卡特·贝帕夏
Ferdinand de Lesseps	斐迪南·德·雷赛布
Feronce	佛伦斯
Ferry	费里
Fitzgerald	菲茨杰拉德
Fiume	阜姆
Foreign Office	外交部
François Barthélemy Arlès-Dufour	弗朗索瓦·巴泰勒米·阿尔勒－迪富尔
François Philippe Voisin	弗朗索瓦·菲利普·瓦赞
Fred Greene	弗烈德·格林
Frederick Greenwood	弗雷德里克·格林伍德
French Messageries	法国船运公司
George Henry Richards	乔治·亨利·理查兹
G.J.Sandys	G.J. 桑兹
Gad Moustapha Bey	贾德·穆斯塔法·贝
Garnet Wolseley	加尼特·沃尔斯利

Geneffe	基内佛
General Shipowners' Society	船主总协会
General Stanton	斯坦顿将军
George Campbell	乔治·坎贝尔
George Carew	乔治·卡鲁
George Earle Buckle	乔治·厄尔·巴克尔
George Villiers	乔治·维利尔斯
Gibson	吉布森
Gioja	焦亚
Giuseppe Verdi	朱塞佩·威尔第
Gloucester	格洛斯特
Gottfried Wilhelm Leibniz	戈特弗里德·威廉·莱布尼茨
Graham	格雷厄姆
Grand Cross of the Star of India	印度之星大十字勋章
Grand Vizier	大维齐尔
Granville Leveson-Gower	格兰维尔·莱韦森-高尔
Greek Orthodox	希腊东正教
Guisr	吉斯尔
Gulf of Aqaba	亚喀巴湾
H.H.Asquith	H.H.阿斯奎思
H.T.Anstruther	H.T.安斯特拉瑟
H.W. Macrosty	H.W.麦克罗斯蒂
H.W.V.Temperley	H.W.V.坦珀利
Haifa	海法
Halford Lancaster Hoskins	哈尔福德·兰开斯特·霍斯金斯
Halifax	哈利法克斯
Hammond	哈蒙德
Hardinge	"哈丁"号
Hardinge Giffard	哈丁·吉法德
Hardon	哈登
Harun al-Rashid	哈伦·拉希德
Hassan Bey Bakry	哈桑·贝·巴克里

Hassan Madkur Pasha	哈桑·马德库尔帕夏
Hayes Fisher	海斯·费希尔
Hay-Pauncefote Treaty	《海-庞斯富特条约》
Henderson	亨德森
Henry Bulwer	亨利·布尔沃
Henry Calcraft	亨利·卡克拉夫特
Henry de Worms	亨利·德·沃姆斯
Henry Drummond Wolff	亨利·德拉蒙德·沃尔夫
Henry Elliott	亨利·埃利奥特
Henry James	亨利·詹姆斯
Henry John Temple	亨利·约翰·坦普尔
Henry Oppenheim	亨利·奥本海姆
Henry Reeve	亨利·里夫
Henry Wellesley	亨利·韦尔斯利
Herbert Kitchener	赫伯特·基奇纳伯爵
Herodotus	希罗多德
Heroopolis	赫罗奥波里斯
Heroum	海洛姆
Herzegovina	黑塞哥维那
Hewett	休伊特
HMS Goliath	"歌利亚"号
HMS Majestic	"威严"号
HMS Triumph	"凯旋"号
Holt	霍尔特
Horace Davey	霍勒斯·戴维
Hugh Childers	休·奇尔德斯
Ian Malcolm	伊恩·马尔科姆
Ibrahim Murad Pasha	易卜拉欣·穆拉德帕夏
Ibrahim Pasha	易卜拉欣帕夏
Imperial Shipping Committee	帝国航运委员会
India Board	印度委员会
India Office	印度事务部

Indian Empire	印度帝国
Institute of International Law	国际法学会
Interlaken	因特拉肯
International Trade Conference	国际贸易大会
Ismail Abaza Pasha	伊斯梅尔·阿巴扎帕夏
Ismail Effendi Kerim	伊斯梅尔·艾芬迪·克里姆
Ismail Sidky Pasha	伊斯梅尔·西德基帕夏
Ismail Sirri Pasha	伊斯梅尔·西里帕夏
Ismailia	伊斯梅利亚
John Maxwell	约翰·马克斯韦尔
J.B.Seeley	J.B. 西利
J.Charles Roux	J. 查尔斯·鲁
J.D.Rees	J.D. 里斯
J.G.S.Anderson	J.G.S. 安德森
J.M.Rendel	J.M. 伦德尔
J.R.McClean	J.R. 麦克林
J.R.Robinson	J.R. 罗宾逊
J.S.Buckingham	J.S. 白金汉
J.T.Davies	J.T. 戴维斯
J.W.Hughes	J.W. 休斯
James Laing	詹姆斯·莱恩
James Mackey	詹姆斯·麦基
Jarrow	贾罗
Jean-Baptiste Colbert	让-巴蒂斯特·科尔贝
Jean-Baptiste Lepère	让-巴蒂斯特·勒佩尔
Jean-François Mimaut	让-弗朗索瓦·米莫
John Bright	约翰·布赖特
John Cadman	约翰·卡德曼
John Charles Ardagh	约翰·查尔斯·阿德
John Fowler	约翰·福勒
John Glover	约翰·格洛弗
John Hawkshaw	约翰·霍克肖

John Pender	约翰·彭德
John Stagg	约翰·斯塔格
John Stokes	约翰·斯托克斯
Joseph Chamberlain	约瑟夫·张伯伦
Joseph Fourier	约瑟夫·傅立叶
Jules	儒勒
Julian Pauncefote	朱利安·庞斯富特
Kaiserin Friedrich	腓特烈皇后
Kantara	坎塔拉
Khalif Abu Jafar Abdullah el Mansur	阿布·贾法尔·阿卜杜拉·曼苏尔哈里发
Khalif Omar	哈里发奥马尔
Lake Ballah	巴拉湖
land of Goshen	歌珊地
Laroche	拉罗什
Larousse	拉鲁斯
Lascar	拉斯卡尔
Latif	"拉蒂夫"号
Lefebure de Fourcy	莱弗比尔·德·富尔西
Leon	里昂
Leonard Cripps	伦纳德·克里普斯
Lesage	勒萨热
Liepzig	莱比锡人
Life of Caesar	《恺撒传》
Lionel de Rothschild	莱昂内尔·德·罗斯柴尔德
Liverpool Chamber of Commerce	利物浦商会
London Programme	《伦敦协议》
Lord Knebworth	克纳布沃思勋爵
Lord Lansdowne	兰斯当勋爵
Lord Randolph Churchill	伦道夫·丘吉尔勋爵
Lord Stratheden	斯特拉思登勋爵
Louis-Alexandre Berthier	路易-亚历山大·贝尔捷
Lyall	莱尔

M. Lemasson	M. 勒马松
M. Vidal-Dubray	M. 维达尔－迪布雷
Madras	马德拉斯
Mahmoud Bey Abd El Gaffar	马哈茂德·贝·阿布德·加法尔
Mahmoud Soliman Pasha	马哈茂德·苏莱曼帕夏
Mahroussa	"马赫鲁萨"号
Mansoura	曼苏拉
Marquess of Salisbury	索尔兹伯里侯爵
Massah	玛撒
Medina	麦地那
Memphis	孟菲斯
Menzaleh	曼扎莱
Meribah	米利巴
Messageries Maritimes	海运公司
Mex	梅克斯
Mimaut	米莫
Modena	摩德纳
Mohamed Sa'id Pasha	穆罕默德·赛义德帕夏
Mohammad Eloui Pasha	穆罕默德·艾卢伊帕夏
Mokattam Hill	默卡塔姆山
Morcos Semaika Bey Pasha	摩尔科斯·塞麦加·贝帕夏
Muhammad Ali Pasha	穆罕默德·阿里帕夏
Muhammad Kassim	穆罕默德·卡西姆
Muhammad Shawarby Pasha	穆罕默德·沙瓦尔比帕夏
Mustafa Reşid Pasha	穆斯塔法·雷希德帕夏
Nahrawan Cana	纳赫拉万运河
Napoleon Bonaparte	拿破仑·波拿巴
Nefiche	尼非赫
Nejd	内志
Nicaragua Canal	尼加拉瓜运河
Nicholas Murray Butler	尼克拉·默里·巴特勒
Nimrod	宁录

North Shields Shipowners' Society	北希尔兹船主协会
Norwood	诺伍德
Ophir	俄斐
Oswald Sanderson	奥斯瓦尔德·桑德森
Owen Philipps	欧文·菲利普斯
P.G.Elgood	P.G.艾古
Pakenham	帕克南
Pall Mall Gazette	《帕尔摩报》
Panama Canal Rules of Measurement	《巴拿马运河计量规则》
Panslavist	泛斯拉夫主义
Parma	帕尔马
Pascal	帕斯卡尔
Pasha of Janina	雅尼那帕夏
Patumos	帕托莫斯
Paul Borel	保罗·博雷尔
Paul Harvey	保罗·哈维
Paulin Talabot	保兰·塔拉博
Pelusiac	普鲁西亚河
Pelusium Bay	培琉喜阿姆湾
Phacusa	法库萨
Philon	菲隆
Piastre	皮亚斯特
Pierre	皮埃尔
Pierre-Simon Laplace	皮埃尔-西蒙·拉普拉斯
Plateau of Hyenas	"鬣狗"高原
Pliny the Elder	老普林尼
Port Tewfik	陶菲克港
Psamtik I	普萨美提克一世
Ptolemies	托勒密王朝
Ptolemy	托勒密
Ptolemy II	托勒密二世
Quellenec	凯莱内克

R.H.Galloway	R.H. 加洛韦
R.J.Hall	R.J. 霍尔
R.S.Donkin	R.S. 唐金
Rabino	拉比诺
Ras al Wadi	拉斯阿瓦迪
Reginald Sackville	雷金纳德·萨克维尔
Requin	"鲨鱼"号
Richard Lyons	理查德·莱昂斯
Robert Alexander	罗伯特·亚历山大
Robert Gascoyne-Cecil	罗伯特·加斯科因-塞西尔
Robert Horne	罗伯特·霍恩爵士
Robert Stevenson	罗伯特·史蒂文森
Roman Catholic	罗马天主教
Saad Makram	萨阿德·马克拉姆
Saad Zaghlul Pasha	萨阿德·扎格卢勒帕夏
Sackville Carden	萨克维尔·卡登
Samuel Johnson	塞缪尔·约翰逊
Secret History	《秘史》
Sellier	泽利尔
Sennacherib	辛那赫里布
Serapeum	萨拉皮雍
Seuil	塞伊
Shaikh	谢赫
Sheldon Amos	谢尔顿·阿莫斯
Shubra	舒卜拉
Spencer Cavendish	斯潘塞·卡文迪什
Spender	斯彭德
St. Gothard Tunnel	圣哥达隧道
Stafford Northcote	斯塔福德·诺思科特
Stanley Gardiner	斯坦利·加德纳
Strabo	斯特拉波
Stratford Canning	斯特拉特福德·坎宁

T.C.Bruce	T.C.布鲁斯
Teiresias	"忒瑞西阿斯"号
The National Review	《国家评论》
Thomas Baring	托马斯·巴林
Thomas Farrer	托马斯·法勒
Thomas Fletcher Waghorn	托马斯·弗莱彻·韦格霍恩
Thomas Rayden	托马斯·雷登
Tigris	底格里斯河
Tillier	蒂利耶
Timsah	蒂姆萨
Tineh	蒂内
Tolba Seudi Pasha	图勒巴·赛迪帕夏
Touna	图纳
Toussoum	图索姆
Trajan	图拉真
Treaty of Alliance	《英埃同盟条约》
Trevelyan	特里维廉
Tunis	突尼斯
Ulama	乌理玛
United Chamber of Shipping	联合航运工会
Vernueil	韦尔努伊尔
Virgil	维吉尔
Voisin	瓦赞
Walter J.Howell	瓦尔特·J.豪厄尔
Wilfrid Scawen Blunt	威尔弗里德·斯科恩·布伦特
Wilhelm II	威廉二世
William Allen	威廉·艾伦
William Ewart Gladstone	威廉·尤尔特·格拉德斯通
William Garstin	威廉·加斯廷
William Harcourt	威廉·哈科特
William Mackinnon	威廉·麦金农